A QUEDA

Michael Wolff

A queda
O fim da Fox News
e do império Murdoch

TRADUÇÃO
Natalie Gerhardt

Copyright © 2023 by Michael Wolff
Todos os direitos reservados.

*Grafia atualizada segundo o Acordo Ortográfico da Língua Portuguesa de 1990,
que entrou em vigor no Brasil em 2009.*

Título original
The Fall: The End of Fox News and the Murdoch Dynasty

Capa
Ben Denzer

Preparação
Camila Zanon

Revisão
Jane Pessoa
Maria Eugênia Régis

Dados Internacionais de Catalogação na Publicação (CIP)
(Câmara Brasileira do Livro, SP, Brasil)

Wolff, Michael
    A queda : O fim da Fox News e do império Murdoch / Michael
Wolff ; tradução Natalie Gerhardt. — 1ª ed. — Rio de Janeiro :
Objetiva, 2024.

    Título original : The Fall : The End of Fox News and the Murdoch
Dynasty
    ISBN 978-85-390-0819-3

    1. Fox News 2. Fox News – Empregados 3. Murdoch, Rupert,
1931- 4. Telejornalismo – Estados Unidos 5. Televisão e política
– Estados Unidos I. Título.

24-201275   CDD-070.430973

Índice para catálogo sistemático:
1. Fox News : Estados Unidos : Jornalismo   070.430973
Cibele Maria Dias – Bibliotecária – CRB-8/9427

Todos os direitos desta edição reservados à
EDITORA SCHWARCZ S.A.
Praça Floriano, 19, sala 3001 — Cinelândia
20031-050 — Rio de Janeiro — RJ
Telefone: (21) 3993-7510
www.companhiadasletras.com.br
www.blogdacompanhia.com.br
facebook.com/editoraobjetiva
instagram.com/editora_objetiva
twitter.com/edobjetiva

Para Louise e Jack

Vamos encarar os fatos, Tom. Com todo respeito,
o Don, que ele descanse em paz, já estava vacilando.
Sollozzo, que encomendou a morte do Chefão, para Tom Hagen

Vou limpá-las primeiro; cheiram a mortalidade.
Rei Lear para Gloucester, que pedira para beijar sua mão

Sumário

Introdução 11
*Prólogo 1: Keith Rupert Murdoch, 1931-202_* 17
Prólogo 2: Roger Ailes, Verão de 2016 27

INVERNO DE 2022

1. Rupert: Ao sol 37
2. Tucker: 24 de fevereiro de 2022 44
3. Lachlan: Caça submarina 54

PRIMAVERA

4. Hannity: O funeral 67
5. Laura: Ron DeSantis 79
6. James: Uma força do bem 90
7. Tucker: WASPs 98
8. Elisabeth: A filha 109

VERÃO

9. Dominion: "Foda-se ele!" 121
10. Hannity: Dê a eles uma cabeça 133
11. Tucker: O texto original 141

12. Elisabeth: A terceira opção 155
13. Hannity: Presidente dos Estados Unidos 163
14. Suzanne Scott: O segundo andar 172
15. Laura: A marca 181

OUTONO

16. Lachlan: Em jogo 191
17. Rupert: Apaixonado 200
18. O único canal: Os 110 milhões de Ben Shapiro 207
19. James: As irmãs 215

INVERNO DE 2023

20. Rupert: Morra, Trump, morra 227
21. Tucker: Será que sim ou será que não? 235
22. Hannity: Acusação formal 245
23. Julgamento: O acordo 252
24. Tucker: A última ceia 261
25. O talento: Carlson e Trump 269

Epílogo: Rupert — Après moi 277
Agradecimentos 285

Introdução

Sim, sim, muito do que está neste livro inspirou *Succession*, aquela série baseada em fatos reais da vida de vocês sabem quem e de toda sua família e seu império. Mas talvez também existam aqui elementos de uma sitcom que se passa em uma redação de jornal. Dando vida nova a um gênero antigo, aqui está uma emissora de TV conservadora com suas intrigas de alto e de baixo escalão e personagens fascinantes. O patriarca idoso perdido em conversas consigo mesmo; o filho que não quer trabalhar; o irmão sabe-tudo; a irmã que se acha melhor que todo mundo; o apresentador paranoico que quer concorrer à presidência; o apresentador burro como uma porta, mas amado por todos; a apresentadora de quem todos debocham; e o fundador e gênio do mal cujo espírito assombra o lugar.

Para alguns pode parecer uma espécie de sacrilégio não levar tão a sério a *verdadeira* Fox News e seus proprietários — que, na mente da esquerda, poderiam ser praticamente considerados criminosos de guerra —, assim como tratar o fenômeno da Fox e da família Murdoch como uma criação cultural propícia à comédia.

As sentinelas do decoro e do politicamente correto não estão erradas. A propagação de ideias da Fox News (uma das mais bem-sucedidas já empregadas) promoveu pontos de vista cada vez mais extremistas, foi um dos elementos responsáveis pela eleição de Donald Trump e encorajou as certezas da direita — muitas delas completamente falsas. A Fox ajudou a despertar as forças reacionárias e do racismo, mantidas às margens durante as décadas de domínio liberal,* tirando-as das sombras e lhes conferindo um novo sentimento de orgulho e impulso iliberal. Dessa forma, é compreensível a dificuldade de se enxergar a Fox News além da sua missão e da sua crença política.

Por outro lado, a sua *principal* missão não é, de forma alguma, fazer política, mas sim fazer televisão. Mais do que por valores conservadores, a Fox é regida por todas as considerações únicas que mantêm um programa de TV no ar, com todas as batalhas subjacentes e destrutivas por poder, personalidade e dinheiro, não necessariamente nessa ordem, que acompanham a luta pelo tempo de exibição. Se uma era de ambição, aspiração e moda à esquerda fosse reavivada e conquistasse uma nova geração, seria um teste definitivo para ver o que a Fox faria de diferente para tentar manter a audiência (ou se ficaria relegada à irrelevância). O contraponto também é verdadeiro: tendo encontrado uma receita infalível e que ainda funciona nos mais elevados níveis de audiência possíveis, por que ela abriria mão disso? Será que a televisão, independentemente da baixa qualidade, já demonstrou qualquer ambivalência em relação ao sucesso?

Muitos livros, com níveis variados de raiva e recriminação, já foram escritos na cruzada contra a Fox News, seu executivo e fundador, Roger Ailes, e seus proprietários insidiosos, os Murdoch. Esses livros não são injustos ao analisar a Fox pelo que ela é. Eles são o resultado de se assistir à Fox, julgá-la pelo que diz e reagir com ultraje e reflexão adequados. Roger Ailes declarou várias vezes parte da sua fórmula vencedora: "Não é suficiente que os conservadores gostem da gente. É necessário que os liberais nos odeiem". O comentário liberal sobre a Fox faz parte daquele ecossistema contraintuitivo: falem mal, mas falem de mim. Em todos esses tratamentos, a Fox não é apenas um assunto, ela é o inimigo. Jornalistas passaram décadas relatando com competência as histórias de bastidores sobre o ninho de cobras do canal de notícias da TV aberta e a cabo, expondo o pacto faustiano selado para permanecer no ar e as calúnias cruéis que costumam acompanhá-lo com alegria e satisfação. Isso faz sentido; a maioria dos jornalistas faz parte da comunidade profissional da

* No contexto político dos Estados Unidos, o termo "liberal" refere-se a pessoas e ideias inclinadas à esquerda do espectro ideológico, frequentemente associadas ao Partido Democrata. É utilizado em oposição a "conservador", que, por sua vez, refere-se à direita e é associado ao Partido Republicano. (N. T.)

mídia tradicional, o que os torna bem familiarizados com as dificuldades e situações engraçadas inerentes à profissão.

Mas eles não trataram a mídia conservadora com a mesma compreensão. Esses dois mundos, o da mídia predominante e o da mídia conservadora, não se cruzam. A mídia conservadora continuou sendo "a outra". O jornalista Gabriel Sherman, autor da biografia sobre Roger Ailes publicada em 2014, *The Loudest Voice in the Room* [A voz mais alta da sala] alegou amplamente que a recusa de Ailes de conversar com ele sobre o livro era tanto um sinal do desprezo do presidente da Fox pelo jornalismo de verdade quanto uma indicação de que ele estava escondendo algo (isso pareceu ser comprovado quando, anos depois da publicação do livro, veio a público a longa história — não tão bem escondida — de como Ailes tratava mulheres de forma abusiva). Ocorre que Ailes sempre se mostrou uma fonte disposta e útil durante os anos em que fiz a cobertura de mídia para as revistas *New York* e *Vanity Fair*. Eu sabia que ele falaria com quase qualquer um; na verdade, o difícil era fazê-lo se calar, e me ofereci para apresentar Ailes a Sherman, que eu também conhecia. Sherman, no interesse de preservar a própria virtude, creio eu, recusou minha oferta.

Quando eu estava finalizando a escrita deste livro, fui a um jantar com diversos executivos dos principais canais tradicionais de notícias e várias celebridades do *New York Times*. Uma das pessoas da equipe do *Times*, ao enfatizar a virtude coletiva do grupo que estava presente no jantar, interrompeu a discussão bastante acalorada sobre as numerosas crises no mundo jornalístico (assim como suas personalidades importantes ou que se acham importantes) para perguntar se alguém naquela mesa conseguia sequer *imaginar* uma discussão semelhante entre as pessoas "do outro lado". Bem, na verdade, sim. A discussão seria diferente apenas em termos de qualidade, mas não de tipo. Todo mundo na indústria das notícias, seja de esquerda ou de direita, está no meio de uma crise.

Eu mesmo sempre achei muito fácil conversar com as pessoas da Fox, incluindo Ailes e os muitos astros, sobre assuntos além da política, e elas sempre se mostraram dispostas a compartilhar suas histórias naquele ambiente — elas também têm plena consciência da imprevisibilidade que cerca a mídia, incluindo a da própria emissora para a qual trabalham. Isso permitiu que eu escrevesse um tipo de livro diferente sobre a Fox, focando menos no que eles exibem e mais no que está no cerne do negócio. Apresento aqui uma história da televisão que envolve ego, dinheiro, poder e uma obsessão anormal por estar diante das câmeras. Creio que o fato de a programação ser de extrema direita, em vez de um meio-termo mais familiar, afeta menos a história do que se poderia imaginar.

Todos os noticiários de TV, com tempo de exibição soma zero — *se eu apareço, você não aparece* —, são marcados pela inveja e pela rivalidade amarga, algumas mais intensas do que outras. A Fox sob a direção de Ailes, um executivo que microgerenciava a empresa e pagava salários gigantescos, transformando zés-ninguém em astros, na verdade tinha um ambiente menos tenso do que a maioria, com uma grande proporção de funcionários — pelo menos dentre os homens — sentindo-se grata por trabalhar lá. No entanto, depois da demissão de Ailes em 2016 e do resultante e repentino vácuo de liderança, as lutas pelo poder e as dificuldades enfrentadas pelas outras emissoras jornalísticas começaram a pipocar na Fox também. Mas é claro que a Fox não é apenas um canal de TV nem apenas histórias de bastidores. Os apresentadores do horário nobre se tornaram as figuras políticas mais influentes dos nossos tempos. Trump é uma manifestação da Fox. É indiscutível que a amarga divisão do país foi provocada pela Fox. O que acontece na Fox acontece no país inteiro.

Uma série de fatores aleatórios que remontam aos primeiros anos no canal despertou meu interesse, minha tolerância e minha disposição de acessar o "outro lado" e me trouxe até aqui.

Em 2001, escrevi uma crítica violenta a Ailes na minha coluna semanal sobre empresas de mídia para a revista *New York*. Logo depois, ele me ligou para discordar veementemente de tudo o que eu tinha escrito, mas também para me convidar para um almoço. Creio que é assim que os pactos com o diabo são feitos. No entanto, apesar da sua conhecida perversidade como presidente da Fox e como pessoa de alta importância nas campanhas de Nixon, Reagan e Bush, o diabo com quem eu almoçava de bom grado naquele momento era incrivelmente incisivo sobre mídia e política, ótimo contador de histórias e uma fonte inesgotável de fofocas. Aquele foi o primeiro dos nossos almoços regulares no decorrer dos quinze anos seguintes.

Em 2008, o dono da Fox e chefe de Ailes, Rupert Murdoch, empolgado por ter adquirido o *Wall Street Journal*, um dos sonhos de sua carreira, concordou em cooperar em uma biografia que me propus a escrever sobre ele. No decorrer de um ano, Murdoch se sentou comigo para incontáveis horas de entrevista. Isso pode ter me tornado o jornalista que melhor o conhece, dentre os que não seus empregados. Além disso, eu tinha carta branca para entrevistar todos os seus familiares, incluindo a mãe, Dame Elisabeth Murdoch (uma visita memorável com um tour pelo jardim de rosas dela em Cruden Farm, perto de Melbourne, na Austrália, com a própria, aos 99 anos, dirigindo o carrinho de golfe), e todos os seus executivos, do passado e do presente. A única condição era que eu *não* falasse com Ailes. Murdoch tinha inveja do presidente da Fox, e seus lacaios tentavam bloquear outra tentativa de Ailes de ficar com o crédito (de forma justa, eu diria) do que estava rapidamente se tornando a parte mais lucrativa e influente do império Murdoch: a Fox News. Aceitei essa única regra e ignorei Ailes, uma ferida, ainda que temporária, no nosso relacionamento. No entanto, Murdoch odiou o livro que escrevi sobre ele, o que agradou Ailes, e, quando seus problemas com a família Murdoch se intensificaram, fui convidado novamente para almoçar.

Como mais um passo nesta história, meu relacionamento com Ailes e a forma como ele me elogiou para Trump e seus funcionários me ajudaram a azeitar meu status como observador no primeiro ano de Trump na Casa Branca, o que resultou no meu livro *Fogo e fúria* e nos subsequentes *O cerco* e *Landslide*. Trump e seu relacionamento com a Fox são elementos centrais nesta história, da qual fui testemunha silenciosa em seus diversos altos e baixos.

O que tentei fazer aqui foi trazer à tona as forças contraditórias que atualmente rancham a emissora. Com base em conversas específicas para este livro e outras que ocorreram no decorrer dos anos, e em cenas e eventos que presenciei ou recriei com a ajuda de pessoas que os testemunharam, meu esforço aqui é escrever algo bem mais próximo da vida particular do que da posição pública da Fox News. Como escritor, talvez até mais do que estritamente como jornalista, vejo neste livro uma história das falhas e loucuras humanas — ampliadas pelo poder e pelo veneno de estar diante das câmeras —, assim como das dúvidas e dos medos que tiram o sono de todos que trabalham na Fox.

Prólogo 1
Keith Rupert Murdoch

1931-202_

Em redações em todo o mundo — e Rupert Murdoch controlava mais re-
dações do que qualquer um já controlou —, é uma prática comum escrever
com antecedência os obituários de personalidades grandiosas, famosas,
bondosas e até mesmo vilanescas e mentirosas. O obituário vai para um
"arquivo", com um texto já praticamente pronto, esperando apenas a atua-
lização dos detalhes finais. Embora este provavelmente não fosse estar
entre os trancados a sete chaves nos jornais de propriedade da própria
família Murdoch, aqui está um resumo de uma das vidas mais complexas
da nossa época, para o bem ou para o mal — com seu fim sendo o presságio
de mais um dos desdobramentos dramáticos e políticos que ele provocou
no decorrer da sua longuíssima carreira.

Keith Rupert Murdoch, que revolucionou a indústria da mídia no decorrer de
suas sete décadas de carreira, morreu aos __ anos, depois de uma breve doença.
A informação foi confirmada pelo porta-voz da família.

A vida desse herdeiro de gerações de clérigos calvinistas foi repleta de contradições, sendo um exemplo de força de vontade e negação, colocando os objetivos de negócios acima da própria essência. A maior negação talvez tenha sido
que o legado supremo do magnata seja um negócio — a Fox News — com o qual
teve pouco a ver e pelo qual nutria certo desprezo, e um presidente — Donald J.

Trump — que ele considerava um "tremendo idiota" e que sua emissora de TV desempenhara um importante papel para eleger.

Nascido em berço de ouro, era filho de uma das famílias mais ricas e privilegiadas da Austrália e se tornou editor de jornais populares, para a classe trabalhadora. Era um presbiteriano, altamente puritano, que tomou o mundo jornalístico britânico com fotos de mulheres com seios de fora na página 3 do jornal *Sun*, transformando-o no campeão de vendas da Grã-Bretanha. Era um jornalista dedicado, talvez o último na face da Terra, apaixonado por suas redações e imprensas, cuja real fortuna viria da televisão e de filmes aos quais não assistia, produzidos em uma Hollywood que desdenhava e pela qual era desdenhado. Era o contumaz jornalista de tabloides — quanto mais bruto, duro, cruel e desprezível, melhor — que acreditava não haver motivo que o impedisse de dirigir também os jornais mais respeitados do mundo, tendo comprado o *Times* de Londres em 1981 e o *Wall Street Journal* em 2007. Ele estava entre os homens que definiram o modelo da impetuosidade empresarial moderna, que coloca os resultados acima de tudo, mas seu maior sonho era passar a empresa para os próprios filhos, por mais despreparados, indignos ou rebeldes que fossem.

Nasceu em 1931 em um mundo quase vitoriano. Os pais, Sir Keith Murdoch e Dame Elisabeth Murdoch, ambos filhos de imigrantes escoceses de classe abastada, faziam parte de uma elite mais ligada à alta cultura britânica do que à sociedade igualitária australiana. O pai, de temperamento frio e contido, e Rupert, ressentido e rebelde, nunca se deram bem. Keith Murdoch enviou várias pessoas com mensagens para o filho em Oxford, onde Rupert estudou depois do fim da Segunda Guerra Mundial, para repreendê-lo por gastar demais e por flertar com ideias de esquerda. Sua relação com a mãe, que viveu até os 103 anos, também não era das melhores. Ele a culpava por ter administrado mal os bens da família depois da morte do pai em 1952, e por prejudicar sua herança.

Talvez tenha sido o desprezo que nutria pelo talento empresarial do próprio pai que explicava a ferocidade e a determinação que o tornariam uma das mentes de negócios mais transformadoras do seu tempo. Keith Murdoch era o presidente da Herald and Weekly Times, uma das maiores empresas de mídia da Austrália, mas não era o dono e, no fim das contas, acabou demitido da empresa que ele construiu por homens que detinham o controle acionário. Lição aprendida: controle é tudo. (O filho compraria posteriormente a empresa que demitira o pai.) Outra lição que aprendeu crescendo com o círculo restrito de pessoas poderosas que se reuniam à mesa da casa de seus pais: o poder é um jogo entre pessoas que já estão estabelecidas. Para alcançá-lo — ele aprendeu durante seu trabalho como editor novato, começando com o único jornal que seu pai deixara para ele em Adelaide —, uma pessoa de fora deve substituir as pessoas estabelecidas.

Seu objetivo era claro: poder global. Seu método, sem muito capital, quase nenhuma organização nem conexões significativas além da Austrália, era inventar. Ele entendia que os jornais eram uma rota certa para a influência e o poder; muitos eram sinônimo de mais influência e mais poder. E assim começou seu arco histórico de aquisições geralmente predatórias. Ele expandiu seus negócios da Austrália para o Reino Unido ao manipular de forma perspicaz, se não enganadora, a família que era dona do falido tabloide britânico *News of the World*, usando em seguida uma tática questionável semelhante para adquirir o debilitado *Sun*. Levando o sensacionalismo barato dos tabloides a novos níveis de escândalo e ultraje, ele transformou os dois jornais em fenômenos da indústria. O jornal satírico britânico *Private Eye* logo lhe deu a alcunha depreciativa de "Dirty Digger",* por causa de suas raízes australianas, das garotas seminuas da página 3 do *Sun* e dos escândalos que seus jornais desenterravam. A alcunha o acompanhou por algumas décadas. Depois de se mudar para Londres, ele seguiu com as aquisições nos Estados Unidos, ao comprar um jornal em San Antonio, Texas (sem nenhum motivo aparente, a não ser que tinha dinheiro para isso), depois o *New York Post*, só porque estava à venda, as revistas *New York* e *Village Voice*, e depois jornais populares de Boston e Chicago.

Ele sempre buscava transformar os negócios em poder político. Foi o responsável por uma sucessão de primeiros-ministros na Austrália. No Reino Unido, foi um apoiador essencial de Margaret Thatcher; a virada do *Sun* para apoiar o Partido Trabalhista foi um dos fatores mais significativos para a eleição de Tony Blair. Em 1978, meses depois de assumir o *New York Post*, ele tornou uma missão do jornal eleger Ed Koch como prefeito da cidade, e conseguiu. Esse episódio foi o precursor de seu sonho de eleger um presidente para os Estados Unidos.

---

* A palavra "*digger*", além de ser usada para indicar alguém que cava a terra em busca de tesouros, é utilizada também de forma depreciativa para se referir aos australianos. Já "*dirty*" significa "sujo", tanto de forma literal quanto figurativa. Desse modo, a alcunha tem duas camadas de significado, algo como "australiano sujo que desenterra os podres das pessoas". (N. T.)

No entanto, a verdadeira transformação para ele e para o mundo da mídia, e, em última análise, até mesmo para a política estadunidense, veio com o acordo de 1985 pelo qual ele comprou a Twentieth Century Fox, o famoso estúdio de cinema. Até aquele momento, a indústria da mídia era bem compartimentalizada: jornais impressos, televisão, cinema, rádio, livros e o nascente mercado de locadoras de vídeo e canais de TV a cabo, todos segmentados de forma precisa e vertical no mundo corporativo. De repente, porém, Murdoch era dono de jornais e de um estúdio cinematográfico. Logo, depois de novas negociações, seu estúdio se tornou o único que também possuía emissoras de televisão. Seguindo o exemplo, a Time Inc. fez uma fusão com a Warner Communications; a Viacom adquiriu a Paramount, acrescentando a CBS alguns anos mais tarde; e a Disney comprou a ABC. Centenas de empresas independentes de mídia foram reduzidas a um punhado.

Em seguida, Murdoch decidiu tentar quebrar outra barreira do setor e lançar uma quarta rede de televisão nos Estados Unidos. Usando seus canais de TV e tendo Barry Diller, grande executivo da TV e do cinema à frente da empresa — além da série de sucesso *Married... with Chidren* (exibida no Brasil com o título *Um amor de família*), uma sitcom revolucionária que mostrava o lado ácido da vida familiar nos Estados Unidos, em vez da visão idealizada de costume —, a Fox Network logo passou a competir por audiência contra a ABC, a NBC e a CBS. Murdoch se tornou a pessoa mais importante da indústria de mídia nos Estados Unidos, e, com seus pontos de vista conservadores e agressivos, tinha um poder político no país.

Seu foco, porém, continuou na mídia impressa. Em uma redação, sentia-se em casa como jamais conseguiu na indústria cinematográfica — executivos se esforçavam para mantê-lo longe de reuniões com diretores, astros e estrelas, pois ele não tinha paciência para aqueles assuntos. À medida que criava seu colossal império midiático, moderno e multiplataforma, continuou sendo visto pelos jovens descolados que trabalhavam no setor como um velho ranzinza que vivia com a regata aparecendo sob a camisa branca e só parecia satisfeito quando estava estudando a primeira página de algum dos seus jornais.

No fim da década de 1980, assim como a maior parte da comunidade corporativa, Murdoch estava em um estado de delírio financeiro. Fazendo aquisições na Austrália, no Reino Unido e nos Estados Unidos, estava sempre voando ou sofrendo de jet lag. Antes do final da década aumentou seu império jornalístico, cinematográfico e televisivo: adquiriu duas casas editoriais, a Harper, nos Estados Unidos, e a Collins, no Reino Unido, criando uma das maiores editoras do mundo; montou um grande grupo de publicação de revistas; assumiu o controle acionário da BSkyB, a vasta e deficitária empresa de televisão por satélite do Reino Unido; e, sem um objetivo claro, comprou uma companhia aérea na Austrália.

No início da década de 1990, a crise financeira na indústria de mídia o fez ir à falência. Em determinado momento do período de seis meses de negociação com os credores, estava a ponto de perder todos os seus negócios. Não os ter perdido foi com certeza uma de suas grandes conquistas, um exemplo de perseverança e humildade.

Ele se recuperou na Califórnia. Foram anos infelizes e vazios. Não combinava em nada com a indústria do entretenimento. Tinha prometido para a segunda esposa — Anna, mãe de três dos seus filhos, com quem se casara em 1967 — que, se a empresa sobrevivesse ao erro financeiro que tinha cometido, ele a entregaria para outras pessoas administrarem e, à medida que se aproximava dos 65 anos, começaria a diminuir o ritmo para se aposentar. Mas, quando a mulher passou a insistir que cumprisse a palavra, ele começou a dar para trás. À noite, costumava abordar seus executivos em busca de companhia para jantares solitários no refeitório da Fox.

Murdoch queria voltar para os noticiários e se afastar do entretenimento. Queria um canal de TV que exibisse notícias 24 horas por dia, sete dias por semana. Queria a CNN, mas sua oferta foi recusada porque ainda era considerado o "Dirty Digger", e a CNN foi vendida para a Time Warner, o conglomerado de cinco anos que agora era o maior e mais poderoso grupo na indústria midiática. A resposta dele foi simples: abriria seu próprio canal a cabo de notícias.

Então, convidou pessoalmente Roger Ailes, executivo da TV e antigo estrategista do Partido Republicano, então infeliz com seu trabalho na NBC, para fundar do zero um novo canal de TV a cabo. Ailes tinha plena convicção de que criaria um canal de notícias grandioso com a quantia exorbitante que Murdoch estava disposto a gastar.

A Fox News foi lançada em 1996, dentro do orçamento e ultrapassando as projeções iniciais, o que significou que Ailes não teve muita supervisão do chefe.

Murdoch tinha preocupações mais urgentes: estava apaixonado. Aos 65 anos, aquele homem frio e impessoal, com um casamento de trinta anos e quatro filhos adultos, conheceu uma jovem funcionária, uma estagiária que fizera uma pausa na faculdade de administração e trabalhava no escritório de Hong Kong. Wendi Deng, filha de um casal provinciano na China pós--Revolução Cultural, tinha 29 anos quando conheceu Murdoch.

O comportamento natural de Murdoch era sempre formal e puritano. Ele se esforçou para anunciar publicamente o fim do casamento com Anna antes de revelar o início de qualquer relação com Wendi. A notícia do divórcio abalou o mundo de Murdoch, mas nem seu círculo mais íntimo de amigos desconfiava que pudesse ter uma namorada. Dois meses depois da separação, ele telefonou para a filha Prudence na Austrália e contou que tinha conhecido uma "chinesa muito digna". Com uma exclamação de surpresa, ela subiu correndo para o segundo andar da sua casa em Sydney e disse para o marido: "Você não vai acreditar!".

A família Murdoch morava na Califórnia, um estado em que há regime de comunhão de bens. Uma divisão de suas posses teria facilmente cindido a empresa ou, pelo menos, o controle dela. Mas Anna preferiu outra coisa. Em vez dos bilhões que poderia ter conseguido com a separação, concordou em receber 100 milhões de dólares, com a condição de que Rupert congelasse os ativos em um fundo para os quatro filhos, cada qual recebendo direito a um voto, e impedindo que qualquer "fruto" de um possível novo relacionamento pudesse participar do fundo. Essa estrutura o perseguiria até sua morte — e depois.

Os primeiros anos do casamento com Wendi, com o rápido nascimento de duas filhas, Grace e Chloe, representaram uma negociação constante entre a vida nova e a vida antiga. Com sua filha Elisabeth zangada pelo divórcio, e sem falar com ele, Murdoch atraiu os filhos homens lhes dando mais autoridade dentro das empresas. O mais velho, Lachlan, foi colocado em um escritório ao lado do dele em Nova York. O caçula, James, se tornou o verdadeiro agente de transformação do empreendimento, supervisionando o ritmo frenético dos investimentos digitais.

Murdoch estava negociando entre a família antiga e a nova, mas também com os executivos e os filhos.

De forma bastante inesperada, a Fox News tinha se transformado — com suas loiras altas e ênfase em apresentadores com uma pegada de rádio — num campeão de audiência, o mais lucrativo entre os canais jornalísticos dos Estados

Unidos. Em 2005, o nome Fox já era maior do que o do próprio Murdoch. Ailes tinha alçado a empresa a um sucesso grande e específico o suficiente para tornar-se um dos poucos executivos na longa história de Murdoch que custaria caro demais para ser substituído.

Manipulador e maquinador, Ailes se concentrava muito no ressentimento fervente que sentia pelos filhos de Murdoch e pelo poder que o patriarca dava a eles. Elisabeth (formada em Vassar), Lachlan (Princeton) e James (Harvard) eram adequadamente vistos por ele como yuppies da Costa Leste formados nas principais universidades dos Estados Unidos. Ele espalhava boatos de que Lachlan e James eram gays — isso era quase um evangelho dentro da Fox News —, e Elisabeth, uma viciada em drogas que organizava festas com orgias sexuais. Afirmava ter provas. Em 2005, em uma queda de braço com Lachlan, que tentava ganhar mais autoridade, Ailes foi até Murdoch e lançou um ultimato: ou ele ou eu. Murdoch escolheu Ailes. Lachlan, ofendido, fez as malas e se mudou, junto com a família, de volta para a Austrália.

Isso deixou James como herdeiro. Ele tinha sido enviado para administrar a BSkyB, o canal de TV por satélite do Reino Unido — agora conhecido como Sky —, e, em seguida, foi promovido para gerenciar todas as operações de Murdoch na Europa.

Em 2007, no que hoje parece ter sido o último momento de crença em um futuro possível para os jornais impressos, Murdoch realizou o sonho de uma vida ao adquirir o *Wall Street Journal*, um dos dois periódicos mais prestigiosos do mundo (o *New York Times* se manteve fora do seu alcance). Para Murdoch, aquela era a coroação da sua carreira. Ocorre que, de muitas formas, a parte mais tempestuosa tinha acabado de começar. Em questão de meses, a crise financeira global caiu sobre o mundo, condenando o setor de jornais impressos. A eleição de Barack Obama, apoiada por todos os filhos de Murdoch, e, na verdade, pelo próprio Rupert, ainda que relutante, provocou uma transformação repentina na Fox News, que passou de um tabloide de direita irritante para algo mais agressivo, perigoso e racista — e ainda mais popular e lucrativo —, conquistando a antipatia dos filhos elitistas e cosmopolitas do dono da emissora.

Na época, bem quando Murdoch estava quase atingindo seu objetivo de conseguir os 61% da Sky que pertencia a acionistas do público em geral, algo que fortaleceria tanto o alcance global da empresa quanto o status de maior corporação de mídia do mundo, aconteceu um escândalo.

Repórteres de dois dos jornais londrinos de Murdoch, o *News of the World* e o *Sun*, vinham hackeando mensagens de voz de celebridades, astros do esporte e membros da realeza de modo sistemático, com, no mínimo, o conhecimento tácito de James Murdoch e, muito provavelmente, seu envolvimento para encobrir tudo. Forçado a reconhecer aquilo como o ponto mais baixo da sua carreira pública, Rupert Murdoch, totalmente perplexo e com James ao seu lado, foi obrigado a testemunhar em uma audiência televisionada diante do Comitê Seletivo Parlamentar. Escapando por um triz de um processo, James foi afastado do Reino Unido e levado para os Estados Unidos. Murdoch foi obrigado a fechar o *News of the World*. Os órgãos reguladores impediram a compra das ações da Sky por considerarem Murdoch "inadequado" para ser proprietário de uma empresa britânica de grande porte. Os acionistas logo o pressionariam para separar a Twentieth Century de seus decadentes, porém amados, jornais. Murdoch ainda controlava as duas empresas, mas a declaração estava clara: ninguém queria os jornais que ele tanto estimava.

Por fim, o casamento de Murdoch com Wendi Deng, que já passava por uma crise, acabou quando fontes da empresa vazaram a notícia do caso extra-conjugal que ela mantinha com o ex-primeiro-ministro Tony Blair.

Ainda assim, Murdoch, já com 83 anos, abatido pelos eventos criados por ele mesmo, decidiu, com a mais absoluta determinação, não mudar de direção.

Depois de se livrar de dois executivos, Peter Chernin e Chase Carey, os maiores responsáveis por tornar sua empresa um negócio bem gerido e moderno, admirado em Wall Street, Rupert lançou um ultimato para Lachlan, que havia passado quase dez anos sem fazer nada na Austrália: se o filho nutria qualquer esperança de assumir um papel de liderança na corporação, precisava decidir naquele momento, caso contrário, James, apesar do escândalo recente, seria nomeado CEO. Em 2014, Lachlan e a família voltaram da Austrália, e ele e o irmão dividiram o cargo de CEO.

Embora Chernin e Carey estivessem fora do jogo, Ailes ainda continuava firme e forte. A raiva e a inimizade que o executivo nutria pelos chefes recém--nomeados eram uma das poucas coisas que fazia os irmãos, que mal se falavam — James ficava em Nova York e Lachlan em Los Angeles —, concordarem em alguma coisa: eram eles ou Ailes.

Em julho de 2016, Murdoch estava em lua de mel com a nova mulher, a top model dos anos 1970, ex-mulher de Mick Jagger e personalidade do mundo do rock'n'roll, Jerry Hall. Naquela época, Gretchen Carlson, uma ex-apresentadora de telejornal, entrou com um processo de assédio sexual contra Ailes — algo que o executivo acreditava ter sido instigado pelos irmãos para estourar exatamente durante a ausência do pai. Eles agiram rápido e em harmonia, mobilizando toda a empresa e seus advogados contra Ailes enquanto mantinham o pai no escuro. Duas semanas depois, aconteceu a primeira onda do movimento #MeToo, que ainda não tinha esse nome, e, depois de vinte anos de dedicação de corpo e alma, Ailes foi afastado do seu cargo de forma bastante desonrosa.

Isso deu início a uma batalha violenta entre Lachlan e James pelo controle da Fox News. O futuro incerto da empresa, combinado com a eleição totalmente inesperada de Donald Trump e a recente notícia de que os últimos esforços para a compra da Sky não teriam a aprovação necessária no Reino Unido, deixou a Fox News em uma das situações mais críticas que já tinha enfrentado.

Em 2017, em um negócio conduzido por James, e com resistência ferrenha de Lachlan, a Twenty-First Century Fox aceitou a oferta da Disney de 71 bilhões de dólares pela maior parte dos seus ativos, deixando para trás apenas propriedades que a Disney não podia assumir por questões regulatórias e a Fox News, que ela não queria. Cada um dos seis filhos de Murdoch recebeu uma quantia de 2 bilhões de dólares. James não quis assumir a responsabilidade pelo que restara da empresa, principalmente a Fox News. O prêmio de consolação de Lachlan foi tomar as rédeas de uma companhia bastante reduzida.

Desde a eleição de Trump, a Fox conquistou ainda mais sucesso. O canal sobreviveu não apenas à perda de Ailes, que morreu no seu exílio em Palm Beach na primavera de 2017, como também à demissão do seu campeão de audiência, Bill O'Reilly, por causa de mais um escândalo de assédio sexual, e a de Megyn Kelly, a apresentadora que os Murdoch esperavam que guiasse o negócio a um futuro um pouco menos alinhado com a extrema direita. Em vez disso, Trump agora era o astro do canal. Sean Hannity, o apresentador com a pior audiência do horário nobre, conseguiu restaurar a carreira com sua devoção inquestionável a Trump, tornando-se inclusive um dos conselheiros do círculo mais íntimo do então presidente. Tucker Carlson conquistou um espaço de apresentador porque os Murdoch acreditavam que ele seria um republicano mais moderado, mas, do dia para a noite, ele se tornou mais um agitador trumpista e o novo líder de audiência da estação de TV a cabo.

Apesar dos esforços dos Murdoch para moderar os excessos da emissora, a Fox se transformou em algo próximo de um exército da administração Trump. A ironia era cruel: por muito tempo, Murdoch usou seu poder midiático para elevar ou destruir políticos, e agora estava impotente diante do apelo do mais poderoso meio de comunicação que já possuíra em relação ao presidente beligerante. A grana era alta demais.

Rupert e Lachlan passaram a se considerar praticamente mártires carregando a cruz da Fox para preservar o seu valor. Lachlan caiu no ostracismo na progressista Los Angeles. Rupert viu sua vida feliz com Jerry Hall ficar cada vez mais difícil, pois ela circulava em grupos sociais, de entretenimento, arte e moda, que nutriam profunda antipatia, e até mesmo raiva, tanto pela Fox quanto por Trump, e pelo próprio Rupert. Em 2022, seu quarto casamento chegou ao fim.

Murdoch começou a ser cada vez mais encorajado pela filha Elisabeth a pensar no seu legado histórico e a considerar formas de se desvincular da Fox, sobretudo porque a emissora estava mais uma vez seguindo a estrela do norte de lucros maciços, podendo novamente ser um instrumento importante na possível reeleição de Donald Trump. O destino da Fox seguiu incerto até o momento de sua morte.

[ÚLTIMO PARÁGRAFO RESERVADO PARA AS CIRCUNSTÂNCIAS DA MORTE. FIM.]

Prólogo 2
Roger Ailes

VERÃO DE 2016

Roger Ailes, fundador da Fox News e por vinte anos seu presidente, CEO e regente cruel, cínico e brilhante, disse: "As pessoas que você conhece vivem no presente, seja lá o que esteja acontecendo neste *presente*". Ele fez um aceno com a mão indicando o desdém que sentia. "As pessoas para quem a Fox existe vivem em..." Fez uma pausa como se estivesse fazendo uma calibragem para ser o mais preciso possível: "... 1965". Pensou por mais um segundo e, depois, para esmagar de vez a borboleta liberal, acrescentou: "Antes da Lei de Direito de Voto". Ou seja, um presente que antecede a época em que os direitos civis se tornaram a grande conquista política e cultural da nossa era.

As pernas de Ailes, já fracas demais, pendiam pela lateral do sofá da sala de sua casa de classe média alta, em estilo de rancho e com todos os cômodos acarpetados. Ficava em Cresskill, Nova Jersey, a 45 minutos de distância de Garrison, Nova York, onde ele e sua mulher, Beth, tinham construído uma mansão em um promontório com vista para West Point e os afluentes do Hudson na época em que Ailes chefiava a Fox News, transformando a start-up em uma empresa com lucros de 1,5 bilhão de dólares. Era uma das melhores vistas da região. A verdade, porém, era que ele se sentia mais relaxado em Cresskill, no conforto dos subúrbios, do que na fortaleza grandiosa que construíra.

O chá gelado descansava no porta-copos sobre a mesa ao lado dele. Ailes estava em casa em um dia de semana porque, em um episódio espetacular de nocaute cultural, tinha passado de homem mais poderoso e presciente da política estadunidense para um homem sem emprego, sem status, sem influência e sem futuro. Acusações de abuso sexual feitas contra ele em um processo surpreendente, aberto pela ex-apresentadora da Fox Gretchen Carlson, expuseram tanto as crueldades pessoais de Ailes quanto a cultura não tão secreta de humilhação sexual da emissora de TV. Era um jogo de submissão, e quem não se submetia tinha a carreira destruída. Quando o que muitos sabiam na esfera privada veio a público, aquilo se tornou o pontapé que o expulsou da televisão, acabando com toda a sua influência.

Ailes continuou vivendo sozinho na sua realidade de 1965, mas o mundo, e as leis recém-impostas sobre comportamento sexual, o atingiram, mesmo na Fox. Os filhos de Murdoch, que foram ofendidos e atormentados durante tanto tempo por Ailes e seu sucesso, aproveitaram o momento. Com mais força de vontade e determinação do que o esperado, viram a oportunidade de destruir o fundador da Fox e a agarraram com unhas e dentes. A queda de Ailes foi muito significativa em termos sociais, representando uma vitória brilhante da maioria cultural liberal. O que talvez não tenha sido tão bem compreendido foi que, em termos políticos, sua remoção como maior liderança da direita deixou o lugar vago para que Donald Trump ocupasse. E foi exatamente o que ele fez.

"Donald vive em 1965, embora mais em Las Vegas do que no Kansas — mas 1965, mesmo assim", disse Ailes sobre o amigo Trump, que, de forma surpreendente e ridícula até mesmo para Ailes, havia garantido a indicação do Partido Republicano como candidato à presidência.

"Já os garotos", continuou, referindo-se aos filhos de Murdoch, "vivem no presente. São nova-iorquinos, filhinhos de papai que tiveram do bom e do melhor, estudaram nas melhores escolas e universidades. A Fox News sustenta os seus luxos. Eu ganho dinheiro para eles gastarem..." Uma fala bem conhecida do catecismo de Ailes. "Mas eles querem a Fox News? Claro que não. É uma pilha de bosta fedida para eles. É uma pilha de bosta para cada um dos liberais dos Estados Unidos, mas extremamente valorizada por todos os outros cidadãos."

Sua amargura foi momentaneamente ofuscada por uma alegria quase infantil. Ailes não era nem um pouco introspectivo, mas também era um político, e a política nada mais é do que um estudo constante de como você foi derrotado e de como jogar no novo campo de batalha criado por qualquer nova reviravolta. Nos anos em que trabalhou como sagaz conselheiro de presidentes e temido CEO da Fox News, Ailes tinha o hábito de fazer comentários sarcásticos, quase como se estivesse escrevendo em um diário particular (mas expressando-se em voz alta), sobre quem estava ganhando ou perdendo em diferentes situações.

"E quanto ao Rupert?", perguntou seu interlocutor sobre o então presidente da Fox, com seus 85 anos.

"Ele gosta de grana. Se tiver dinheiro envolvido, consegue tirar todo o resto da cabeça. Na verdade, ele nunca me passou a impressão de alguém que assiste ao canal."

"E em que época ele vive?"

"Em que época ele vive?", repetiu Ailes. "Ele está totalmente desorientado. Andando de um lado para outro, chocando-se contra as paredes. Ele não sabe em que época estamos. É só um velho que quer o amor dos filhos. Mas os filhos não o amam. Rupert é uma figura estranha. Ao mesmo tempo que é frio e calculista, vira um idiota diante dos filhos. Chega a ser patético. Eles sempre saem batendo o pé e mostrando o dedo do meio para o pai."

"Tudo bem, então... E o que acontece com a Fox?"

Se a Fox era parte canal reacionário de TV e parte movimento político, para Ailes também era algo nobre. Tão nobre quanto um Estado soberano, com práticas, cultura e governança próprias. Era a Coreia do Norte. E Ailes era o Kim, liderando tudo. Mas agora o ditador tinha sido exilado ao próprio sofá em Nova Jersey.

Claro que a deposição do ditador não significava que a luta pelo poder havia acabado. Na verdade, não é incomum que o período do ditador seja visto como estável e centrado, e o vazio deixado por ele passe a ser considerado uma situação muito mais volátil e assustadora. Ailes, a grande força disruptiva da nação, era a verdadeira estabilidade da Fox, sua verdadeira âncora.

Ele une os dedos como se estivesse em oração.

"Tudo bem... Eles querem vender. Neste momento, acho que seria justo pedir 50 bilhões de dólares. Mas... quem vai comprar? Não existe nenhuma operação de mídia conservadora no país que tenha essa quantia de dinheiro. A mídia rica é totalmente liberal. E sem o nosso fluxo de caixa, toda a parte financeira do império corporativo de Murdoch vai se desfazer..." Ele se referia aos outros canais de TV a cabo, à rede de entretenimento da Fox e ao estúdio de cinema e televisão (para não mencionar a vasta e cada vez mais fraca mídia impressa dentre os investimentos de Murdoch). "Não, eles estão presos à Fox News." Ele soltou uma gargalhada demoníaca. "Mas também não vão conseguir administrá-la. Vão tentar. Os irmãos não passam de projetos de gestores. Acho que os dois realmente acreditam terem sido colocados na face da Terra para superar o pai, mas sem ele não passariam de executivos medíocres que, com muita sorte, ganhariam uns 250 mil dólares por ano. Para ser bem sincero, mesmo que eles fossem verdadeiros gênios, a televisão não é brincadeira. Não mesmo! É por isso que existem tantas séries *sobre* a televisão, porque é uma verdadeira loucura. Não importa que seja um canal conservador, é a porra de uma emissora de TV. Todo mundo é doido. Mas, ao mesmo tempo, é um canal conservador. E os garotos não são nada conservadores. O pai é um empresário conservador e caga-regras. Não estamos mais falando sobre ideologia nem sobre partidos políticos. Estamos falando sobre o momento no qual as pessoas vivem. As pessoas da Fox conquistaram seu espaço. E vocês...", disse ele se referindo às pessoas que vivem no aqui e agora, "... vocês querem expulsá-las, mas elas fincaram raízes. Não vão a lugar nenhum. Quanto mais vocês insistem, mais elas fincam as raízes. Elas estão com a bala na agulha. Vocês são como missionários tentando converter os nativos, os canibais. Mas eles acabam comendo vocês."

"Então *nós* somos os cristãos? E vocês são os bárbaros?"

Ele não ficou nem um pouco satisfeito com o rumo que a sua metáfora estava tomando. Ailes e seus seguidores eram claramente os cristãos. Então, ele disse, talvez tentando não seguir aquela linha de raciocínio, mas fracassando: "Bem, na verdade vocês são os judeus, é claro." Soltou uma risada com indiscrição, mas, em seguida, adotou o tom professoral que às vezes usava: "Tudo bem, era uma época relativamente mais estável. A não ser pelos esquisitões ou pelos amish ou pelo povo das montanhas, todos nós vivíamos praticamente no mesmo momento. Lutávamos as mesmas guerras, frequentávamos igrejas e escolas parecidas, assistíamos aos mesmos programas de TV. Todos nós seguíamos mais ou menos no mesmo ritmo. Alguns talvez mais rápido. Havia entre nós os que queriam progresso e os que queriam menos progresso, mas esse progresso era bem lento em qualquer evento. E, então, ele acelerou. Se tornou mais uma questão de velocidade do que do progresso em si. Algumas pessoas tinham mais acesso à tecnologia. Outras tinham mais dinheiro. Algumas estudavam por mais tempo. Outras faziam sucesso e se mudavam para a cidade grande. E outras, não. Então, as ideias sobre militares, sobre religião, sobre escolas, sobre homens e mulheres compartilhadas por pessoas como você se tornaram muito diferentes... cem por cento diferentes das compartilhadas por pessoas como eu".

"E o Trump?"

"Donald? Ele é o Riquinho. Ele é mais rico que você, mas não é mais inteligente. Na verdade ele é a porra de um idiota, e digo isso com todo respeito. Ele é *muito* burro. Mas o que as pessoas odeiam mesmo é a inteligência. Meu Deus, como odeiam."

O telefone — fixo — tocou.

"É o Rudy", disse Beth, mulher de Ailes.

Para se exibir ao convidado e aproveitar e dar uma de *bad boy*, Ailes colocou o ex-prefeito de Nova York no viva-voz, sem avisar que tinha mais gente presente. Ailes tinha sido responsável pela primeira campanha de Rudy Giuliani à prefeitura de Nova York em 1989. Giuliani era um nova-iorquino republicano a favor da legalização do aborto e do controle de armas, e sua visão política não tinha nenhum ponto em comum com a de Ailes, a não ser pela retórica básica de defesa da lei e da ordem. No entanto, ambos eram operadores ambiciosos e cínicos do Partido Republicano, o que foi suficiente para consolidá-los como membros do pequeno círculo republicano em Nova York. Além disso, os dois gostavam de sair à noite. Embora Rudy tivesse aspirações sociais, ele ainda era, basicamente, um nova-iorquino não transformado. E Ailes se dava muito bem com pessoas que ainda não tinham se transformado.

Depois da tentativa frustrada de Giuliani de concorrer à presidência em 2008 — uma campanha perdida antes mesmo de começar —, Ailes continuou dando apoio ao amigo, mesmo na sua óbvia derrocada: ganho excessivo de peso, problemas com bebidas, um casamento arruinado e, o mais difícil de tudo, nenhum cargo público. Agora, Giuliani era advogado de Ailes na sua tentativa de conseguir 100 milhões de dólares de indenização dos Murdoch.

Bem, isso não era exatamente a verdade. Giuliani fazia parte do grande escritório de advocacia contratado para fazer isso. A tarefa de Giuliani, na verdade, era a comiseração. Ele logo começou a fazer uma lista crescente de mulheres na Fox que tinham se virado contra Ailes. Por um momento, Ailes pareceu ser a pessoa racional na conversa, fazendo um gesto ao seu convidado para indicar que, às onze horas da manhã, Giuliani já estava bebendo ("todos os meus advogados enchem a cara", Ailes diria). Acontece que, logo depois, Ailes se deixou levar pelo discurso de que aquelas mulheres traidoras tinham tramado para destruí-lo. Para aqueles dois homens, aquilo era um fato: um mundo sombrio de mulheres cuja cobiça e comportamento agressivo tinham sido liberados nessa nova era.

Cada um dos filhos de Murdoch tinha os próprios ressentimentos contra Ailes. "Eles são capazes de tudo", disse Ailes, como se fosse a primeira vez e não a milésima. "Sim, eles fariam qualquer coisa para atingir você", concordou Giuliani. Naquela trama complexa e cruel, os garotos Murdoch estavam no centro de uma conspiração mais ampla contra ele e contra o próprio pai, e parecia que todos representavam algum tipo de papel.

Parecia loucura, com certeza, mas refletia muito bem uma realidade paralela na qual muita gente vivia, talvez metade do país — um mundo de ódio, recriminação e conspiração. Algo que deixou de ser aberração para se tornar aceitável. Em anos mais recentes, Murdoch, apesar dos tabloides que usou para construir seu império, se via como uma pessoa que seguia um conservadorismo austero e íntegro e tinha começado a se referir a Ailes como "louco", usando isso como uma defesa — "Roger é louco" — enquanto sentia a Fox escorrer por entre seus dedos.

De qualquer forma, o motivo de Giuliani ter ligado era outro. Ele tinha se tornado conselheiro informal de Trump, e o que realmente queria era que Ailes concordasse em ajudar a preparar o candidato para o primeiro debate com Hillary Clinton. Não erroneamente, Giuliani considerava Ailes um mestre na arte de treinar marionetes, e acreditava que Trump, bem atrás nas pesquisas naquele momento, estava pronto para ser treinado. Ailes ficou na dúvida:

"O problema de Donald é que ele não escuta. Ele é incapaz de escutar."

"Ele vai escutar", retrucou Rudy.

"Rudy, você sabe que ele não vai."

"Ele vai ouvir você. Você quer que eu peça para ele te ligar?"

"Eu posso ligar para ele. Mas pode pedir para ele me ligar."

Por muitos anos, os três homens formaram um trio curioso, unidos menos por questões políticas e mais pela mídia, pela vida noturna e por serem celebridades. A ordem liberal de Nova York os tratava com desprezo, ou, na melhor das hipóteses, com uma tolerância debochada, mas eles conseguiram formar uma pequena e peculiar rede de sucesso: Trump com seus supostos bilhões de dólares e celebridade ridícula (que os outros dois elogiavam ou da qual debochavam); Giuliani com seu sucesso político e notoriedade, apesar dos fracassos; e Ailes, com uma audiência cada vez maior, moldando um novo tipo predominante de poder.

"Vai ser no campo de golfe", disse Giuliani.

Ele estava se referindo ao clube de Trump em Bedminster, Nova Jersey, onde a preparação para o debate aconteceria, embora nem ele nem Ailes fossem capazes de completar uma trilha de golfe.

Não houve dúvidas de que Ailes iria — o que mais ele tinha para fazer? —, mas ele queria que insistissem. Giuliani estava disposto a implorar a ajuda de Ailes, não só porque queria participar daquilo, mas para aproveitar a pequena chance, por mais ínfima que fosse, de que Trump pudesse chegar à presidência e ele voltasse a fazer parte de... *alguma coisa*.

"Ele precisa escutar", repetiu Ailes.

"Ele sabe disso, e vai escutar", disse Giuliani.

Depois da ligação, Ailes explicou: "Donald é ignorante. O que ele *faria* se fosse presidente?", perguntou, dando a entender que Trump não saberia o que fazer. "Mas, se uma pessoa aparecer na Fox por tempo suficiente e se sair bem diante das câmeras... então, sim, ela com certeza conseguiria se tornar presidente. Donald, por exemplo, não chega a ser pró-vida, não importa o que diga agora. Imagine quantos abortos ele já deve ter pagado. E ele acha que armas são coisa de pobre. Só que é um favorito da Fox; então nada disso importa, porque é um de nós. Claro, além de ignorante, ele é incompetente, e isso dificulta muito na concorrência à presidência, o que explica por que está vinte pontos atrás dos outros. Bill O'Reilly acreditava que *ele* poderia concorrer à presidência, mas era cruel demais. Donald também é cruel, mas de uma forma diferente, porque não dá para saber quando está falando sério. Bill é cruel de verdade e dá para perceber. Megyn Kelly? Ela talvez conseguisse. A primeira presidenta dos Estados Unidos. Mas está acabada agora." Quando ela trocara a Fox pela NBC alguns meses antes, Ailes previu corretamente que a carreira da jornalista na televisão estava com os dias contados. "Ela fez uma aposta, e vai perder", disse ele. Porque agora era considerada "uma conservadora que os liberais acreditam estar trabalhando para as pessoas certas. Isso nunca funciona. Não é possível abandonar a Fox. Não dá para mudar de lado".

Essa era a armadilha na televisão ideológica. Não se tratava mais de uma questão de talento nem de conhecimento. No passado, pessoas como Barbara

33

Walters* podiam mudar de canal, sem problemas. Mas a Fox deixava sua marca, fazendo com que a pessoa deixasse de ser ela mesma para ser tornar a própria Fox.

Com os dedos entrelaçados sobre a pança, Ailes demonstrava certa satisfação de ver Megyn Kelly, cujas acusações tinham sido o tiro de misericórdia que acabara com ele, como uma prisioneira da Fox. Em outras palavras, ainda sua prisioneira.

"E se Trump ganhar?"

"Ele não vai ganhar."

"Mas vamos supor que ganhe."

Ele fez uma cara de quem não tinha tempo de fazer aquele tipo de conjectura, embora tivesse todo o tempo do mundo.

"Bem, qual seria a reação dos Murdoch se ele ganhasse?"

"Porra, imagina só!" Ailes riu alto. "Pobre Rupert. Ele queria a CNN. Eu lhe dei a Fox. E ele começou a ganhar rios de dinheiro. E nem viu o que o atingiu. Ele desceu...", isto é, desceu do andar executivo e foi até a sala de Ailes no segundo andar, "... em junho e ficou resmungando *Trump... hum... hum... eca...*'", disse Ailes, fazendo uma imitação razoável do jeito inarticulado de Murdoch. "*Que perdedor. Tá, a Hillary... hum...*" Disse isso e saiu.

"Então, na opinião dele, a Fox deveria apoiar a Hillary?"

"Não, ele apoiava a Hillary. Ou James apoiava a Hillary. James estava sempre pentelhando o saco. Blá-blá-blá, blá-blá-blá. Patético. Mas Rupert era péssimo para dar orientações. A ideia de que qualquer coisa o faria perder dinheiro chegava a doer nele. E ele nunca entendeu bem por que a Fox fazia tanto dinheiro."

"E ele entendia que a Fox tinha criado o Trump?"

"Se não entendeu, James está explicando tudo para ele. Aquela foi a mensagem de James: *'Você perdeu o controle, velho'*. E é claro que James está certo. Ele é um pé no saco, mas está certo."

---

* Barbara Walters (1929-2022) foi uma renomada jornalista e apresentadora de televisão dos Estados Unidos, pioneira no jornalismo televisivo, que trabalhou em diversos canais, incluindo a NBC e a ABC, e era conhecida por suas entrevistas com figuras notáveis. (N. T.)

Inverno de 2022

1. Rupert

Ao sol

Rupert Murdoch costuma começar uma conversa no meio do raciocínio, como se ela tivesse se iniciado em algum outro ponto. A linha entre o que ele diz e o que pensa é tênue. Quando está pensativo, Murdoch costuma parecer agitado, movendo os olhos, a mandíbula e os lábios enquanto anda de um lado para outro com uma expressão de profunda concentração que se transforma em um franzir de testa amargo. Em voz alta, só emite resmungos baixos.

No inverno de 2022, ele estava de férias na ilha de St. Barts, nas Antilhas Francesas — um resort para bilionários, membros da elite cultural europeia e vilões internacionais. Dinheiro é a principal característica para se estar lá. Trata-se de um destino consagrado para os muito ricos e muito velhos com esposas jovens, um lugar legal para a esposa dar um tempo dos amigos e colegas da faixa etária do marido, e onde um idoso podre de rico pode se dar ao luxo de ser visto de sunga. Murdoch estava prestes a completar 91 anos.

Ele trabalhava em tempo integral na administração do canal a cabo Fox News, da Fox Broadcasting Company, dos canais de televisão que tinha por todo o país, dos jornais impressos nos Estados Unidos, no Reino Unido e na Austrália, e da editora HarperCollins. Era dele a palavra final em todos os negócios, e, quando queria, microgerenciava tudo. Mas ele também curtia a vida de aposentado rico no seu vinhedo na Califórnia, no seu rancho em Montana ou na sua fazenda na Austrália, e passava semanas no Caribe durante o inverno e no Mediterrâneo durante o verão, no seu barco *Vertigo*, uma escuna de 67 metros.

A esposa, Jerry Hall, 25 anos mais jovem do que Murdoch, queria velejar para a ilha de Mustique, um refúgio para a alta sociedade britânica, famoso por ter sido frequentado pela princesa Margaret. Era lá que Mick Jagger, ex-companheiro de Jerry, tinha uma casa, e onde os quatro filhos deles talvez aparecessem. Mas Murdoch não queria ir para Mustique. Ele havia se apaixonado pela família e pelo grupo social da mulher logo que se casaram, seis anos antes, mas já estava farto deles. Ou talvez eles estivessem fartos de Murdoch.

Ele parecia ter acabado de desligar o telefone, mas continuava falando do assunto ou de alguma outra conversa que talvez tenha tido, ou talvez estivesse apenas no meio de um raciocínio. Estava dizendo que alguém era gay para alguns amigos — na verdade, amigos de Jerry — que tinham se juntado a ele à mesa ao ar livre em St. Barts. Alguém da Fox News, ao que parecia. Mas então, com uma mudança abrupta de assunto, poderia parecer que o gay em questão era Ron DeSantis, que Murdoch via como uma poderosa alternativa a Trump, ou talvez que alguém estivesse acusando o governador da Flórida de ser gay. Alguém na Fox, possivelmente Tucker Carlson, estava dizendo que Trump andava chamando DeSantis de gay. As conexões, mesmo com um grande esforço para seguir a voz baixa e os resmungos, não ficaram necessariamente claras.

"Rupert, por que você é tão homofóbico?", perguntou a esposa com tom irritado, antes de acusá-lo de forma direta: "Você é tão homofóbico". Ela se virou para os amigos: "Ele é tão velho".

Murdoch tinha tentado e conseguido conquistar poder e controle cada vez maiores durante sua carreira de setenta anos, mas teve esposas de opinião forte, que discordavam abertamente dele, o repreendiam ou até o insultavam em público. Wendi Deng, a terceira esposa e 38 anos mais jovem, tinha um hábito, que foi se tornando mais sarcástico com o passar dos anos, de reclamar da avareza dele, que era conhecida, obsessiva, odiosa e intensa — um cálculo constante do dinheiro que ele podia ter economizado ou dos trocados que parecia perder. Por outro lado, não estava claro se ele sequer ouvia as esposas.

Ele de repente bateu na mesa, com um soco forte que a fez balançar. Aquilo poderia parecer um ataque de raiva pelo desafio da mulher. Mas não, o motivo era outro.

Trump, aparentemente. Nesse ponto, Murdoch começou a resmungar entredentes um monte de "puta merda". Ele era passional na repulsa que sentia por Trump, assim como qualquer liberal impotente. Parecia incorporar completamente a raiva que muitas pessoas sentiam em relação a uma política moderna que se apresentava absurda, ilógica e fora do seu controle. A única diferença ali, que provocou um silêncio confuso à mesa, era que, como presidente todo-poderoso e acionista majoritário da Fox News, a única e maior voz política da nação, *ele* tinha o controle. Não tinha?

"Faça alguma coisa, Rupert!", disse sua esposa. Para os demais, ela reiterou o ódio que ele sentia por Trump, como todos os outros presentes, acrescentando que todo mundo que conheciam também odiava Trump. "Mas ele não pode fazer nada", disse ela. "Ele vai perder dinheiro."

Dinheiro.

"Esse processo pode nos custar 50 milhões de dólares", disse ele em voz baixa, mas clara.

A mulher estava enfatizando um ponto importante: a Fox News tolerava e exaltava Trump por causa dos índices de audiência e da quantia exorbitante de dinheiro que aquilo resultava para o canal de notícias. Mas a irritação de Murdoch se devia ao processo aberto pela Dominion, a empresa fabricante de urnas eletrônicas, contra a Fox News por reproduzir as acusações absurdas da campanha de Trump de que a Dominion fazia parte de uma conspiração de esquerda internacional e ajudou a burlar as eleições de 2020. Era isso que talvez lhe custasse 50 milhões de dólares!

"Mas aquilo *foi* meio louco, não? Aquele lance da urna eletrônica?", arriscou uma das pessoas à mesa, parecendo colocar a culpa diretamente na Fox.

Louco.

"Trump é louco, louco, louco", Murdoch suspirou.

Novamente, pesava a compreensão de que tinha sido a Fox News de Murdoch a responsável por tornar aquele louco presidente, e que talvez conseguisse isso *de novo*. "Você o ajudou a se tornar presidente", declarou Jerry Hall com dureza, caso houvesse alguma sombra de dúvida.

"Temos alguns idiotas", retrucou Murdoch em tom pesaroso, mas sem deixar muito claro a quem se referia.

Jerry Hall quis esclarecer: "Sean Hannity é um idiota".

Murdoch não discordou. Mas, na verdade, por alguns momentos, pareceu que tinha saído da discussão. "Tucker é outro doido", disse Jerry Hall.

Depois de um tempo perdido nos pensamentos, Murdoch voltou:

"Lachlan gosta do Tucker."

Pareceu um comentário ressentido, mas em relação a quem? Tucker Carlson, o astro da Fox, ou Lachlan, seu filho e CEO da Fox? Não ficou claro. Era uma coisa boa ou ruim que o filho gostasse de Carlson?

"Ele é inteligente", murmurou Murdoch, parecendo se referir a Carlson.

Embora Murdoch costumasse ser nebuloso ou mesmo incompreensível nas conversas, também passava uma sensação estranha de transparência, de que todas as facetas do seu império e as próximas etapas estariam sempre abertas à debate. Mas também havia uma sensação estranha de dissociação por parte dele. Sua participação nos negócios e na construção do império pode ter crescido totalmente a partir dos seus instintos, impulsos, paixões e planejamento, mas ele também conseguia se afastar e ver tudo de forma bastante impessoal, como se estivesse olhando para um tabuleiro com peças a serem movidas para um lado ou para o outro, ou retiradas do jogo, ao seu bel-prazer, sem qualquer relação com ele.

No início de 2022, pareceu a alguns amigos que a Fox tinha se tornado uma peça a ser movida. Estaria ele preocupado, de forma atípica, com o seu legado? No seu aniversário de noventa anos, a filha Elisabeth produzira para ele um tributo biográfico em vídeo. Embora costumasse não ser sentimental, tinha se emocionado com o vídeo carinhoso. E houve também todo o lance com *Succession*, a série da HBO inspirada livremente, e às vezes escancaradamente, na história da família Murdoch. Ele não a assistiu, ou disse que não assistiu, mas debochou diversas vezes do personagem de Logan Roy, repetindo que não tinha nada a ver com "aquele idiota".

Às vezes, Murdoch dava a entender que a Fox era algo de que não conseguia se livrar. Ele já tinha vendido seus outros canais de TV a cabo e o estúdio cinematográfico para a Disney em 2018 por uma quantia exorbitante, e teria vendido a Fox News também, mas a Disney não se interessou. Então, agora ele possuía um único canal de TV a cabo em um mercado de gigantes, o oposto da estratégia de negócios de controle e domínio que sempre perseguiu. Mas aquilo o manteve no jogo, não dava para negar. Ele ainda era Rupert Murdoch, o dono da maior força política dos Estados Unidos. Seu filho James tinha sido inteligente ao querer fechar o negócio com a Disney, embora Lachlan não quisesse. Então, Murdoch, como prêmio de consolação, se comprometera a apoiar Lachlan como CEO da Fox News. Novamente, ele não era um cara sentimental, para dizer o mínimo, mas, de alguma forma, sentia que devia a

Fox a Lachlan. No entanto, todos os outros filhos odiavam a Fox. Odiavam com todas as forças. E todos odiavam Trump. Também com todas as forças. E havia ainda o fato de que Trump talvez lhe custasse 50 milhões de dólares no processo de difamação aberto pela Dominion por causa do apoio que a Fox deu às alegações absurdas de Trump e à conspiração dos trumpistas sobre as urnas eletrônicas da empresa. Então sim, era uma questão que parecia estar constantemente na sua mente: o que fazer com a Fox.

Por outro lado, seria possível imaginar o que se passava em sua mente?

"Meus outros filhos o odeiam", declarou Murdoch, aparentemente se referindo a Carlson.

"Eles têm bons motivos", acrescentou Jerry Hall.

"Qual é a relação de Carlson e Putin?", perguntou alguém à mesa.

Toda noite, no seu programa em horário nobre, Carlson, assim como Trump, vivia repetindo seu respeito e fascínio por Vladimir Putin, que Putin deveria ser nosso aliado; que deveríamos estar do lado de Putin. Não do lado da Ucrânia. *Ucrânia?*

Murdoch pareceu ignorar a pergunta. Ou talvez tenha ficado tão absorvido por ela que se esqueceu de onde estava. Putin, Trump, Carlson: seria Murdoch responsável por tudo aquilo?

"Rupert!", exclamou Hall, chamando-o de volta ao presente.

"Eles são... sim..." Ele não completou o pensamento e se distraiu de novo. Mas Murdoch, ainda um guerreiro republicano frio e confiável, já tinha dito para Lachlan fazer Carlson parar com aquilo. Eles não iam apoiar Putin, um louco. "Louco, louco." Louco de uma forma perigosa e diabólica.

"Ele vai invadir a Ucrânia?", alguém perguntou para Murdoch.

"Nunca!", Murdoch quase gritou, a voz saindo clara e exaltada pela primeira vez. "*Nunca!*"

"Ele odeia o Putin", disse Jerry Hall.

Murdoch pareceu novamente perdido em pensamentos. Voltou em seguida e perguntou o que as pessoas achavam do governador da Flórida, DeSantis. Mas ninguém tinha uma opinião clara.

"Ele pode derrotar o Trump!", afirmou Murdoch, ainda exaltado. "Ele pode derrotar o Trump!", repetiu, batendo na mesa. DeSantis poderia conseguir os votos evangélicos em Iowa. Os abortos pelos quais Trump pagou seriam revelados publicamente, assegurou Murdoch.

"Ele está se tornando um pró-vida", disse Jerry Hall, repudiando o marido.

Murdoch franziu a testa e resmungou. Ele não poderia ser, mesmo que quisesse. Tinha duas filhas universitárias muito engajadas, Grace e Chloe, do casamento com Wendi Deng. Aquela sempre era uma realidade, não importava o quanto o irritasse: precisava pensar nos filhos.

Os supostos anos dourados da vida de Murdoch, os últimos trinta, tinham sido dedicados a conquistar a aprovação dos filhos. Ele realmente se esforçou. Lachlan Murdoch assegurou ao pai que não era a Fox nem a política que se colocavam entre ele e os outros filhos. Aquilo era apenas algo para substituir as outras coisas. Lachlan tentou tranquilizar o pai dizendo que as questões deles não eram tão diferentes das de outras famílias. E talvez isso fosse verdade, a não ser pelo fato de que estava bem claro que a Fox News era o ponto de virada da história dos Estados Unidos na última geração. Para Grace e Chloe tinha sido uma questão difícil ao longo da vida, assim como para seus colegas de Yale e Stanford, aquelas universidades de esquerda, pois a Fox News dividira a nação e elegera Donald Trump. Bem, o que ele podia dizer quanto àquilo, além de resmungar que tudo era culpa de Trump? E de Ailes, que ele tinha despedido, não tinha?

"Minhas caçulas são engajadas", disse Murdoch, mal-humorado.

"Coloque James no comando", disse Jerry Hall, provocando o marido.

Murdoch fingiu que não ouviu, pois preferia não se lembrar de que o filho pródigo e sagaz estava fora do seu império.

"James quer explodir a Fox." Ela fez um som de explosão.

Murdoch voltou a falar de DeSantis, embora tenha sido difícil retornar de onde ele tinha parado. Parecia estar dizendo que os problemas da Fox não importavam, nem o quanto aquilo tinha afetado a família dele, pois DeSantis, que era um político normal, acalmaria as coisas; na verdade, qualquer um acalmaria, menos Trump.

"Ele é profissional", disse Murdoch, como se fosse um grande elogio.

"Ele é tão conservador", argumentou Jerry Hall com cara de nojo.

"Ele é profissional", repetiu Murdoch.

"Sério, você deveria *simplesmente* colocar James no comando", insistiu Jerry, provocando o marido de novo. "Você é podre de rico, por que precisa de mais dinheiro?" Ela estava batendo no ponto central, exatamente como a ex-mulher Wendi fizera, e como os filhos (também podres de ricos) faziam. E ele claramente não queria. Tinha perguntado para alguns amigos o que achavam de ele abrir mão da Fox. Pelo menos alguns responderam que era exatamente o que deveria fazer. Ele tinha uma ótima esposa, lugares maravilhosos para passar o tempo e o relacionamento com os filhos ainda melhoraria sem a maldição da Fox News. Isso sem mencionar a possibilidade de ele se tornar responsável pela reeleição de Donald Trump. *Ele queria aquilo?*

Murdoch continuou falando sobre Ron DeSantis. Ele seria o candidato. A insistência nele parecia apagar a existência de Donald Trump da sua mente. Aquele ano seria totalmente voltado para Ron DeSantis. Já tinha falado sobre isso com Lachlan: iam manter Trump fora do ar e promover DeSantis.

"Estão vendo? O que ele faria se não tivesse a Fox?", perguntou Jerry, compreendendo o amor dele pelo jogo.

"Eu sou dono do *Wall Street Journal*", disse Murdoch, ofendido.

2. Tucker
24 de fevereiro de 2022

Naquela manhã, a Rússia começava um ataque aéreo, marítimo e terrestre para invadir a Ucrânia, em uma ação que pegou Tucker Carlson, assim como o resto do mundo, desprevenido. Durante semanas, Carlson vinha descrevendo como alarmismo e propaganda as previsões da inteligência dos Estados Unidos sobre um ataque iminente, algo com o objetivo de *provocar* a resposta que a Rússia tinha acabado de dar. *Uma provocação irresponsável*. Como se considerasse aquilo parte natural da regeneração da direita — "a ontogenia recapitula a filogenia" —, ele pareceu se postar firmemente de volta no isolacionismo dos anos 1930. Os Estados Unidos não precisavam se envolver nas maldições do resto do mundo — por que diabos iam querer? Essa visão vinha acompanhada de um nojo intenso por qualquer um que não tivesse a mesma opinião: estas seriam as mesmas pessoas que foram cúmplices em uma geração de guerras infrutíferas e catastróficas. Eram *elas* o verdadeiro inimigo, não a Rússia, não Vladimir Putin.

Tucker Carlson era mais alto e mais gordo do que se poderia esperar, passeando pela rua principal de Boca Grande, uma ilha na costa do golfo da Flórida, mas ainda tinha um caminhar jovial, balançando os braços, olhando de um lado para outro, pronto para ver e ser visto de uma maneira digna de comédia musical. No entanto, por trás do rosto simpático — alegre, cativante, ávido por agradar —, havia uma maquinação mais consciente. Como ele era visto, e por quem? Estava começando a se considerar uma mancha de Rorschach humana. O que se pensava a respeito dele era um indicador de... *tudo*.

Nos velhos tempos dos noticiários de TV, as grandes vozes se tornavam praticamente indistinguíveis dos grandes eventos — como Walter Cronkite com a respiração ofegante tirando os óculos para se recompor e controlar a emoção ao anunciar a morte de John F. Kennedy. Mas a Fox tinha ultrapassado aquilo. A Fox agora *provocava* eventos. A história estava ligada na Fox. Em Tucker. Ele era odiado pelo que estava acontecendo; ou seja, pelo que estava acontecendo no mundo dos liberais. E por trás da aparência amigável de colega de clube, ele vinha sentindo, havia um tempo, uma sensação de determinação e apreensão. Simplesmente não podia fazer nada sobre o que os outros pensavam dele, mesmo que *estivessem* vindo atrás dele. Então, o que poderia acontecer? Desonra? Prisão?

Em uma inversão dos testes de Rorschach, o que ele pensava de todos os outros tinha se transformado em suas próprias ansiedades e em seu crescente senso de bem e mal.

Tucker era possivelmente o segundo homem mais famoso dos Estados Unidos, atrás apenas do próprio Donald Trump, e, da mesma maneira, o segundo mais odiado. Mas não lhe parecia justo nem elegante que aquilo tivesse chegado a Boca Grande. O paraíso tinha se tornado mais sombrio para ele. Boca Grande estava diferente do que já fora — ele e a família moravam lá, na casa que pertencia à família da esposa, sua namorada desde a época da escola, havia duas gerações —, mesmo que não fosse possível perceber logo de cara.

Mas, na verdade, de todos os lugares da Flórida, Boca Grande estava entre os que permaneceram praticamente iguais. Um refúgio para famílias da elite, DuPonts e Bushes, a ilha adotou regras de zoneamento extremamente diferentes do que se via na Flórida em 1980, logo no início do boom imobiliário. "Leis nazistas, das quais sou a favor", dizia Carlson com uma risada característica, enfatizando a ironia de seus interesses imobiliários se chocarem com as visões libertárias autodeclaradas. Isso criou em Boca Grande um tipo de comunidade praiana parecida com a de Nova Inglaterra ou dos Hamptons, só que com palmeiras — protegida por um pedágio alto para entrar na ilha, além de um sistema de crédito que praticamente não envolvia dinheiro na maioria dos estabelecimentos comerciais. Mesmo assim, Carlson conseguia sentir a mudança. Muitos residentes acreditavam que *ele* era a mudança. Boca Grande representava uma Flórida mais antiga, refinada e distinta, a Flórida de Jeb

Bush,* cada vez mais em desacordo com a dos dias atuais, que competia para se tornar a nova capital da direita dos Estados Unidos — com Tucker Carlson entre seus cidadãos mais proeminentes.

Ainda assim, ele não estava mergulhado na loucura a ponto de não perceber que sua posição sobre a invasão da Rússia o colocava em um lugar perigoso, fora de sintonia com o comportamento e a lógica globais contemporâneos. Por trás da aparência antiquada de otimismo e inocência estadunidenses quase intocados, como o rosto de um apresentador de televisão dos anos 1950, ele estava preocupado. Ressentia-se da ideia que muitas pessoas pareciam ter dele como alguém desdenhoso e indiferente, quando na verdade estava consumido pela preocupação — com a cultura, com o país, com sua família e com a batalha perene entre o bem e o mal.

Agora, além da preocupação imediata de que pudesse estar em minoria, ou de que fosse o único a pensar daquela forma sobre a guerra, ele tinha outra crescente preocupação existencial.

A Fox News tinha sido sua casa por treze anos, seis dos quais como principal astro. Como o jogador astuto que acreditava ser, conhecia o clima na Fox, bem diferente do ar torturado e colaboracionista da CNN e da MSNBC, canais nos quais já havia trabalhado, e não gostava do que estava sentindo. Os Murdoch tinham os próprios problemas. Deus sabia. Lachlan Murdoch dirigia a empresa da Austrália, onde ele e a família moravam. Carlson tinha ouvido dizer que o outro irmão Murdoch, que já odiava a Fox, odiava Carlson mais do que tudo. Rupert estava perto de fazer 91 anos. E Trump não ia embora. Como lidar com aquilo? E na TV a cabo! Quanto tempo restava para a TV a cabo? Isso sem falar no ódio louco que o país parecia direcionar à Fox e a ele! Gostava de Rupert e de Lachlan, gostava mesmo, mas eles estavam prontos para aquilo?

Dias antes, recebera uma visita de Lachlan Murdoch, seu chefe. A situação que o filho mais velho expôs nos jardins verdejantes da casa de Carlson em Boca Grande tinha o potencial de arruinar o mundo (o de Carlson pelo menos), já que agora parecia que ele tinha apoiado a invasão (é claro que não tinha *apoiado*, só acreditava que os invasores tinham sido provocados para invadir e não os *condenava* por *aquilo*).

* Jeb Bush (1953-), 43º governador da Flórida, é filho de George H. W. Bush e irmão de George W. Bush. (N. T.)

Os dois homens tinham praticamente a mesma idade — Tucker com 52 e Lachlan com cinquenta anos — e ambos desejavam que o sucesso da Fox News, passando pelo seu 25º aniversário de domínio na política e na TV a cabo, continuasse. Carlson e o herdeiro de Murdoch conquistaram o sucesso em uma fase mais tardia da vida. Com uma carreira televisiva em declínio, Tucker conseguira um espaço no horário nobre da Fox em 2017, após uma combinação de oportunidade e sorte, e assim, de forma praticamente instantânea, passou de celebridade dos clubes de campo a uma das figuras mais cativantes e versáteis da direita nos Estados Unidos. Já o primogênito de Murdoch, em 2018, depois de um colapso e uma transformação radical do império do pai já idoso, se viu liderando o veículo de notícias mais poderoso do país. Havia outras semelhanças. Ambos tiveram um início de carreira precoce que resultou em decepção e ressentimento. Ambos eram produtos de experiências familiares tão incomuns que poucos realmente conseguiam compreender suas ambições. Ambos acreditavam ter sido subestimados e tratados de forma injusta por... bem, por todo mundo. E agora ambos dependiam um do outro.

Apesar de ter alienado metade da nação, Tucker era um político habilidoso. Seu círculo variado de amizades incluía Steve Wynn, o bilionário dos cassinos, Rose McGowan, a atriz que acusara Harvey Weinstein de cometer crimes sexuais, Tina Brown, a respeitada ex-editora da *New Yorker*, e Dennis Hof, o dono do prostíbulo onde Tucker perdeu a virgindade aos catorze anos (levado junto com o irmão pela babá da família, obedecendo a ordens do pai) e para quem ele fez um discurso no funeral (junto com o astro pornô Ron Jeremy). Suas relações incluíam também todos os jornalistas que buscavam fofocas sobre Trump, que Carlson estava sempre disposto a fornecer, com níveis de indiscrição animados e bem calculados. A maioria das pessoas que o conhecia pessoalmente gostava dele. Carlson se dedicava bastante ao relacionamento com o filho do magnata. Apesar do ressentimento que isso causava em alguns gestores da Fox News, ele começara a se reportar diretamente ao CEO ausente, o que significava, na prática, que não tinha um chefe para questões do dia a dia e que possuía carta branca para fazer o que quisesse no seu programa.

De sua parte, Lachlan era calado e inarticulado (não muito diferente do pai) e sentia-se pouco à vontade em situações sociais, a não ser no seu círculo mais próximo; era irritadiço, rancoroso e sempre querendo ser tratado como achava que merecia. Já tinha morado em Los Angeles e vivia uma vida de magnata:

sua casa estava entre as mais caras da cidade. Mas, com a venda da maior parte dos ativos da família na área do entretenimento — principalmente a Twenty--First Century Fox, estúdio de cinema e empresa de produção para TV —, acabou se tornando apenas o chefe da Fox News, sem influência na indústria do entretenimento, além de ser bastante desprezado na Hollywood liberal.

Durante a maior parte da história da Fox News, Rupert Murdoch e seus filhos tinham sido mantidos distantes do canal pelo então presidente, Roger Ailes, que dizia ter arrancado uma promessa de Murdoch de nunca interferir na programação do canal de TV. Embora Murdoch fosse conhecido por fazer e quebrar esse tipo de promessa nos seus muitos jornais impressos, nesse caso ele realmente deixou Ailes trabalhar em paz. Com a derrocada de Ailes pelas mãos dos filhos de Murdoch, os herdeiros, ávidos por assumir o comando, foram recebidos na Fox News com desconfiança e ressentimento. Entre os dispostos a lhes dar o benefício da dúvida, no entanto, estava Tucker Carlson, que Ailes tinha relegado aos horários mortos da programação de fim de semana, enviando para ele uma agenda extenuante de Washington para Nova York todas as sextas-feiras.

Carlson é fofoqueiro, troca confidências e tem um arquivo de segredos bem guardados. Lachlan Murdoch sempre dependeu de diversos mentores ou, para ser mais preciso, bajuladores, que trabalhavam para o pai e poderiam ajudá--lo. Carlson e o chefe se encaixaram bem nos respectivos papéis — Carlson fornecendo informações sobre as operações da Fox que o herdeiro de Murdoch estava longe demais para descobrir sozinho, e Lachlan fazendo favores e abrindo oportunidades ilimitadas para Carlson no canal.

Naquela viagem de fevereiro que Lachlan fez para a Flórida, os dois colegas já tinham formado um vínculo exclusivo. Costumavam conversar todos os dias. Eram poucas as decisões que Lachlan não passava para o seu astro. Era de conhecimento geral na Fox News que Carlson não era apenas o líder de audiência, mas também os ouvidos do chefe, e com frequência seu representante (Carlson encorajava essa noção). Naquele momento, Lachlan Murdoch estava planejando seu primeiro discurso significativo, uma defesa da Fox e uma declaração da sua própria visão política, agendado para o fim de março na Austrália, e Carlson o estava ajudando, talvez ele mesmo escrevendo.

Mas ali, no jardim tropical de Carlson, o assunto era outro. Lachlan Murdoch estava voltando do Golfo Pérsico, mais especificamente de Riad, Arábia

Saudita, e de Dubai, Emirados Árabes Unidos. Tinha ido se encontrar com o príncipe herdeiro saudita Mohammed bin Salman e o líder dos Emirados Árabes, o Sheik Mohammed bin Zayed — que estão entre os homens mais ricos do mundo, se é que não *são* os mais ricos. O príncipe saudita, obcecado por video games e movido a cocaína, tinha ordenado a morte e o esquartejamento do dissidente saudita e jornalista Jamal Khashoggi, tornando-se alvo da reprovação do mundo por um tempo. Ele também torturou o investidor e apoiador mais confiável de Rupert, o primo príncipe Alwaleed bin Talal, obrigando-o a passar para ele uma parte impressionante da sua fortuna. Lachlan estava tentando conseguir parte do dinheiro de volta como investimento no seu próprio futuro. (Ele reconhecia a ironia, mas negócios eram negócios.) Lachlan cortejava de forma semelhante o riquíssimo Sheik Mohammed bin Zayed, que costumava orientar o príncipe saudita, ainda mais rico, nos seus investimentos. Lachlan precisava daquele dinheiro para defender a Fox contra o irmão.

Era um negócio sério e sujo, mas necessário, confidenciou Lachlan para o astro da emissora, assim que Susie, a mulher do apresentador, saiu do jardim. O herdeiro parecia exausto e sobrecarregado — além de parecer ter engordado uns dez quilos —, mas demonstrava determinação. Aquele era um sinal positivo. Nunca ficou muito claro o nível de comprometimento de Lachlan com a Fox. Ele era um dono distante, vivendo em um fuso horário completamente diferente, em Sydney — a desculpa esfarrapada de que ficava acordado a noite toda não servia nem para fingir que administrava ativamente a empresa. Às vezes parecia que, em uma dança das cadeiras aleatória da família Murdoch, Lachlan acabara ficando com a última, e a achara extremamente desconfortável. A única parte dos negócios do pai com que se sentiu minimamente à vontade foi nos jornais impressos, sobretudo os australianos. Tinha muito pouca experiência na televisão. A política dele era, na melhor das hipóteses, concordar com a política do pai, seja lá qual fosse; caso contrário, era amorfo. Votara em Barack Obama e, depois, em Hillary Clinton contra Donald Trump. Não sentia a menor atração por controvérsias, principalmente ao estilo Fox. Além disso, fora Tucker, ele tinha pouquíssimas relações na emissora. O único motivo de se manter na Fox parecia ser que o irmão James, na verdade, queria a posição mais do que ele.

Era exatamente isso o que parecia estar lhe dando aquela nova determinação.

Ele apresentou de forma resumida e sombria a atual dinâmica familiar para o amigo (e funcionário). Um confronto era inevitável. E foi sísmico, tanto para a família quanto para a Fox e para o país inteiro — e obviamente seria também para o próprio Carlson.

James, tendo deixado a família em um acesso de raiva (com seus 2 bilhões de dólares no bolso), tinha se restabelecido como um homem virtuoso, jurando assumir o controle da Fox para transformá-la em uma "força do bem". Aquilo soava piegas. Mas o fundo familiar, que controlava as empresas Murdoch, dava poderes imensos para os quatro filhos mais velhos de Murdoch: Prudence, Elisabeth, Lachlan e James (e nenhum poder para Grace e Chloe, que nasceram depois da criação do fundo). Embora Lachlan fosse o CEO, na aliança atual que James formava com as irmãs, que também odiavam a Fox (e também estavam satisfeitas com seus 2 bilhões de dólares), era perfeitamente possível que, com a morte do pai, ele conseguisse uma votação contra Lachlan e assumisse o controle.

Aquilo também era uma piada. Qualquer que fosse a briga interna da família Murdoch, que ameaçava desestabilizar a política do país (já que a própria Fox havia feito isso antes), esse drama todo também se desenrolava a cada temporada de *Succession*, a série da HBO. Originalmente comprada como um drama sobre os Murdoch — quando a família ainda era a mais poderosa do show business, não podendo, dessa forma, ser ridicularizada por nenhum outro meio de comunicação —, ela foi repensada como um novelão maldoso, vingativo e cheio de traições, mostrando uma família *parecida* com os Murdoch. Com a realidade imitando a arte que imitava a realidade, a série pareceu se tornar um agente poderoso para ajudar os Murdoch, sempre tensos, a expressar totalmente, em família, sua inimizade e amargura (e ainda havia a desconfiança de que um ou mais membros da família estariam vazando informações para serem usadas na série).

Tucker Carlson — sempre mais ou menos representando o papel de Tucker Carlson na TV — estava no meio daquela guerra mortal, mergulhando cada vez mais fundo naquela realidade impulsionada pela TV. A convicção de James Murdoch de que a Fox era uma força do mal neste mundo, e um fardo moral que o atormentava pessoalmente, abrangia a crença de que Tucker Carlson era o homem mais perigoso dos Estados Unidos, atrás apenas de Donald Trump, e uma pessoa a quem a Fox estava dando uma plataforma e os meios necessários para que ele mesmo se tornasse presidente. James estava determinado a deter tanto a Fox quanto Carlson.

Os relatos da ira e do sentimento de superioridade de James Murdoch serviram para fortalecer os vínculos entre Lachlan e Carlson e para fazer o CEO sonhar — tanto para irritar o irmão quanto para dar um significado ao próprio sucesso, da mesma forma que o pai fizera com o poder por trás de presidentes e primeiros-ministros — que Tucker Carlson realmente poderia se tornar presidente, o segundo presidente eleito pela Fox. O presidente *dele*.

Para Carlson, porém, sentado com seu chefe e amigo, na noite quente com a brisa do golfo soprando em Boca Grande, havia um outro lado igualmente óbvio. Se James conseguisse seu intento, o sucesso transformador e meteórico de Carlson chegaria ao fim. Era a estranha alquimia da Fox News. Ela transformava as pessoas em sucesso — dava-lhes um nome singular: Tucker, Hannity, O'Reilly, Megyn —, mas, de alguma forma, não dava uma vida de sucesso independente. Megyn Kelly, Bill O'Reilly, Glenn Beck, Greta Van Susteren, Paula Zahn, os superastros da Fox que tentaram se estabelecer em outras emissoras, viram o próprio brilho rapidamente se apagar. Aquele era um destino que pesava nos ombros de Carlson: o fato de que, em um piscar de olhos, ele talvez não fosse mais a segunda pessoa mais famosa e mais odiada do país.

A única alternativa seria... concorrer à presidência. A Casa Branca. Era isso, sem um pingo de ironia: seria impossível para ele conseguir outro emprego, a não ser que fosse na presidência.

O que foi parte de sua preocupação enquanto ia para o compromisso de almoço, a invasão da Ucrânia, seguia já havia nove horas, fazendo com que tivesse a sensação de que todos estavam olhando para ele com um sorriso nervoso no rosto. Talvez estivesse se transformando em Charles Lindbergh, aquele quase presidente.[*]

Uma guerra inventada, totalmente de mentira e que jamais aconteceria estava acontecendo. E se os ucranianos de fato resistissem e decidissem lutar contra os russos? Carlson tinha passado semanas, de forma quase ininterrupta, dando desculpas para Vladimir Putin, elogiando-o e até demonstrando apoio, e o possível massacre de ucranianos não pegaria nada bem. Pior, talvez a resistência dos ucranianos fosse heroica.

---

[*] Charles Lindbergh, famoso aviador que conquistou a primeira travessia transatlântica solo em 1927, tornou-se posteriormente uma figura controversa devido às suas visões políticas isolacionistas e à sua simpatia pelo nazismo durante a Segunda Guerra Mundial, o que o levou a ser marginalizado na sociedade estadunidense. (N. T.)

Curiosamente, de todas as posições e pontos de vista que ele apresentava e defendia, noite após noite, criando narrativas apocalípticas, aquela em que realmente acreditava (não que *não* acreditasse nas outras, mas estava fazendo TV) era a de que as suposições dos militares, a postura da inteligência dos Estados Unidos e as decisões tomadas por eles tinham sempre a tendência de estar erradas, provocando riscos ainda maiores para o país. Carlson dizia isso como algo que sabia por experiência própria. Tinha passado muito tempo na capital, frequentando os círculos de prestígio de Washington, e conhecia aquela gente: eram interesseiros, desconectados, distraídos e desatentos, e era bem comum que fossem corruptos também. Considerando as duas décadas (que poderiam ser ampliadas para sete, desde o Vietnã) de derrotas que colocaram os Estados Unidos em risco sem nenhuma vantagem, havia algumas merdas que ele não engoliria. E uma delas era a merda da Ucrânia.

Claro, porém, que aquilo não significava que não estivesse em um daqueles momentos em que o país inteiro talvez se voltasse contra ele.

Lindbergh, nos anos que antecederam a Segunda Guerra Mundial, se tornou o retrato do isolacionismo estadunidense, um impulso profundo acerca da comodidade, da família, da exclusividade e do lugar de cada um na face da Terra — uma consciência racial sem nome naquela época (ou seja, racismo) —, que Carlson acreditava ainda existir na psique dos estadunidenses. No entanto, para Lindbergh, aquilo se transformou em uma perene aura de vergonha em torno do herói estadunidense (em especial por causa da camaradagem que o piloto demonstrava em relação a Hitler, não tão diferente, ao que parecia, do benefício da dúvida que Tucker estava dando a Putin).

Sim, sim, apesar das semanas de elogios a Putin, ele sempre poderia retroceder. Afinal, *estava* na televisão. E talvez o fizesse. Embora Lachlan Murdoch tivesse feito confidências no jardim da casa de Tucker sobre os problemas familiares, ele também havia indicado — quase como um detalhe, mas quem sabe aquele tenha sido o verdadeiro motivo da visita — que ele e o pai talvez preferissem que Tucker modulasse seus sentimentos em relação a Putin e à situação na Ucrânia. Mas será que os Estados Unidos realmente se preocupavam com a Ucrânia? Carlson achava difícil de acreditar. E não era provável que, sendo uma guerra, as coisas iam acabar dando errado e ele poderia dizer "eu avisei"?

A cada dia que passava, parecia acordar sendo ainda mais amado por uma audiência crescente e odiado por todo mundo que importava. Para ele, isso era uma prova do argumento que tentava provar todas as noites: *eles* — aqueles poderosos sem nome — não se importam com o que você pensa, *eles* só se importam em fazer o que é bom para eles. E Carlson estava certo — *estava certo mesmo* —, *eles* inevitavelmente o procuravam. "Aí está", disse ele em tom sombrio, "poder demais e malícia demais unidos contra mim, pessoalmente."

Ele tinha acordado, e a Rússia tinha invadido a Ucrânia, e com a Rússia agora exibindo clipes de segmentos de Carlson elogiando Putin sem parar, quem não duvidava que *eles* o transformariam em um tipo de *Tokyo Rose** e jogariam a culpa toda nele — e no próprio Putin — pela guerra?

Tão certo quanto o nascer do sol, ele acordaria em uma manhã, e o velho Murdoch com seus quase 91 anos de idade (seu aniversário era em três semanas; Carlson estava contando) morreria, e ele seria a única pessoa que, mesmo de forma incerta, conseguiria manter o status quo. Por ora, pelo menos.

Então, em uma manhã, logo depois, acordaria com James Murdoch — "cheio de fúria arrogante" — vindo atrás dele.

Na verdade, por mais que Carlson fosse um astro da audiência e favorito do chefe, ainda não tinha ganhado dinheiro o suficiente para deixar tudo para trás. Todo mundo achava que ele era rico, claro que achariam isso — não havia como explicar o contrário. Mas ainda estava se reerguendo dos anos de vacas magras. E Murdoch era um velho sovina.

O semblante de Carlson no Pink Elephant, o descolado restaurante local na Bayou Avenue, estava iluminado como um dia de verão, sua risada maníaca ecoando no salão, sua alegria habitual e sua descontração acolhedora encantando a garçonete.

Sua mente, porém, estava concentrada. "Quanto tempo vai demorar", perguntou ele em voz alta, "até eles virem atrás de mim?"

---

* Termo usado na Segunda Guerra Mundial para se referir a locutoras de rádio japonesas que transmitiam propaganda em inglês para minar o moral das tropas aliadas. (N. T.)

3. Lachlan

Caça submarina

A abordagem de Lachlan para lidar com a clara insatisfação do pai em relação a Tucker e a Ucrânia — e Tucker e todo o resto — era repetir que o apresentador não acreditava em boa parte do que dizia na frente das câmeras, o que pareceu apaziguar o velho Murdoch. "Só o convença de ser um tanto mais duro com Putin", pediu o patriarca, sem se alongar. Na verdade, logo depois da invasão, Carlson colocou um pouco de culpa em Putin. Talvez o mais importante dessa situação tenha sido a demonstração de como pai e filho, e os principais executivos da emissora mais beligerante do país, eram avessos ao conflito, e de como partilhavam do interesse mútuo em evitar problemas na emissora. Mesmo que o pai ficasse cada vez mais agitado com a situação, e o filho cada vez mais preocupado com a agitação do pai.

Sua vida de filho de ricos sempre foi difícil. "Cheia de mágoas", foi como a descreveu para um amigo. Em sua análise, isso se deu por ele "não revidar". No seu ponto de vista atual, a inimizade na família — ou seja, com seu irmão — tinha crescido por ele nunca revidar. Não era apenas o fato de que ele e James tivessem cortado relações completamente — não existia nenhum sentimento entre eles além do mais profundo desprezo —, mas também de que se enfrentavam em um campo de batalha. Os irmãos brigariam até a morte, ou pelo menos a morte dos negócios. Lachlan estava tentando manter sua posição na Fox, e James estava totalmente decidido a assumir o controle. A Fox representava para Lachlan o seu patrimônio e um ambiente de trabalho honesto; para

James, representava o que havia de pior no mundo. Como alguém lida com isso? Lachlan nem conseguia explicar o que sentia em relação àquilo. Ele não era uma pessoa do mal.

A caça submarina se tornou seu refúgio. Os dois enfeites mais marcantes no seu escritório eram o grande arpão apoiado em um canto e uma foto do pai pendurada na parede. Ele dava muito mais atenção às suas discussões profundas e envolventes sobre a natureza do esporte, suas experiências na água e sua busca por alguns tipos de peixe do que às suas preocupações — ou melhor, às preocupações do pai — em relação aos pontos de vista impopulares do principal apresentador sobre a invasão russa à Ucrânia. Semanas antes, tinha recebido um novo barco, não um iate imenso e vulgar, mas um barco de 1954, com 43 metros de comprimento, totalmente restaurado (apenas 30 milhões de dólares). A vida ao ar livre e iates clássicos eram assuntos comuns nas conversas entre o CEO da empresa e seu principal astro (e a escolha inteligente para qualquer um que realmente quisesse conversar com o herdeiro). Ao mesmo tempo, o astro tinha grandes preocupações em relação ao chefe — e protetor —, que passava mais tempo em outro continente e embaixo d'água do que no trabalho.

A pandemia ainda estava começando quando, na calada da noite, Lachlan Murdoch, a esposa Sarah e os três filhos, que desapareceram abruptamente das aulas por Zoom, arrumaram as coisas e se mudaram para a Austrália, surpreendendo todos os conhecidos do seu círculo social e os amigos dos filhos. Parte do motivo aqui era que Sarah, ex-modelo e celebridade televisiva na Austrália, vivia dizendo para todos que a vida deles era muito melhor em Sydney, e como seria ótimo se voltassem. Os anos na Austrália, entre 2005 e 2014, período em que Lachlan deixara a empresa do pai, haviam sido maravilhosos. Ele não era apenas famoso, mas também alguém que despertava admiração nacional por ser herdeiro de Murdoch; sua esposa tinha um programa de televisão e era famosa por mérito próprio. Além disso, sendo um "investidor", sem verdadeiras obrigações de trabalho, ele vivia em um ritmo tranquilo e sem preocupações.

Em muitas grandes organizações, existe uma prática estratégica realizada por um círculo interno discreto para disfarçar as atividades diárias do CEO. Isso se deve ao fato de CEOs simplesmente fazerem o que lhes dá na telha, algo que, tanto para a diretoria quanto para os funcionários, pode não ser visto como relevante para as prioridades diárias da administração do negócio. No entanto, no caso de Lachlan Murdoch, manter a ilusão de que ele era um CEO presente e envolvido era uma tarefa bastante complexa. Morando em outro continente, ele simplesmente estava longe demais de tudo que acontecesse na empresa nos Estados Unidos, e era apenas uma presença ocasional.

A esperança era de que sua ausência quase não fosse notada na pandemia; a desculpa era que Lachlan manteria os horários dos Estados Unidos e, dessa forma, resolveria as questões da Fox News. Quando ele fracassou em convencer qualquer um, e sem dar sinais de volta quando a pandemia enfraqueceu, a nova explicação era que passava duas semanas por mês nos Estados Unidos: uma em Nova York e uma em Los Angeles. No entanto, depois de um ano assim, ficou difícil encontrar alguém que pudesse confirmar a presença dele nesses dez dias úteis nos escritórios da Fox.

Então, quem cuidava de tudo?

As coisas estavam acontecendo exatamente como várias pessoas que o conheciam havia muitos anos, incluindo membros de sua família, diziam: Lachlan ficava só observando tudo ao seu redor enquanto permanecia incerto e vacilante, tentando escapar do centro da ação. Não era como se ele não tivesse deixado a própria ambivalência bem clara. O pai o mandara de volta para a Austrália logo depois que se formou em Princeton para aprender a cuidar de um jornal. Ele tinha se tornado um tipo de mascote feliz nas redações de jornalistas durões do país, recebendo orientação de muita gente inteligente o bastante para saber o valor de orientá-lo. Aceitou com relutância o chamado para voltar a Nova York em 2000, para um escritório perto do pai. De volta aos Estados Unidos, ele se sentiu quase confortável na redação em estilo retrô do *New York Post*, com tantas importações australianas e a cultura de beberrões inveterados (possivelmente um dos últimos redutos de verdadeiros beberrões de Nova York), e onde também era tratado como o príncipe mascote. No entanto, além da redação do *Post*, uma pequena província dentro do vasto império Murdoch, ele se via quase completamente isolado de qualquer envolvimento com o resto da empresa pelo COO Peter Chernin em Los Angeles e pelo presidente da Fox News, Roger Ailes, em Nova York.

Em 2005, em um acesso de raiva por causa das constantes insinuações de Ailes sobre sua vida social, o herdeiro de 33 anos exigiu que o pai o colocasse em pé de igualdade com Ailes e Chernin. Quando Murdoch o contrariou a favor dos executivos, Lachlan voltou para Sydney. De certa forma, aquele foi o início da batalha formal entre as gerações. A partir dali, o patriarca passou a dedicar um tempo considerável para satisfazer os filhos e defender os interesses deles, assim como a buscar a sua aprovação; ou seja, usar seus recursos para compensar todas as suas falhas como pai (quase todos os seus principais executivos se envolveram nesse empreendimento geracional).

Com Lachlan praticamente sem falar com o pai — a relação entre eles era de acionista e membro da diretoria —, Murdoch agora parecia ter escolhido como possível sucessor o segundo filho, James, que em 2003 tinha assumido a Sky, o sistema de TV via satélite para assinantes no Reino Unido. Ao mesmo tempo, porém, Murdoch começou uma campanha incessante, de mais de uma década, para persuadir Lachlan a voltar para o seu lado. Com esse fim, enviava emissários, oferecia incentivos, fazia promessas e dava garantias, mas o primogênito continuava impassível. De forma semelhante, continuou tentando induzir a filha Elisabeth, que também tinha escapado de sua influência, a voltar a trabalhar para ele — embora não exatamente como uma possível sucessora. Tentar atrair Lachlan de volta enquanto continuava promovendo James a cargos cada vez mais altos — em 2007, ele foi de presidente da Sky para presidente de todas as operações internacionais de Murdoch — naturalmente criou um antagonismo entre os irmãos, e também na irmã.

Finalmente, em 2014, os objetivos pareceram ficar claros e a competição foi nivelada pelo menos entre os irmãos, com ambos recebendo igual autoridade no império, mas sabendo que apenas um deles assumiria o controle no final. Lachlan podia não ter trabalhado ao longo de dez anos, o que o colocava em desvantagem, mas James ainda carregava o peso da responsabilidade do caso de hackers no Reino Unido.

Ao voltar para os Estados Unidos e para a empresa do pai, Lachlan foi morar em Los Angeles, enquanto James ficou em Nova York.

Com o ressentimento da esposa de Lachlan por conta da mudança e seus dez anos afastado da prática executiva, a volta dele foi, na melhor das hipóteses, um negócio discreto — na medida do possível, já que estamos falando do comando de uma grande fatia do poder da indústria na capital do entretenimento. Eles compraram uma mansão de 12 milhões de dólares em Mandeville Canyon — algo bem condizente com alguém que não era exatamente um executivo poderoso da indústria cinematográfica. Grande, mas não grande demais. Facilitaram o ingresso de seus três filhos na escola, mas não de maneira arrogante. Abriram mão de uma equipe de segurança, que era um sinal particular de status em Los Angeles. O círculo social que frequentavam parecia estranha e intencionalmente limitado a pessoas que *não* faziam parte do mercado da mídia. Na verdade, pareceram se cercar de prestadores de serviços: empreiteiros, paisagistas, vendedores de automóveis. Estavam fora dos círculos de poder da indústria, sem qualquer amigo influente.

Lachlan costumava ser acompanhante nas excursões escolares. Uma coisa que chamava a atenção era que, enquanto todos os outros pais de escolas particulares de Los Angeles viviam grudados de forma quase obsessiva ao celular, Lachlan não fazia isso. Também não fazia ligações, nem as atendia. Ou ele era um pai perfeito ou não tinha um emprego.

Assim como acontecia no trabalho, o ponto de vista de Lachlan também parecia indefinido. Quando precisava conversar sobre a Fox ou a posição histórica do pai como alguém de direita — uma discussão agressiva em Los Angeles e sinal de coragem para confrontar o filho do homem malévolo —, logo descartava o assunto como algo que não tinha nada a ver com ele, que não era da sua alçada nem do seu interesse. Alguns visitantes reportaram, com alívio e satisfação, que, na corrida eleitoral de 2016, os banheiros na casa em Mandeville tinham papel higiênico com o rosto de Trump. Ele contou que a mulher e os filhos choraram quando Trump foi eleito.

Para a comunidade e os colegas de trabalho, ele era um enigma. Parecia estar esperando, mas não se sabia bem pelo quê.

Em comparação, o irmão James, igual dentro da empresa, estava passando a imagem de herdeiro com grandes planos. Não importava se havia ou não alguém escutando. Ele tinha uma missão. Apesar de poucas chances, estava buscando uma aquisição completa da Sky, empresa na qual eles detinham apenas 39% de participação. Com uma aquisição completa da Sky, aquela seria a plataforma na qual a Fox News seria integrada no caminho e se tornaria uma nova marca internacional e limpa. James, em Nova York, defendia a construção de uma sede triunfal, uma manifestação concreta do domínio midiático da família Murdoch — um projeto que Ailes vivia criticando pelas costas dele. Em 2016, James trabalhou para transformar Trump em uma linha que a empresa não cruzaria. Mas, em maio do mesmo ano, a pedido de James, Murdoch pressionou Ailes a colocar a Fox a favor de Hillary Clinton, porque ela ia ganhar, e porque Trump era uma piada e, o mais importante, um perdedor.

Em julho, quando Gretchen Carlson abriu um processo de assédio contra Ailes, James imediatamente contratou uma influente firma de advocacia — Paul, Weiss: a influente e duradoura potência democrática — para executar um processo interno contra Ailes. Naquele ataque-relâmpago, os irmãos, liderados por James, recrutaram Megyn Kelly para prestar um depoimento condenatório que, em um escândalo que durou duas semanas, provocou a derrocada de Ailes. Oito meses depois, quando Bill O'Reilly, o pilar dos índices de audiência da emissora, foi confrontado com acusações de assédio sexual, James estava ao lado do pai no momento em que o então presidente Trump ligou para Murdoch para tentar salvar o emprego de O'Reilly. "Vamos recusar", disse Murdoch. James continuou se oferecendo para assumir e reformar a Fox News — mas o pai hesitou mais uma vez.

Lachlan costumava fazer reclamações amargas acerca do estilo de gerenciamento de James — "um pentelho". Ao mesmo tempo, não conseguia definir o próprio papel como coadministrador da empresa. Parecia relutante em se envolver na cultura fechada do estúdio de Hollywood ou exercer a própria autoridade naquele mundo. James insistia, de forma presunçosa, na própria experiência e perspicácia como executivo de televisão na busca de uma posição dominante na emissora, no canal e nos negócios de TV a cabo da família, e até mesmo em um hipotético futuro digital. Lachlan, marcadamente inarticulado, parecia não ter interesse em participar das conversas e conquistar uma posição competitiva para si mesmo como um CEO estrategista e visionário. Além disso, era conhecido por nunca tomar uma decisão. Parecia estar sempre fugindo. O que ele fazia? Como preenchia o tempo? Com quem conversava? O que queria ser quando crescesse?

Havia uma desconexão, um relaxamento e, na casa deles em Mandeville, um senso não apenas de falta de controle, mas de que as coisas estavam saindo do controle.

Dois dos seus filhos apresentaram quadros de ansiedade. Lachlan se recusou a buscar terapia para eles, deixando os irmãos horrorizados, já que consideravam a decisão uma reversão aos pontos de vista ultrapassados do pai. Por um tempo, os dois filhos precisaram receber educação domiciliar. Lachlan contou aos amigos que as crianças sofriam bullying por causa da Fox.

Nos meses depois da eleição de Trump, James começou a preparar o caso contra o irmão para o pai, as irmãs e a diretoria. Ele argumentava que Lachlan não era e nunca seria capaz de administrar uma companhia de capital aberto tão diversa. Ele mal conseguia gerir a própria vida. Na verdade, passava a ideia de que não tinha vontade nem interesse de administrar nada. Talvez estivesse deprimido. De qualquer forma, aquilo não estava funcionando. Obviamente. Fim de papo. James também não estava disposto a administrar a empresa junto com o irmão. Era necessário tomar uma decisão.

Apesar de quase setenta anos de conflito público, Rupert Murdoch odiava conflitos pessoais. Ele se retraía em um mundo de comunicação não verbal, no qual parecia compreender qual era o problema, mas se recusava a tocar no assunto. Ou seja, enfiava a cabeça na areia e esperava que as coisas se resolvessem sozinhas. No entanto, James insistiu e chegou a ameaçar deixar a empresa — não muito tempo depois do casamento do pai com Jerry Hall, quando ele parecia desejar trabalhar menos, o que nunca tinha acontecido antes. Com as duas irmãs como aliadas, James deu uma cartada final: não havia futuro para Lachlan, então por que sua vontade deveria ser feita no presente? Ao mesmo tempo que o pai talvez não discordasse sobre Lachlan, ele estava farto do esforço de gerenciamento que o impetuoso e teimoso James exigia. Os dois estavam fartos. Foi então que surgiu a jogada audaciosa de James: vender tudo para a Disney. Aquele era sem dúvida o auge do mercado e, na verdade, um ótimo argumento para empresas de mídia em televisão que talvez não conseguissem atingir a escala máxima (ou seja, comprar tudo). E agora, com os órgãos reguladores do Reino Unido — por vezes sob o controle de Murdoch ou, naquele caso, decididos a puni-lo — frustrando a negociação da Sky, de repente eles não tinham nenhum plano de consolidação decisivo à vista. Em grande parte devido aos esforços e relações de James, a Disney logo faria a melhor oferta: 71 bilhões de dólares por uma parte dos ativos da empresa. Com a perspectiva de derramamento de sangue em uma longa batalha de sucessão, por que não?

Murdoch, cansado, apaixonado e sempre sedento por dinheiro, concordou.

Lachlan, por um curto período, mas sem muita credibilidade, propôs ao pai que se juntassem, comprassem a parte de James e deixassem a família assumir o controle. Mas o pai, preso entre a intransigência de um filho e a carência do outro, concordou com aquele preço imbatível. De qualquer forma, Lachlan logo se recuperou e aceitou o prêmio de consolação: 2 bilhões de dólares no bolso e a presidência da Fox News.

Uma das suas primeiras ações foi a contratação de Viet Dinh como seu principal advogado e COO.

Por muitos anos, os filhos de Murdoch, seja quando trabalhavam na empresa, seja quando a evitavam, preenchiam os cargos com vários amigos e representantes. O pai tinha como padrão se impressionar por pessoas aleatórias e contratá-las, em um arroubo de entusiasmo, para resolver diversos tipos de problemas. Os filhos seguiram o exemplo, chamando colegas de escola e novos amigos e formando as próprias máfias internas dentro da empresa.

Viet Dinh chegara aos Estados Unidos ainda criança, como refugiado vietnamita, e foi construindo uma carreira com muitas credenciais tanto na esfera jurídica quanto na governamental, desde funcionário da Suprema Corte, passando pelo alto escalão do Departamento de Justiça, até a sociedade em grandes firmas advocatícias. Quando Lachlan o conheceu em 2003 em um evento do Aspen Institute, Dinh participava da administração Bush como Procurador-Geral Adjunto no Office of Legal Policy, uma secretaria burocrática do Ministério da Justiça dos Estados Unidos que contava com influência significativa e não supervisionada; ele também era um grande conservador em relação à segurança nacional (Dinh costumava se vangloriar da participação no desenvolvimento e na aprovação do Patriot Act, a lei estadunidense de combate ao terrorismo). O encontro fortuito — exatamente o objetivo de eventos como a conferência de Aspen — foi uma mina de ouro para Dinh. Ele e Lachlan deram início a uma relação que rapidamente resultou na sua entrada na diretoria da empresa como um dos indicados de Lachlan, além de ter sido escolhido para ser padrinho de seu filho.

O departamento jurídico no mundo de Murdoch sempre foi considerado um ponto crucial para ajudar o negócio a passar de seu status oficial de empresa de capital aberto e conduzi-lo por um comportamento de empresa privada, que combinava mais com ele; ou seja, os próprios Murdoch eram os principais clientes dos advogados da empresa. Desse modo, o poder do advogado da empresa vinha do relacionamento que tinha com Rupert Murdoch e com os familiares dele. Depois da saída de James, Dinh deixou a diretoria da News Corp e foi para a Fox, como membro da diretoria e principal advogado da empresa. Lachlan parecia falar apenas com Dinh, que por sua vez começou a agir como um CEO adjunto. A aparente tentativa de tomar o poder foi exacerbada pelo fato de que as pessoas não gostavam de Dinh por causa do seu jeito dissimulado, pouco comunicativo, brusco, sem charme e dogmaticamente conservador demais para a indústria do entretenimento.

Lachlan, agora como o herdeiro mais poderoso de Murdoch, logo comprou uma casa em Aspen, no Colorado, onde os pais tinham uma casa imponente quando ele era criança, ainda que mais modesta do que a atual propriedade do filho. Os amigos se perguntavam: por que ele compraria um refúgio em uma das comunidades mais liberais dos Estados Unidos, onde todos certamente o odiariam?

Então, Lachlan trocou a casa de Mandeville por uma em Bel-Air, o imóvel mais caro da história imobiliária de Los Angeles, muito maior do que o do pai, no mesmo lugar — parecia até a mansão de *A família Buscapé*! Era tão grande que ninguém na sua família, cada vez mais tensa, precisaria se ver.

Havia várias camadas de informação ali. Por exemplo, que os herdeiros Murdoch nunca tiveram dinheiro de verdade — dinheiro *deles* — antes. O fundo da família Murdoch, ainda controlado pelo pai, mantivera a fortuna bloqueada em ações da empresa. Apesar de estarem entre os herdeiros mais ricos do mundo, viviam sob um controle restrito. Além disso, Lachlan passara dez anos convivendo e tentando competir na mesma liga de investimentos que o amigo James Packer, filho de outro multibilionário dos meios de comunicação australiano, Kerry Packer, cuja vasta fortuna ele já havia passado para o filho (que estava deixando o ramo de mídia e entrando no ramo de jogos de azar). Então, comprar aquelas megamansões era um suspiro de *finalmente!*, e uma declaração clara de que estava assumindo os negócios. Ele ainda não tinha cinquenta anos, e o pai logo faria noventa. Depois de duas décadas de disputa, tinha conseguido ficar com os negócios, mesmo que com uma versão bem menor. Ouçam meu rugido!

Mas tudo foi uma grande decepção, claro.

Los Angeles é uma cidade tão binária quanto Washington no seu apreço ao poder. Ou você tinha o poder ou não, não existia meio-termo. E mesmo que você tivesse, se o perdesse por algum motivo, logo se tornava um inútil. Uma emissora de TV a cabo não era digna de nota em comparação à indústria cinematográfica. Havia mais status e poder ao se desfazer daquela emissora de notícias do que ser dono dela. Qualquer influência que ele talvez tivesse tido, e em grande parte deixara de aproveitar, como um dos grandes nomes no mercado da televisão e do cinema — uma influência que poderia ter anulado o ódio pela Fox —, desapareceu em um piscar de olhos.

Lachlan também não conseguiu alavancar seu status de CEO da força política mais significativa do país, porque simplesmente não parecia interessado em tentar. A lealdade central do pai à Fox e a quem quer que estivesse no seu comando dependia inteiramente dos lucros, e qualquer mudança poderia ter um efeito negativo nisso. Portanto, era melhor não fazer nada. Além disso, Lachlan não tinha experiência prática na indústria de noticiários de TV, no gerenciamento de pessoas desse meio nem nas características opacas da distribuição de sinal por cabo. Também não tinha uma visão política própria, a não ser tentar acomodar as opiniões cada vez mais incertas do pai. E ainda, deixando de lado todo o futuro volátil da indústria televisiva e da política do país, a Fox, pelo menos por ora, se autogerenciava.

Sendo assim, não havia nenhum motivo para não deixar Los Angeles e voltar para a Austrália. Quanto mais distante ele estivesse da Fox, mais fácil seria a sua vida.

Na verdade, a única decisão que pai e filho tomaram em conjunto, para permitir uma chamada antecipada na noite das eleições de 2020 dando a vitória a Biden no Arizona, teve resultados bastante negativos, com Trump ameaçando um boicote à emissora, os novos canais conservadores declarando altos índices de audiência e tensões internas surgindo com astros da Fox (no caso, Hannity). Não, melhor seria não fazer nada. Qualquer coisa poderia afetar o ecossistema dos lucros. Melhor ficar longe de tudo.

Lachlan conversava com Tucker e com Viet. As conversas eram poucas, mas o suficiente.

Seu maior foco de preocupação era o irmão. Todos da família assistiram com um toque de compaixão às viagens de Lachlan para o Oriente Médio, em uma tentativa fantasiosa de aquisição. Ele não era uma pessoa que assumia riscos. As ocasionais explosões públicas de entusiasmo direitista também pareciam mais emotivas para o restante da família do que expressões de masculinidade — ele estava tentando ser como o pai. Estava desesperado para manter aquele relacionamento, mesmo enquanto o pai se tornava mais frágil, talvez justamente por isso.

De qualquer forma, ele descrevia a beleza inacreditável da caça submarina para Carlson e para qualquer um que quisesse ouvir, e seu orgulho pelo incrível barco clássico, o *Istros*. Levava uma vida muito boa. E, só para prevenir, tinha encomendado um superiate de 147 milhões de dólares.

Primavera

4. Hannity

O funeral

Para compreender a Fox News, para realmente *entender* a ideia única e incontestada por tanto tempo na mídia e na política dos Estados Unidos, é necessário ter uma compreensão de Roger Ailes. Talvez o maior impacto da família Murdoch na emissora tenha sido a eliminação dele. Foi uma demonstração impressionante de purificação corporativa: Ailes foi removido das contas oficiais; ninguém, exceto os sem-noção, mencionava como ele havia feito as coisas no passado; e, obviamente, ele jamais deveria ser mencionado na frente das câmeras.

Sean Hannity costumava se referir a Ailes, que o contratara pessoalmente em 1996, quando ainda era um zé-ninguém, bem nos primórdios da Fox News, como o "criador de reis". Isso parecia indicar que ele tinha transformado não só Hannity em rei, mas gerações de políticos republicanos. Hannity dizia, de forma não completamente imprecisa, que todos os presidentes republicanos desde Nixon tiveram o apoio de Ailes e se beneficiaram de suas maquinações. "A história dos nossos tempos aconteceu por causa de Roger Ailes", declarou em sua própria narração da história dos Estados Unidos. Embora a emissora tivesse se afastado totalmente de Ailes, ou fingisse ter se afastado, Hannity era um dos poucos que continuava a citá-lo e a tentar fazer o que Roger teria feito (não sem cair em desgraça com os Murdoch no processo, algo que Ailes também teria feito). Na primavera de 2022, aquilo incluiu se tornar, ele mesmo, um criador de reis. Aquele aspirante a rei, e a criador de reis, estava se concentrando nas eleições legislativas na Pensilvânia, fazendo um lobby bem-sucedido para candidatos de Trump, dando apoio à personalidade da televisão Mehmet Oz para o Senado e ao conservador Doug Mastriano para governador.

O que o estimulara tinha sido o fato de a mulher de James Murdoch, Kathryn Hufschmid, ter doado, no início de 2022, 1 milhão de dólares para derrotá-los. Aquilo era uma coisa clássica de Ailes, dizer que a Fox News estava em uma batalha, provavelmente de vida ou morte, com os filhos de Murdoch (esqueçam os liberais). Não havia prova melhor — ou *adicional* — de como Ailes estava certo.

Para Hannity, existia apenas uma Fox News: a de Ailes. Ele não mudava essa posição por nada nem por ninguém. Fodam-se eles todos (referindo-se aos Murdoch). Havia o certo e o errado, e os dois pontos eram bem óbvios. Se fosse necessário pensar muito no que era certo e no que era errado, a pessoa provavelmente erraria. Ele não pensava no assunto. Apenas definia sua política exatamente assim: não se pergunte o que é certo; você sabe. As pessoas passaram muito tempo chamando-o de burro. "Eu não gosto de gênio, e você não é um", dizia Ailes em tom alegre para o apresentador de rádio que recebia oitocentos dólares semanais em Atlanta. Mas se sua lealdade a Ailes era burrice, Hannity não se importava. Ele era um membro daquele pequeno círculo no início de tudo em 1996. E era o único que ainda continuava na emissora.

A lealdade de Hannity era para com *aquela* Fox. Aquela *era* a Fox. Aquele era o mundo no qual ainda viviam, o que ainda gerava todo o dinheiro. Se aquela Fox desaparecesse sem Ailes, Hannity acreditava que a emissora toda desapareceria.

Ailes morrera duas vezes. A primeira veio sem aviso, com todas aquelas acusações que Hannity ainda acreditava serem (a maioria) injustas e que resultaram na derrocada do fundador da emissora em questão de duas semanas. O homem mais importante da televisão na política tinha desaparecido. Tinha deixado os inimigos (ou seja, os irmãos Murdoch) ganharem força, permitindo que a inimizade crescesse, e, quando eles atacaram, mataram o rei, como sabiam que era necessário. (Indignado, Hannity ameaçara pedir demissão. Uma ameaça feita em particular. E que ele provavelmente deveria mesmo ter cumprido.)

Então, dez meses mais tarde, Ailes morreu de verdade, depois de uma semana em coma por causa de um tombo na sua casa de 36 milhões de dólares, seu triste refúgio entre os exilados fiscais de Palm Beach. Uma verdadeira tragédia.

Em 1996, Hannity tinha um patrimônio líquido de 40 mil dólares em Atlanta e o viu aumentar em saltos quânticos que coincidiram com o próprio crescimento da Fox News — e devia tudo a Ailes. Hannity investira grande parte dos seus ganhos no mercado imobiliário de risco e fez grandes investimentos depois do colapso em 2007. Portanto, ele não era apenas rico; talvez fosse o homem mais rico na televisão. (Ailes estava sempre tentando adivinhar, com amargura, o patrimônio de Hannity — 200, 300, 400 milhões de dólares? "Todos os imigrantes ilegais moram em casas de propriedade de Sean", dizia.)

Se Ailes era a verdadeira Fox e Hannity era o último homem leal a Ailes, então Hannity era agora a verdadeira Fox. Naquele dia terrível de 2017 (Hannity fora uma das primeiras pessoas para quem Beth Ailes ligara: "Ele se foi, Sean"), os poderosos — os *novos* poderosos, na verdade — deixaram bem claro que não seria uma boa ideia para quem tivesse o mínimo de senso ir ao funeral. Bem, ainda existia honra no mundo. Hannity talvez não fosse o cara mais inteligente ali, mas sabia identificar um blefe dos Murdoch, assim como Ailes sempre soubera. Eles não eram a Fox News.

Quem era? Quem tinha o poder da organização política mais poderosa do país? Hein? Quando Ailes ainda estava lá, havia apenas um centro de poder na Fox, bem diferente do que acontecia em qualquer outra emissora de TV, onde havia muitas pessoas poderosas. Na Fox, com a direção de Ailes, só havia uma direção. Aquilo era a Fox: sem nenhuma ambiguidade. Todo mundo entendia. E agora, depois de Ailes?

O avião de Hannity estava na pista de decolagem às sete horas da manhã no Republic Airport em East Farmingdale, Long Island. O avião era dele. Então, Hannity tinha o poder imediato.

Depois de Ailes, todo mundo sentiu a nova atitude de Hannity. A queda de Ailes tinha sido uma tragédia, mas também deixara um vácuo de poder. Com a sua vitória, Trump se tornou a voz mais poderosa na Fox — muito mais que a dos próprios Murdoch. E Hannity, fazendo ligações diárias com o novo presidente, que o considerava seu confidente mais próximo e principal conselheiro, tornara-se o homem mais importante, atrás apenas do próprio Trump, na revolução que estava acontecendo nos Estados Unidos, liderada por Trump e seguida de perto pela Fox. A "segunda revolução" era como Hannity a chamava. "Sou praticamente como Thomas Jefferson... Espere, ele tinha escravos, não tinha? Tem alguém como ele que não tinha escravos?"

Bill Hemmer estava na pista esperando por Hannity. Hemmer saíra da CNN para a Fox em 2005. Ailes dissera a ele, exatamente como fazia com todo mundo, "se você vier para cá não tem volta". Ou seja, você escolheu um lado. O outro lado era o inimigo, e você seria o inimigo *dele*. Aquilo era a consciência demarcada como guerra. Hemmer com certeza tinha pontos em comum com a identidade da Fox. Era conservador em termos gerais e era católico, com educação igualmente católica, tendo estudado primeiro na escola Our Lady of Victory, em Cincinnati e posteriormente na Elder High School, uma escola de ensino médio só para garotos da arquidiocese de Cincinnati. Ser católico, e ter recebido educação religiosa, era uma credencial importante na Fox. No entanto, Hemmer era provavelmente gay, ou pelo menos era o que Ailes pensava. Não falar a respeito era algo aceitável para Ailes; a desconfiança só atrapalharia o trabalho como apresentador no horário nobre (a não ser no caso das mulheres; Ailes acreditava que as mulheres ambiciosas, em sua maioria, eram lésbicas). Na Fox, Hemmer, ainda com ar jovial mesmo aos 52 anos, ganhou fama como repórter de campo e apresentador de noticiários diurnos. Ganhava 5 milhões de dólares por ano, um múltiplo considerável do que ganharia em qualquer outra emissora fazendo o mesmo trabalho. Isso também era um elemento da fórmula de Ailes: com seus lucros extraordinários, ele recompensava os empregados (pelo menos os homens, e nem precisavam ser os principais funcionários) por abrirem mão do mundo fora da Fox (Brett Baier, por exemplo, ganhava 12 milhões de dólares; Neil Cavuto, 9 milhões; e Hannity, 19 milhões, além do que ganhava no rádio!).

Além de Hemmer, o pequeno grupo reunido naquela pista no início da manhã agora incluía Liz Trotta, de oitenta anos, uma das poucas veteranas da era dos noticiários de TV aberta na Fox. Era uma mulher durona e que bebia muito (algo bastante desfavorável em qualquer contexto, mas banal para Ailes), o que, combinado com o catolicismo e o conservadorismo (mantido moderadamente sob controle na NBC e CBS, onde trabalhara), a tornou ideal, aos olhos de Ailes, para uma das primeiras contratações da Fox. Ailes a protegeu de uma série de gafes e ofensas no ar (às vezes com tom tão agressivo que deixavam o próprio perplexo).

Também estava lá Kimberly Guilfoyle. Muitos na Fox acreditavam que uma das qualidades do canal era sua tolerância atípica, uma espécie de disposição para aceitar, mesmo que temporariamente, situações ou pessoas peculiares, permitindo que o público aceitasse o que era apresentado, ainda que parecesse incrível ou difícil de acreditar. Kimberly Guilfoyle estava entre essas pessoas.

Ex-promotora e seguidora entusiasmada de grupos liberais, ela havia sido casada com o então prefeito de San Francisco, Gavin Newsom. Depois de se separar, mudou-se para Nova York em 2004 para trabalhar na Court TV, e, em 2006, recebeu um convite da Fox e passou por uma drástica conversão para a ala conservadora. "Quem diria?", perguntava Ailes. Ela logo se tornou uma das suas favoritas. Era católica, o que Ailes explicava com certo ar de inevitabilidade de direita. Era sexualmente assertiva, o que, para ele, era um atributo necessário a qualquer mulher bem-sucedida na televisão (quanto mais assertiva, melhor). E era advogada. Havia algo que parecia quase um fetiche na predileção de Ailes por advogadas: um diploma de direito representava um papel interessante nas suas fantasias de domínio e submissão. Kimberly o defendia ativamente nos últimos dias dele na Fox, tentando convencer ou coagir os outros apresentadores a apoiá-lo.

Ali na pista, Kimberly estava vestida toda de preto, como uma viúva; o efeito era sinistro.

Além dela, de Hemmer e de Trotta, na pista havia alguns poucos amigos civis para quem Beth Ailes conseguira uma carona, e um dos seguranças particulares favoritos do sempre paranoico Ailes. A empresa gastava milhões por ano na sua segurança pessoal (muito mais do que na segurança do próprio Rupert Murdoch).

Trinta minutos atrasado, Hannity chegou com a indiferença usual de quem sempre tem um avião esperando por ele. Tinha orgulho do fato de a fama e o dinheiro não o terem feito deixar de ser aquele cara de Long Island — ainda assim, um avião era um avião. Ele carregava o paletó em um plástico da lavanderia, e a gravata estava solta em volta do pescoço. "O que estamos esperando? Será que estamos atrasados? Acho que não." E começou a subir a escada, seguido por todos os outros. "Essa porcaria vai ser às onze horas, não é?" Estava se referindo ao funeral. "Então, temos bastante tempo."

Hannity se sentou no último assento, um dos voltados para a frente, esticou os pés no banco diante do seu e pegou um cigarro eletrônico.

"Eles vão servir umas coisas, tipo um café da manhã, assim que tivermos decolado. Kimberly, você parece a garota que levei ao baile de formatura."

Não era bem verdade: a roupa de luto de Kimberly Guilfoyle, um vestido com corpete justo e zíper, fazia com que parecesse uma stripper ou uma drag queen. Também estava claro que ela provavelmente não estava usando calcinha.

Hannity era o modelo de um cara comum, tanto quando estava na TV quanto na vida. Claro que foi ficando mais confiante com o passar dos anos, com seus índices de audiência e sua riqueza. Diferentemente da maioria dos caras comuns, ele conseguia conversar usando frases completas. No entanto, sua linguagem corporal era a de um cara comum. Relaxado, negligente, desleixado, um corpanzil fazendo o que bem queria. Tão *livre*. Tão desprotegido.

Já no ar, a única comissária de bordo começou a tirar o plástico filme dos pratos com fatias de fruta, bagels e muffins (refrigerados na noite anterior). "Ah, Hannity, nada de drinques?", perguntou Liz Trotta da parte dianteira do avião. Hannity se perguntou se deveria demonstrar algum tipo de reprovação, mas resolveu apenas dar de ombros, e os coquetéis começaram a ser servidos. Trotta, em voz pouco baixa, abafada apenas pelo zumbido do pequeno avião, começou a desdenhar Hannity para os outros convidados de Beth Ailes ("um bartender irlandês — conhecemos bem o tipo"), e fez o mesmo quanto a todos os outros na Fox ("aquele ninho de cobras"), exceto Ailes ("o que aquelas vagabundas fizeram com ele... deveriam ser chicoteadas em público").

Nesse meio-tempo, Hannity, tomando seu coquetel no fundo do avião, pensava nas próprias tristezas, não de forma amarga, mas contemplativa, aceitando-as. Preparando-as como se fossem um comentário que faria na frente das câmeras: sim, os Murdoch, Lachlan e James, principalmente James, tinham se aproveitado do fato de o pai estar viajando para expulsar Ailes. Eles queriam a emissora de volta e tinham conseguido.

Bem, aquilo ainda não era definitivo.

O (primeiro) fim de Ailes, Hannity pensou, não teve nada a ver com as acusações de anos de assédio sistemático. Nos meses que se seguiram, ficou cada vez mais claro que tudo não passava de um ataque político. Não no sentido de esquerda-direita, mas política como pura expressão do poder, a boa e velha política da televisão. Os irmãos organizaram o ataque contra ele, primeiro o processo aberto por Gretchen Carlson, que tinha sido Miss Estados Unidos, com aquelas alegações de merda, e depois as outras, até o golpe final e mortal patrocinado pelos irmãos Murdoch — Hannity não tinha dúvida — e desferido por Megyn Kelly. Rupert Murdoch, um velho, tinha sido fraco e demonstrado hesitação. Além disso, estava trepando com Jerry Hall, ou *tentando* trepar (*hehe*). Desse modo, os filhos acharam que *eles* estavam no comando. Aqueles gayzinhos.

Para Ailes, gay era uma caracterização geral de boa aparência, formação em faculdades de elite, visão liberal e alguns toques sombrios de coisas que só ele sabia. A calúnia casual de Ailes se espalhara para quase todo mundo na emissora, na qual um grande número de pessoas "conhecia uma fonte" que tinha informações detalhadas sobre nomes, lugares e práticas. Os comentários obscenos de Ailes se espalharam para além da Fox, foram adotados nos círculos de Trump e se tornaram um dos assuntos favoritos do Breitbart News.[*] Agora, a Fox, o reduto do movimento de direita, o sustentáculo desse tipo de pensamento, mais importante do que o próprio Partido Republicano, dependia totalmente de dois liberais (um dos quais, nas palavras do próprio pai, era um ambientalista "abraçador de árvores") *poofters* (um termo pejorativo australiano para se referir a homossexuais, que Ailes tinha aprendido com o próprio Murdoch).

Hannity via um futuro sombrio. "A porra toda está mudando. Se você acha que estarei aqui daqui a seis meses, está maluco. Só existe um motivo para eu estar aqui agora, que é proteger Donald J. Trump."

Rupert Murdoch era um velho senil, sob influência dos filhos. E, agora, também da nova mulher, Jerry Hall, e antes, da ex-mulher, Wendi, uma espiã chinesa (algo em que todo mundo então parecia acreditar). Ailes tinha sido o muro que protegia a equipe contra os Murdoch. "Rupert se cagava de medo de Roger", revelou Hannity, e sabia que os lucros se deviam a ele. A ala direita moderna dos Estados Unidos foi moldada por essa relação anômala, na qual o lado de conteúdo era significativamente mais forte do que o lado administrativo e de negócios. Mas agora estava tudo acabado. Os Murdoch estavam de volta no comando — uma camada fina e inapta de gerenciamento que entrava para substituir Ailes, mas que não enganava ninguém. Todo mundo se reportava agora a... bem, isso não estava muito claro... Rupert, Lachlan ou James, ou quem quer que estivesse mais forte em determinado momento.

Todo mundo que trabalha em uma emissora de TV está sempre negociando. Fingindo. O próximo contrato está sempre em negociação. Quanto maiores os índices de audiência, maior o ressentimento, a alienação, a sensação de não ser amado e certos planos de pedir demissão. Sentir-se desvalorizado valia

---

[*] Site conservador de notícias fundado em 2007 por Andrew Breitbart, conhecido por sua abordagem controversa sobre tópicos políticos e culturais. (N. T.)

dinheiro (Ailes, por sua vez, sempre pagava tão bem que a pessoa se sentia amada, um sentimento bastante anômalo na indústria televisiva). "Não estou nada feliz", é a mensagem que Hannity queria mandar.

Ao mesmo tempo, os Murdoch *odiavam* Hannity. O conservadorismo do próprio Murdoch era baseado nos negócios e no mercado e combinado com um apreço a um certo estilo de argumentação competitiva (em relação a isso, ele apreciava Bill O'Reilly). Mas não era algo populista. Murdoch, na verdade, era elitista. Não tinha ilusões em relação às pessoas que liam seus tabloides; ele aceitava o dinheiro delas, mas elas não faziam parte do seu mundo. "Os seus leitores são os ladrõezinhos de mercadoria nos nossos comércios", disse um executivo de uma loja de departamento de Nova York para Murdoch, que estava tentando fazê-lo comprar anúncios no *New York Post*. O ponto alto da carreira dele tinha sido a compra do *Wall Street Journal* em 2007. Hannity, o bartender irlandês, era totalmente inaceitável nesse sentido. Os discursos de Hannity no seu programa eram não apenas ignorantes, mas também incompreensíveis ("um sem-noção", era como Murdoch o caracterizava). Para os filhos, formados nas melhores universidades dos Estados Unidos, era ainda pior: Hannity era um constrangimento indefensável.

"Sou o pior pesadelo deles, um conservador honesto", gabava-se Hannity, "e eles que se fodam." (Era um verdadeiro axioma: para ser um conservador de verdade, você precisa ser honesto, só que, quando não era considerado conservador o suficiente dentro do grupo, sua honestidade era questionada.)

Contra Hannity — e contra o legado de Ailes e, sem dúvida, contra Donald Trump —, os Murdoch fizeram a primeira mudança na programação, promovendo Carlson, um conservador de clubes de campo e com formação universitária que seguia mais a linha da família Bush do que a de um católico irlandês, para o noticiário das sete horas da noite, um pouco antes do horário nobre. Com a saída de Megyn Kelly, ele passou para as nove da noite, e quando foi a vez de O'Reilly sair, ele foi para o melhor horário, o das oito da noite!

Hannity pensou com amargura que Carlson não iria ao funeral de Ailes.

Nem Trump, como Hannity soube ainda durante o voo.

"Qual é o problema dele?", resmungou Hannity com seus botões.

Mas ele sabia que as coisas eram assim, que havia um realinhamento em curso. A única coisa que ficou clara era que Donald Trump tinha o poder, e que ele sabia que ia precisar de Hannity para mantê-lo.

"Quando eu sair daqui, vou trabalhar para Donald J. Trump. É só isso que quero."

Na nova conjuntura da Fox e da Casa Branca, Kimberly Guilfoyle tinha o mesmo interesse. Ela e seu namorado do momento, Anthony Scaramucci, investidor de Wall Street e colaborador frequente da Fox, estavam tentando desesperadamente encontrar um lugar na Casa Branca. Kimberly Guilfoyle queria ser secretária de imprensa. Aquele era o trabalho que Tucker Carlson tinha recusado, levando Hannity a duvidar que ele realmente tivesse recebido a oferta ("você com certeza aceitaria aquele emprego se fosse Carlson, com certeza!") e a achar uma merda Kimberly querer o emprego que Carlson talvez tenha recusado. Ainda assim, a questão era que a Casa Branca de Trump era a Casa Branca da Fox. Ou a Casa Branca de Trump era uma Casa Branca da televisão — mudando as coisas de tantas formas que ninguém na Fox, nem em lugar nenhum, conseguia entender muito bem. Ailes concebeu a programação da Fox como uma mensagem explícita sobre uma ideia de identidade estadunidense — de retidão, virtude, patriotismo, masculinidade — que antes era uma convenção da classe média, mas que, até o final do século XX, havia se transformado em uma posição abertamente política. Ele, porém, teve o cuidado de estar sempre no controle da mensagem. Ficava satisfeito em ver políticos seguindo o fluxo, mas tendo o cuidado de *não* seguir o fluxo de ninguém. Ele era o verdadeiro criador de reis, e não respondia a nenhum suposto rei (a não ser, talvez, a Murdoch, em algumas *raras* ocasiões), nem mesmo, e principalmente, para os que ele mesmo tinha ajudado a criar.

Agora, ali no avião, não adiantava mais tentar acompanhar o número de drinques e coquetéis consumidos.

A questão mais imediata era como a mídia cobriria o funeral. "Mídia" se referia aos dois contrapontos da Fox, a CNN e a MSNBC (não exatamente concorrentes, já que as audiências altamente politizadas da TV a cabo já não trocavam de canal), e, talvez até mais importante, ao *Daily Mail*, que mostrava as celebridades no seu pior. A própria Fox, agora sob a batuta dos Murdoch, não cobriria o funeral do fundador e antigo líder.

Hannity ficou imaginando se alguém notaria que Trump não tinha comparecido, nem mesmo feito uma ligação de condolências para a viúva (Beth Ailes ligara várias vezes para Hannity para comentar isso). Como seria? A favor de Trump havia o argumento de que estava ignorando um predador sexual, o que agradaria o *New York Times*, e contra ele, a total falta de lealdade para com um amigo e apoiador importante. Nesse ponto, os passageiros pareciam confusos sobre como julgar a estratégia de Trump.

Kimberly Guilfoyle continuava tentando recarregar a página do *Mail Online* no celular e praguejou quando não conseguiu conexão.

"Não aparecemos. Ninguém tirou nossa foto ainda", disse Hannity, enquanto o séquito entrava nos SUVs que aguardavam por eles na pista de West Palm Beach.

Se Kimberly notou o sarcasmo do comentário, simplesmente ignorou e ficou passando um carrossel de fotos caluniosas dela publicadas pelo *Mail* no passado, demonstrando um misto de indignação e prazer.

"Cabeça erguida, Kim", disse Hannity com um sarcasmo que outra vez não foi detectado.

Era Hemmer quem parecia genuinamente preocupado com os fotógrafos, alarmado que o grupo de Hannity chegasse quase uma hora antes do horário e sugerindo que todos ficassem no carro até que as portas da igreja fossem abertas.

A igreja em questão era frequentada por Rose Kennedy quando estava em Palm Beach — onde ela ia à missa todos os dias —, comentou Hannity. Aquela parecia ser uma observação irlandesa positiva, em vez de uma crítica política negativa, mas devia haver ironia também. Hannity comentou ainda que Douglas Kennedy, um dos muitos filhos errantes de Robert Kennedy, estaria no funeral. Ailes tinha feito amizade com ele e, com certa ironia aqui, o recrutara como repórter da Fox (embora nunca o tivesse promovido).

Parado no meio-fio, sentado atrás de janelas de insulfilme, Hannity fez uma avaliação dos amigos ou inimigos da mídia dentre os convidados que se reuniam na frente da igreja. Começou a ficar agitado e saiu. A escada da igreja estava cheia dos fiéis a Ailes. Diante da indiferença da Fox, Beth Ailes declarou que o funeral era só para convidados. O resultado foi uma reunião do círculo que continuava fiel a ele.

Nada de cumprimentos casuais, obrigações corporativas, apertos de mão amigáveis, hipocrisia... Aquele não era um funeral para esquecer o passado, mas um evento autêntico, sem politicagem irlandesa.

Bem, houve um pouco de politicagem irlandesa.

Laura Ingraham, a apresentadora de rádio, estava fazendo networking.

Ela estava com tudo, o que irritou Hannity.

"Fale com ela para ir com calma", pediu Hannity para Kimberly Guilfoyle. "E veja se ela andou bebendo."

Foi a missa para um mártir. O tema foi sofrimento. Os inimigos de Ailes o amarraram a uma cruz. Até mesmo entre os fiéis, era possível perceber que aquilo tinha passado um pouco dos limites. Ailes não era conhecido profissionalmente pela sutileza, mas tinha habilidade. Beth Ailes não tinha nenhuma. Na falta de uma guarda militar, já que Ailes nunca tinha servido, a viúva recrutara a guarda policial local. Após a cerimônia, foi servido um almoço no Everglades Club, famoso por ser antissemita. Embora desarticulada, a Flórida, particularmente Palm Beach, estava a caminho de se tornar o reduto da nova direita, com sua política de não cobrar impostos estaduais e as proteções contra a falência por meio de brechas legais. Lugares ensolarados para pessoas com negócios duvidosos, a famosa piada de Somerset Maugham sobre Mônaco como paraíso fiscal, caía como uma luva para Palm Beach. Palm Beach de Trump. Palm Beach de Jeffrey Epstein* (alguns meses antes da sua morte, Ailes e Epstein fizeram planos de se encontrar, que foram frustrados na última hora pelos advogados perplexos de Ailes). Se o sofrimento tinha sido o tema do funeral, no almoço o tema era provocação. Aquela era uma provocação não só contra o monopólio liberal (embora também o fosse, é claro), mas contra algo bem mais próximo. Uma provocação vinda dos Murdoch, das mulheres da Fox e de todas aquelas pessoas da Fox (principalmente) que nem nos últimos dias demonstraram seu apoio a Ailes. E a lista continuava.

Hannity, que a princípio voltaria para um evento de esporte de um dos filhos, agora precisava dar uma desculpa: "Você gosta da vida que nós temos?", perguntou ao telefone, tentando aplacar o filho chateado. "Pois bem, nós a devemos ao sr. Ailes. Então vou ficar aqui pelo tempo que for necessário."

Ainda assim, ele estava impaciente e parecia dividido entre fazer o certo ou resolver coisas muito mais importantes. Coisas como a Fox, Trump e tudo mais. O poder existe. Mesmo sem Ailes. Existia agora uma disputa pela Fox.

Saindo apressado, seguido pelos passageiros que foram com ele, o contingente da família Kennedy o abordou para uma carona, mas Hannity se

---

* Jeffrey Epstein (1953-2019) foi um financista e magnata estadunidense, condenado por crimes sexuais.

desculpou fingindo algumas exigências. Depois cochichou, não muito baixo: "Até parece que vou entrar em um avião com alguém com sobrenome Kennedy".

O pior, porém, foi Laura Ingraham, que, cambaleando no seu estado de embriaguez, em um show perfeito e exagerado de uma bêbada com a fala enrolada, agarrou a manga de Hannity e implorou: "Preciso de ajuda, Sean. Preciso de um avião. Você tem um avião, não é? Um avião".

Hannity não parou nem por um segundo, continuando o caminho e praticamente arrastando-a até conseguir fazer com que ela o soltasse. "Meu Deus, que horror. Ela vai precisar abraçar uma privada. Cara, esses aviões são pequenos demais para isso!"

Cinco anos depois, Hannity não só ainda estava na Fox — o que quer que os Murdoch quisessem fazer com a emissora, eles não tinham feito — como ainda liderava a segunda revolução, sem questionar nem por um minuto a eleição roubada (bem, não por muito mais que um minuto), e se preparando para o que ele sabia com toda certeza (bem, praticamente certeza) — "Tenho certeza absoluta!" — que seria a restauração do 45º presidente dos Estados Unidos. No dia 13 de abril, o presidente ligou para o programa dele. Foi quando as bobagens dos executivos começaram: não queriam mais aquele tipo de ligação. Era um jeito ruim de fazer televisão. *Jeito ruim?* Donald Trump era ruim para a televisão? Aquilo dava picos de audiência. Realmente estavam tentando evitar que Donald J. Trump aparecesse na TV? Sério? Vamos ver como seria aquilo.

5. Laura

Ron DeSantis

Suzanne Scott, a CEO da Fox News, era praticamente proibida de dar instruções ou até mesmo de falar com Carlson e Hannity, apresentadores do horário nobre e responsáveis pela maior parte do dinheiro que entrava. Afinal, o que poderia dizer a eles que os próprios índices de audiência já não lhes dissessem? O mantra de gerenciamento de Suzanne Scott era: em time que está ganhando não se mexe. Sério, o que mais poderia dizer diante daquele fluxo de caixa?

O que sobrou para ela como projeto de gerenciamento no horário nobre foi Laura Ingraham e sua audiência menor. A mensagem de Suzanne, não necessariamente útil, era que Laura precisava se diferenciar. Isso era sempre um problema em uma emissora que se orgulhava da consistência da sua mensagem — de que forma manter essa característica e, ao mesmo tempo, se diferenciar? A principal diferença de Laura era o fato de ser mulher, algo que ajudara Megyn Kelly porque, na análise de Ailes, se você não tivesse cuidado, a nervosinha e impaciente Megyn bateria em você. Laura, por sua vez, na visão de Ailes, não tinha o menor apelo sexual, e isso era um desperdício (e o motivo de ele nunca a ter contratado!).

O que ela precisava agora, no horário das 22 horas, era de uma mensagem que virasse a sua marca. Claro, essa mensagem precisava ser de direita, mas também *diferente*.

Suzanne lhe deu o que precisava. Era a mensagem de Murdoch, a mesma da qual todos estava fugindo: Ron DeSantis.

Para Murdoch, o proprietário da emissora de Trump, o principal foco era encontrar alguém que não fosse Trump, e aparentemente a única pessoa disponível *era* DeSantis. A última ligação de Trump para o programa de Hannity tinha dado início a um embargo quase total às políticas do ex-presidente. Também marcou o começo quase formal da campanha desenvolvida por Murdoch a favor de DeSantis. Suzanne Scott, depois de tentar vender essa ideia para Carlson e Hannity, deu à Laura a tarefa de apresentar o debate público da Fox em Orlando, destinado a estabelecer o governador da Flórida, que ainda não havia se provado pronto para o horário nobre, como a opção clara para os republicanos que não queriam Trump.

Rupert Murdoch sempre sonhara em eleger um presidente para os Estados Unidos. A piada era o fato de ter elegido Donald Trump. Agora ele ia retificar isso.

Nas conversas de bastidores da Fox, era difícil saber se Laura era mais desacreditada por DeSantis e por estar tão claramente puxando o saco dos Murdoch, ou se era DeSantis que estava sendo prejudicado por ela.

Havia muitas queixas contra Laura na Fox, incluindo a audiência baixa, as críticas ácidas que recebia de Trump o tempo todo, seu longo histórico de estar sempre na retaguarda da indústria de mídia conservadora e, sem dúvida, o fato de que só tinha recebido um lugar de destaque no horário nobre por ser mulher, e que não fizera jus à oportunidade ao não conseguir uma boa audiência. Mas não era só isso. Não havia limite para os julgamentos que uma mulher recebia na Fox.

No variado ecossistema de misoginia da emissora, Laura Ingraham era considerada uma bêbada inveterada, chata e que vomitava (a desculpa de Hannity para barrar a entrada dela no seu avião tinha se espalhado amplamente). Diziam ainda que, independentemente de estar sóbria ou não, ela se jogava em cima de qualquer homem do movimento conservador — e que isso acontecia desde a sua época de universitária em Dartmouth, aquele reduto do conservadorismo dos anos 1980, onde ela começara a ter essa reputação. Mesmo assim, nunca conseguiu se casar. (Em uma história que a perseguia havia muito tempo, diziam que usara uma mangueira de jardim para inundar o porão da casa de um namorado que terminara com ela.) Tinha adotado três filhos agora. Na opinião de muitos homens da Fox e do movimento conservador, ela era uma piranha bêbada, nojenta e patética — motivo de riso.

Com a queda de Ailes e a exposição vívida de assédio casual e chocante que acontecia na Fox e, pouco tempo depois, com a expulsão de Bill O'Reilly no meio de mais revelações sensacionalistas, seguida então pela promoção de Suzanne Scott como a primeira CEO e pelo comprometimento reiterado dos Murdoch de que haveria política de zero tolerância para assédio e abuso, foi desanimador para muita gente na Fox, se não revoltante, descobrir que, na verdade, muito pouca coisa tinha mudado. No entanto, para outros, talvez a maioria, era muito injusto que a emissora tivesse, de alguma forma, ganhado aquela reputação de pior lugar para se trabalhar por causa do tratamento dado às mulheres, quando todo mundo sabia que *todas* as divisões de jornalismo eram um reduto de pegação e misoginia. Então... a Fox só estava pagando o pato por não ser hipócrita em relação àquilo. Realmente, a hipocrisia reversa da Fox sobre o assunto sempre foi um tipo de afirmação deliberada de que a emissora deveria ser valorizada por isso.

E novamente se faz a pergunta: por que mexer em time que está ganhando?

Todas as mulheres que trabalhavam na Fox tinham sido escolhidas para desempenhar o papel feminino que lhes era designado. Ailes sempre foi muito preciso sobre quem seria escolhida para o elenco e para qual papel. Além do fato de que toda mulher precisava não apenas ser branca, mas não parecer de nenhuma etnia específica — não parecer italiana, judia, hispânica, grega, nem se afastar muito do padrão anglo-saxão, irlandês ou nórdico —, ela precisava ter um corpo de boas proporções, pernas longas, cabelo louro e corte de cabelo não nova-iorquino e, de preferência, de acordo com as especificações de Ailes, "ser do tipo que poderia participar de um concurso de beleza".

Cada uma precisava ter uma função sexual mais específica: a garota comum, a sedutora, a disciplinadora. Era a escalação de um elenco.

Talvez o mais importante se resumisse ao que Ailes chamava de "teste do boquete", uma teoria totalmente criada por ele, que ele adorava expandir, sobre a avaliação que todo homem fazia para saber se uma mulher lhe pagaria boquete, com qual intensidade e com que frequência (uma das suas formulações favoritas era "para se dar bem, você tem que mamar bem").

Ailes se via como principal juiz de tudo isso — tanto o que os homens queriam quanto quais mulheres seriam capazes de dar o que eles queriam. Isso fazia parte da crença que ele tinha de que sua principal especialidade na emissora de noticiários era escolher os apresentadores. "Noticiários são um show de variedade", refletia ele, remetendo ao tipo de programação favorito nos anos 1960. "Uma combinação de mulheres sexy e homens cruéis, e o papel de cada um precisa ficar bem definido. Todo mundo precisa representar o personagem de forma clara e exagerada. Não há espaço para sutilezas. Estamos nos Estados Unidos."

Além disso, ele enxergava tudo como parte dos seus princípios conservadores — as pessoas queriam o ano de 1965 —, e, dessa forma, quando ele foi derrubado, aquilo representou um ataque contra a liberdade de expressão (o direito de *não* ser feminista).

Todo senso político, cultural e de programação de Ailes convergia em uma única percepção. Tratava-se de uma avaliação demográfica das disparidades radicais que haviam crescido nos Estados Unidos: as disparidades financeira, educacional, geracional, tecnológica, de gênero, religiosa e racial, além da grande divisão entre áreas rurais e urbanas. Existiam dois países completamente diferentes, dois tipos de pessoas opostos. E não se tratava apenas de uma crença conservadora fundamental acerca das formas tradicionais de se viver (uma família nuclear e idealizada de cidade pequena, formada por pessoas que frequentam a igreja e conhecem os vizinhos — e concordam com ele), mas uma oportunidade de programação.

A intenção inicial de Rupert Murdoch na mídia televisiva talvez tivesse sido um pouco mais coerente do que um simples desejo de concorrer com a CNN, emissora que ele tentara comprar mas fracassara. Foi Ailes que, ao receber um orçamento muito menor do que o da CNN para as notícias, resolveu se concentrar em uma audiência mais barata de atender, formada por pessoas mais brancas, mais pobres, menos educadas, mais rurais, mais religiosas e mais velhas. Tendo começado a carreira trabalhando na programação diurna de TV, sua percepção singular desde os anos 1960 era esta: a cultura acelerada estava deixando para trás uma audiência grande e lucrativa. Ele tinha ajudado a aplicar essa ideia à campanha presidencial de Nixon em 1968: "a maioria silenciosa".

Quando ele lançou a Fox News em 1996, "o visual dos noticiários da TV a cabo era para outro tipo de público. Algo mais parecido com uma sala de aula. Eu queria que parecesse mais com o que se via nos programas diurnos de TV ou, pelo menos, como costumavam ser", ele explicou anos mais tarde. De forma obstinada e sem se importar com os novos requisitos sobre a melhor maneira de discutir questões de gênero na cultura dos Estados Unidos, continuou: "Então, as mulheres eram importantes. O trabalho delas era ser familiar para as outras mulheres de um modo não ameaçador, mas, ao mesmo tempo, precisavam fazer com que os homens quisessem comê-las. Conseguir essas duas coisas era vital. As mulheres da Fox não são yuppies, nem ambiciosas, nem profissionais — são mulheres da televisão. Mulheres dos shows de jogos, saídas diretamente da imaginação dos estadunidenses. E foi a televisão que as colocou ali".

As predileções sexuais de Ailes estavam expostas para quem quisesse ver. Ele avaliava todas as mulheres com algo semelhante a cobiça e raiva, um olhar reflexivo que se demorava mais do que parecia perceber. Nas suas conversas, quase sempre traçava paralelos e fazia comentários sobre que tipo de ato a mulher desempenharia melhor, o que o levava, invariável e prazerosamente, ao que via como uma forma de degradação satisfatória. Seus defensores insistiam, não sem razão, que aquele tipo de comportamento não era incomum em executivos de alto escalão da TV, atraídos por uma indústria que aceitava o extravagante e o perverso.

Havia também outro aspecto curioso sobre a visão obsessiva e fetichista que Ailes tinha das mulheres, a de madona-prostituta, a de submissa-dominadora, a de rainha da beleza-yuppie — sua atração por advogadas. Ou seja, teoricamente mulheres inteligentes, articuladas, que defendiam a própria opinião e que ele gostava de transformar em bonecas.

No fim da década de 1990, com a Fox, a CNN e a recém-lançada MSNBC, todas competindo entre si mas nenhuma com uma posição firme e fixa, e com os escândalos de Clinton como pano de fundo, três mulheres surgiram como representantes da direita, sempre prontas e disponíveis: Ann Coulter, Laura Ingraham e Kellyanne Fitzpatrick. Todas loiras de cabelo liso, magras em um nível anoréxico, usando saias curtíssimas e, em geral, botas até os joelhos, e todas advogadas. Esse rapidamente se tornou um subgrupo significativo do movimento midiático de direita que estava em pleno desenvolvimento. Embora tivesse sido relegado a vozes do rádio e a políticos despreparados para o horário nobre, como Newt Gingrich — com rosto bochechudo, traços contraídos e incapacidade de parar de falar —, agora tinha figuras públicas articuladas e *atraentes*.

Na verdade, esse notável trio de direita foi criado mais pela MSNBC do que pela Fox. A MSNBC foi lançada como uma parceria entre a NBC e a Microsoft em 1996 — mesmo ano da Fox. O estúdio recém-construído para a emissora era intencionalmente "tecnológico" e impactante, destinado a ser copiado. Era uma estrutura com aparência de bunker na região pantanosa e desolada de Meadowland, em Nova Jersey, do outro lado do rio Hudson. (Essa era uma estratégia da GE, controladora da NBC, para evitar os sindicatos trabalhistas da cidade de Nova York.) A premissa da MSNBC era a de ser nova, com linguagem jovial e tecnológica (contudo, apesar de ter a Microsoft como sócio passivo, a emissora não tinha credenciais tão tecnológicas assim), e não a de defender uma perspectiva ideológica. O conceito inicial de programação era o de recrutar vozes "jovens" de diferentes espectros ideológicos e culturais, e transformá-las em apresentadores e comentaristas sem horário fixo no decorrer da programação de 24 horas por dia, sete dias por semana. Isso incluía Ann Coulter, Laura Ingraham e Kellyanne Fitzpatrick.

Eram vozes conservadoras, mas não eram de Ailes. Por um motivo: ele não as tinha criado. E não tinha dormido com elas — nem sido capaz de posicionar seu crescente poder contra o crescente estrelato delas. Ailes agia em um esquema tipo poderoso chefão de hierarquia familiar, com status, dívida e pagamento, e se sentia desconfiado, na melhor das hipóteses, em relação a alguém que não conseguisse posicionar dentro daquela estrutura. Quando a televisão liberal se cansou delas, e elas não tinham para onde ir além da Fox, ele as desprezou.

No entanto, nas duas décadas seguintes, a sorte mudou. Ann Coulter ficou mais anárquica, lançando falas agressivas e inventivas para todos os lados, em uma época pré-Twitter. "Vou ficar fora do caminho de Ann e espero que ela fique bem longe do meu", disse Ailes, com um toque de admiração. Kellyanne Fitzpatrick, que se casou com o advogado corporativo conservador George Conway — o qual curiosamente tinha namorado as três —, passou a se dedicar, em grande parte, à vida de classe média alta e à criação de filhos; mas, como proprietária de uma pequena empresa de pesquisa de opinião, ressurgiu em 2016 como uma figura importante da administração Trump. Laura Ingraham conquistou um nicho no rádio que nunca chegou a competir realmente com os radialistas mais conhecidos, pois ela era menos propensa a improvisar, menos beligerante e, de alguma forma, menos ciente da piada maior (parte da piada geral era quanto os liberais levavam a sério a falta de seriedade da direita). Para uma voz de direita — um status marcado tanto por certezas, combatividade e discurso tipo metralhadora quanto pela ideologia —, Laura Ingraham era estranhamente cuidadosa e hesitante, e sua audiência começou a cair de forma constante. Com a família crescendo e a carreira no rádio perdendo força, começou a pedir trabalho para Ailes.

Ele se divertia com aquilo e a enrolou por quase cinco anos, dizendo de maneira jocosa e sarcástica que ela "não parava de envelhecer", e acrescentando que ela havia tirado "nota 5 no teste do boquete". Além disso, ela bebia, e, embora ele não tivesse nada contra a bebida em si, sentia repulsa por mulheres bêbadas.

Um pouco depois da saída de Ailes, Greta Van Susteren, a analista jurídica de longa data da Fox e uma das mulheres mais conhecidas da empresa, foi sumariamente demitida (Murdoch não gostava dela e achava seu salário alto demais). Em seguida, Megyn Kelly, a mulher mais famosa da emissora e a voz crescente de um conservadorismo prático, sem rodeios e cético em relação a Trump, pilar das novas ideias dos Murdoch sobre como reformular a emissora, aceitou uma oferta da NBC e deixou a Fox. Com a saída das duas mulheres, na primavera de 2017 os planos para mudanças na programação foram reduzidos à emergência de encontrar uma mulher para um dos três programas do horário nobre.

As candidatas para a vaga, ou pelo menos as que estavam fazendo mais lobby por ela, incluíam Maria Bartiromo, Kimberly Guilfoyle e Ainsley Earhardt.

Maria Bartiromo, 49 anos, fora, por quase 25, um símbolo do último grande boom e euforia financeira, representante da desregulamentação e da era das empresas de internet, e recebeu o apelido de Money Honey durante os anos em que trabalhou na CNBC, um canal de jornalismo financeiro. Enquanto trabalhava lá, fez amizade com CEOs, era mestre de cerimônias de jantares e eventos de premiação, casou-se com um descendente dos excessos dos anos 1980, Jonathan Steinberg, e também se tornou uma voz confiável da nova elite de negócios recém-formada. Também se tornou a favorita de Murdoch (ela apresentara uma cerimônia de premiação na qual Murdoch dera um prêmio ao bilionário primeiro-ministro italiano Silvio Berlusconi, e também entrevistou Murdoch ao vivo em uma conferência de investidores, na qual ela fracassou em fazê-lo dizer algo além de resmungos incompreensíveis). No entanto, nos anos após a crise financeira de 2007, ela se tornou uma pessoa que parecia confusa e, para muitos, uma grande piada, incapaz de fazer uma transição do desenfreado entusiasmo anterior para um mundo novo, complexo e ressentido.

Com seu brilho de estrela da CNBC se apagando, aceitou a oferta de Ailes para trabalhar no Fox Business News em 2013.

Ailes tinha lançado o canal de jornalismo de negócios em nome de Murdoch no meio da crise financeira. Era o projeto adorado por Murdoch, mas que não atraía muito Ailes. Foi um esforço mediano, que nunca chegou a alcançar os altos índices de audiência que Ailes almejava e nem a atrair apresentadores notáveis. Aquilo tornou até mesmo uma Maria Bartiromo já sem brilho uma boa aquisição. Para ela, era uma chance de talvez conseguir ir para a Fox News. A forma como ela fazia uma política favorável aos CEOs agradava Murdoch. Mas Ailes a via exatamente como o tipo de animadora de torcida da elite que ele gostaria de manter bem distante da Fox. Maria Bartiromo não era populista. Seu interesse nas finanças parecia um interesse em homens ricos; o interesse deles por ela, além do interesse dela por eles, parecia ter a ver com sua incapacidade de articular pontos de vista além dos que lhe eram dados.

Ou era o que Ailes achava. Por mais que muito disso possa ser verdade, também refletia a visão que ele tinha das mulheres: mais uma celebridade televisiva atrás de um golpe do baú (ele conseguia enumerar, com rancor, as mulheres da TV que tinham conseguido maridos cheios da grana). Ele recusou as muitas tentativas que ela fez de sair do canal de negócios e ir para o canal jornalístico de maior proeminência.

Mas, com a saída de Ailes, Murdoch estava aberto à possibilidade de ela assumir um dos programas do horário nobre — o ex-CEO da General Electric, Jack Welch, que gostava muito de Maria Bartiromo desde a época da CNBC, fazia um lobby pesado por ela. Lachlan e James, competindo para controlar a escolha, consideraram aquilo mais um capricho de idade do pai, uma vez que tanto Bartiromo quanto Welch eram pessoas de um passado já distante.

Kimberly Guilfoyle, que começara a trabalhar na emissora em 2006, era a confirmação de várias crenças arraigadas que Ailes tinha acerca das mulheres da TV: elas fariam qualquer coisa, literalmente *qualquer coisa*, para subir na carreira, e eram tão mercenárias sexualmente quanto qualquer homem do ramo. Isso se transformou na crença de Ailes de que a televisão era um campo de batalhas entre homens e mulheres, e Kimberly Guilfoyle seria o exemplo perfeito dessa ambição brutal.

Ela era uma ex-modelo formada em direito, uma combinação perfeita para Ailes. Melhor do que apenas advogada, tinha sido *promotora* em Los

Angeles e San Francisco. Seu breve casamento em 2001 com Gavin Newsom, o futuro prefeito de San Francisco e governador da Califórnia, unindo duas das pessoas mais sedentas por poder na região da Bay Area, foi celebrado em muitas revistas. Sua transformação de ambiciosa mulher de um político liberal para uma estrela conservadora, para Ailes, era o exemplo hilário de como as pessoas, principalmente as mulheres da TV, estavam dispostas a fazer tudo para se promover. Também via isso como um modelo competitivo: os liberais tinham Arianna Huffington — que tinha saído de trás do poder do marido, um político conservador da Califórnia, e seguido para uma posição bem de esquerda sem fazer muitas perguntas — e agora a direita tinha conquistado Kimberly, com tanto potencial para roubar os holofotes quanto Arianna.

Nos últimos dias de Ailes — quando ainda parecia improvável que seria derrubado —, Kimberly se tornou uma das suas defensoras mais ferrenhas, abordando todas as mulheres da emissora em busca de apoio para ele e fazendo sugestões não muito discretas de possíveis punições — ou recompensas — para quando tudo aquilo passasse e Ailes ainda continuasse de pé. A defesa que ela usou não foi negar, mas sim expressar desprezo pela hipocrisia do que estava acontecendo: todos conheciam Ailes e se beneficiavam com aquilo de alguma forma. Além disso, o que ele queria não prejudicava ninguém, e quem ali não faria sexo para se beneficiar? A TV era assim.

Nesse meio-tempo, à medida que a campanha para o horário nobre esquentava — marcada principalmente pela indecisão e pelas brigas entre os Murdoch —, Kimberly Guilfoyle enfrentava obstinadamente as próprias batalhas contra a "corja de hipócritas". Ela estava prestes a se tornar a mais famosa — e certamente a única — mulher a ser derrubada pelo movimento #MeToo. Assim como qualquer homem na Fox ou na indústria televisiva como um todo, vinha se portando com imprudência sexual despreocupada: vivia dando detalhes vívidos e indiscretos da sua vida sexual, incluindo seu catálogo amplamente compartilhado de fotos de genitálias; cometia diversas gafes exibicionistas; advogava para as outras mulheres os méritos de "usar o sexo para subir na vida", revelando detalhes de sua técnica; e se gabava de viver uma vida "à la Samantha Jones", a personagem de *Sex and the City*, muito tempo depois de esse tipo de comportamento ter saído de moda. Embora isso tudo fosse de conhecimento geral na Fox, tornando Kimberly um dos muitos personagens desse tipo da emissora (o longo reinado de abuso e desrespeito sexual de Bill

O'Reilly tinha acabado de chegar ao fim), a força total e diária da autodrama-tização sexual polimorfa se concentrou em uma jovem assistente. No clima instaurado depois da saída de Ailes, com advogados externos monitorando o RH, as queixas e as ameaças de um processo feitas pela assistente marcaram o início da derrocada de Kimberly na emissora.

No entanto, ao mesmo tempo que fazia lobby para encontrar aliados que a defendessem, do mesmo modo que fizera para Ailes, ela continuava ten-tando conseguir um programa no horário nobre. Além disso, usou o poder de Trump na Fox e o poder da Fox no mundo de Trump para tentar substituir Sean Spicer como secretário de imprensa do presidente. E estava tendo um caso com Anthony Scaramucci (cujo casamento entrou em colapso por causa disso, mas depois se recuperou), que estava fazendo a própria campanha para assumir as problemáticas operações de comunicação da Casa Branca de Trump, prometendo o tempo todo que a levaria junto. Ele acabou conseguin-do, mas ocupou o cargo por apenas onze dias, derrubado por um escândalo de bêbado provocado por relatos de um novo relacionamento de Kimberly Guilfoyle — com o filho do presidente, Don Jr. Mesmo assim, ela continuou persistindo no esforço de conseguir o horário na Fox, recrutando um colega da emissora que ela sabia ter uma relação direta com Rupert Murdoch para pressioná-lo em nome dela. No entanto, quando o tal colega estava prestes a abordar o assunto com Murdoch, o próprio Murdoch, com seu hábito curioso de desabafos repentinos, disse que tinha tido um dia difícil com os advogados e os filhos tentando descobrir uma forma de se livrar "daquela mulher horrível que trabalha para nós".

Aquilo acabou deixando apenas Ainsley Earhardt como candidata ime-diata ao cargo. Mas havia um problema: ela era a candidata de Sean Hannity. Parecia que fazer o lobby por ela era o seu segundo emprego. Isso, por si só, já prejudicaria a ascensão dela, porque Tucker Carlson dificilmente aceitaria a escolha de Hannity para o horário nobre. Além disso, havia uma grande desconfiança de que Hannity, apesar de casado, tinha um interesse especial em Ainsley — ele negava com veemência —, que, mesmo que não fosse real na época, acabou se tornando pouco depois.

Embora Laura Ingraham, de 54 anos, tenha passado grande parte dos vinte anteriores tentando um lugar na Fox sem sucesso, depois que Ailes saiu ela se tornou uma escolha externa útil e, de certa forma, óbvia. Além disso, tanto Hannity quanto Carlson não tinham objeções relevantes em relação a ela. Por ser mais velha, nenhum dos dois a considerava uma ameaça. Estaria ali simplesmente para ocupar um lugar.

Apesar de ambos os filhos de Murdoch a considerarem "retrô" e "nada inspiradora", a "porra de uma escolha deplorável", nas palavras de James Murdoch, ela foi contratada.

O curioso é que, ao mesmo tempo que ela estava sendo considerada para a vaga na Fox, Trump a pressionava para ser sua secretária de imprensa, outro cargo que Kimberly Guilfoyle queria. Mas Laura Ingraham resistiu ao presidente. Em parte porque a Casa Branca oferecia um salário governamental em comparação com o pagamento de sete dígitos pago pela Fox (embora fosse bem menor do que ela esperava), mas, se precisava de outros motivos, compreendia a disfunção que ocorria na Casa Branca de Trump, e ela mesma não era uma trumpista de coração. No entanto, o interesse por ela o tornou parte das discussões na Fox, com Hannity e Carlson transmitindo as mensagens do então presidente para a emissora: Trump estava irritado por talvez não conseguir tê-la como sua secretária de imprensa (mesmo que ela não quisesse o cargo), e poderia usar aquilo contra eles, além de ter uma visão negativa das habilidades de Laura como apresentadora de TV ("Ela não é divertida, dá para perceber.").

Foi uma daquelas triangulações televisivas que fizeram com que Laura conseguisse a vaga mas também garantiram que não teria sucesso, pois conseguira a vaga como contraponto a dois homens mais agressivos, destemidos e dramáticos. Além disso, quando conseguiu o que queria, provocou a reprovação do poder central da emissora, ou seja, de Trump.

Agradando tanto Hannity quanto Carlson e confirmando a aprovação deles, Laura Ingraham não adotou nenhuma questão própria nem assumiu uma identidade de direita distintamente nova, a não ser pela ansiedade que demonstrava.

Agora, porém, virando piada para um humor sexista do tipo "como ela pôde ser tão burra", Laura tentava conquistar o favor de Ron DeSantis e Rupert Murdoch, e, por um futuro na Fox, atendia aos caprichos de um velho que tentava recriar o mundo conhecido para um sem Donald Trump.

"E dizem que eu sou o idiota", comentou Hannity.

6. James

Uma força do bem

Desdenhoso, zangado e grosseiro, incapaz de evitar dizer o que para ele era obviamente certo ou errado no ponto de vista dos outros, James Murdoch, ao contemplar o próprio futuro na empresa na primavera de 2022, prometeu para si mesmo que se controlaria. Estava seguindo o conselho de vários CEOs conhecidos, que lhe recomendaram manter a calma, demonstrar um novo ar de seriedade (o que de fato queriam dizer era maturidade) e deixar os eventos se desenrolarem a seu favor, já que era exatamente o que parecia estar acontecendo. No entanto, ao menor sinal de interesse da mídia, dos banqueiros ou de democratas de alto escalão, James apontava representantes para deixar sua intenção bem clara: o plano era tirar Lachlan da liderança, para que ele mesmo assumisse o controle da Fox e transformasse aquela máquina destrutiva em "uma força do bem" no mundo. Aquela era a mensagem e a posição oficial: *uma força do bem*. Ele tinha 49 anos e 2 bilhões de dólares no bolso, e sua hora estava chegando.

"Lachlan realmente acha que pode comprar a parte de Elisabeth, Prudence e James com dinheiro saudita?", perguntou o representante de James, uma pessoa do alto escalão político e corporativo que recebia honorários como consultor com a missão específica de expor a posição intransigente do herdeiro. "Isso não vai acontecer. Lachlan já tentou comprar a parte dos irmãos antes, e eles não vão vender. James vai assumir o controle da Fox em algum momento e, sim, tornar a emissora uma força do bem. Não é um discurso vazio. Tem significado. Tanto a sua intenção quanto o mecanismo para torná-la realidade. Ele é uma pessoa

90

de bem. Um homem decente. É uma pessoa criada com muitos privilégios e extremamente ciente disso e das responsabilidades que tem. Ele e a mulher são pessoas de bem. Querem fazer o bem. Quando Rupert se for, as ações serão divididas igualmente entre os quatro filhos mais velhos, isso é irrevogável. O cálculo é que as duas irmãs vão se juntar a James, e Lachlan será o estranho no ninho. James não aceitaria nenhuma quantia para sair da Fox caso isso significasse deixar a empresa do jeito que estava. Não havia dinheiro no mundo que o fizesse deixar Lachlan para sempre à frente da Fox News. Não é uma situação sustentável nem defensável. É apenas uma circunstância que saiu do controle. Não é necessário olhar além do óbvio: a Fox não teve uma administração racional por muitos anos. Por que alguém permitiria que O'Reilly ou Hannity reduzissem a capacidade da empresa de adquirir ativos muito mais estratégicos do que a própria Fox, especificamente a Sky? O motivo pelo qual a maior parte da empresa foi vendida é porque ela não conseguia mais crescer. E não podia crescer porque a Fox News estava sendo gerida de forma que os órgãos reguladores não aprovassem o negócio mais importante de todos para a empresa."

Muitos consideravam que o colapso da aquisição da Sky se devia ao caso de negligência quanto às práticas de invasão de telefones conduzidas pelos jornais de Murdoch no Reino Unido, o que pôs fim à estratégia de expansão global da companhia e levou à decisão de vender a maior parte da empresa, acabando com os sonhos de um império perpétuo. Só que James agora culpava a política da Fox. As duas coisas provavelmente eram verdadeiras.

"James fez todo o possível para corrigir isso", continuou seu representante. "Mas o pai dele é muito, muito, muito velho. E não é necessário olhar muito além disso. Ele é muito velho mesmo. Quando ele morrer, neste ano ou no ano que vem, aí sim as coisas voltarão a ser racionais."

Em outras palavras: uma empresa de capital aberto de 15 bilhões de dólares, com uma extraordinária influência cultural e política — figurando entre as maiores dos Estados Unidos — estava sendo gerida de forma irracional. Ao menos se você escolher acreditar na determinação e nas certezas de um dos maiores acionistas, e na convicção dele de que, no momento certo, ele terá a maioria.

James e a família moravam em uma mansão de fachada ampla em Manhattan, na East Sixty-ninth Street, entre a Park Avenue e a Lexington Avenue. Sendo uma região exclusiva, existe todo um rol de características que os proprietários usam para se gabar dos seus imóveis. O preço dessas casas começa em 8 milhões ou 9 milhões de dólares, podendo chegar a 50 milhões ou 60 milhões, dependendo da fachada, da dimensão da área, do número de andares e do tamanho do jardim. Mas a fachada era a principal característica. Quando se tem uma fachada ampla, algo raro em Nova York, a experiência deixa de ser vertical, o que é, muitas vezes, desafiador nas casas geminadas de seis, cinco (ou até quatro) metros de largura — no final das contas, praticamente moradias de classe média do fim do século XIX e início do século XX —, e passa a oferecer toda a grandiosidade de uma verdadeira mansão. A casa de 30 milhões de dólares de James já pertencera ao criador dos Muppets, Jim Henson, e depois ao herdeiro da Seagram, Edgar Bronfman Jr., e dava para os fundos da casa de Woody Allen na Seventieth Street, cuja fachada era bem menor que a dele. Acontece que a casa de James tinha vista para uma das quadras menos atraentes de Upper East Side, de frente para o complexo institucional da Hunter College, que faz parte do sistema de universidades públicas de Nova York. Isso despertava uma postura sempre defensiva nele. "Eu nem noto." "Não estou nem aí." "Eu não poderia me importar menos com em que quarteirão de Upper East Side eu moro." "Qual é o problema, você é contra faculdades públicas?" "Pessoalmente, acho a Hunter inspiradora." Ele acabou transformando sua mansão em um símbolo da sua natureza rebelde.

De forma semelhante, a explicação dele sobre sua grande casa em Washington, Connecticut, um local bucólico e chique para uma segunda residência, era que ele havia escolhido comprar ali, e não nos Hamptons, a opção mais popular à beira-mar para os habitantes de Manhattan que, assim como James Murdoch, podem fazer tal escolha. Seu orgulho por Connecticut costuma ser acompanhado de uma ladainha contra os Hamptons e o pessoal de lá, a riqueza, a falta de gosto e o comportamento de manada deles. O tipo de vida social intensa que ele não suporta.

A questão aqui é a necessidade que James sente de se diferenciar até mesmo por meio de escolhas que não o distinguem, e de justificar suas ações como mais nobres e melhores do que as de qualquer outra pessoa. O que o ajuda nesse ponto é sua hostilidade natural, arrogância excessiva e espírito bélico. Isso resultou na palavra mais frequente que tanto a família quanto os amigos usam para descrevê-lo: pentelho.

Um dos muitos fatos novelescos da vida de James é que apenas quinze meses o separaram do primogênito, e que, como filhos de Murdoch, durante toda a vida deles houve uma alternância entre quem presumiam que seria o herdeiro do pai.

Um efeito disso, para ambos, foi uma experiência de vida insular e peculiar. Havia a realidade privada contra a pública: o pai silencioso, sempre mergulhado nos detalhes táticos dos negócios, em contraste com a visão externa do todo-poderoso colosso que supera o mundo. Criados em um círculo cosmopolita, progressista e de elite, viam a influência e a fortuna do pai se tornar o anátema de todos os valores progressistas e cosmopolitas. Isso sem falar na insinuação pesada e ameaçadora — por parte do pai, da mãe e de todos os membros da família — de que um ou outro receberia o manto de tudo aquilo, herdando literalmente uma base de poder internacional. Eles tinham vivido toda a vida adulta naquela bolha emocional cheia de tensão das jogadas de xadrez. Talvez só os Kennedy fossem capazes de entender aquilo.

A questão principal para o pai era uma dinastia Murdoch. A deles, uma ambivalência do pai. Costumava ser uma questão que envolvia menos os filhos pedindo algo a ele do que o contrário. Os filhos eram estadunidenses privilegiados de Nova York, que frequentaram escolas particulares e universidades de elite, sem parecer haver limite para suas opções no mundo. Apesar do poder e do dinheiro, o pai nunca chegou a ser considerado estadunidense o suficiente, um homem bastante recluso, que quase não tinha conexões pessoais (sua mulher Wendi uma vez o acusou de não ter amigos; ele retrucou: "Eu poderia, se quisesse"), era constrangedoramente inarticulado e parecia preso a uma mentalidade de outra época, mal conseguindo funcionar fora de seu círculo fechado de funcionários de confiança. Sim, ele era Vito, de *O poderoso chefão*, e cada um dos filhos se via como uma versão de Michael.

Todos os herdeiros mais velhos tentaram se afastar do pai, que tinha de atraí-los de volta. Elisabeth pediu demissão da Sky em um acesso de raiva; Lachlan voltou para a Austrália em um acesso de raiva; James, apesar da raiva, só concordou em trabalhar com o pai a uma distância de 5 mil quilômetros; e a filha mais velha, Prudence, em geral a confidente mais próxima, não tinha o menor interesse em fazer parte dos negócios.

Murdoch criava uma estratégia depois da outra e formas cada vez mais atraentes para tentar, sem sucesso, trazer os filhos de volta a Nova York. Colocou os dois filhos na diretoria da empresa controladora, onde, nas reuniões de diretoria, trocavam farpas abertamente entre si e com o pai. O desespero crescente de Rupert Murdoch deu a eles muito mais munição. Essa preocupação com seus filhos no mercado de mídia, com seu impulso para fazê-los aceitar seu patrimônio corporativo e mudar-se para perto dele, era uma sombra que pairava sobre toda a equipe de gestão. Isso consumia o tempo e o futuro de cada um dos principais executivos: aprender a lidar, se adaptar e sobreviver aos odiosos filhos de Murdoch.

Foi nesse contexto que a Fox News começou a se tornar um espinho no sapato de Lachlan e James, pois Ailes tinha o apoio de lucros cada vez maiores, liderando a guerra fria contra os filhos do chefe, espalhando rumores sobre eles e construindo alianças com outros executivos contra os irmãos. A raiva que a família sentia por Ailes e pela Fox começou como uma questão pessoal muito antes de se tornar política.

Ailes foi o maior responsável pela saída de Lachlan da empresa em 2005, ameaçando pedir demissão se Murdoch não controlasse o filho. Os outros irmãos Murdoch correram em defesa de Lachlan. Foi uma decisão familiar, em 2008, se alinhar com Barack Obama e convencer o pai a fazer o mesmo. Aquilo foi recebido com hostilidade por Ailes, que usou os lucros para fazer a cabeça do pai de volta e, com uma dose extra de veneno, tornar a Fox a maior inimiga de Obama.

Aqui também emergiu outro tema: marca. James argumentava que estavam permitindo à Fox News prejudicar a marca principal de entretenimento, a Twenty-First Century Fox, por uma mera questão de lucros de curto prazo. Ele entendia o futuro. E o futuro estava na empresa de *mídia e entretenimento*, não de *tabloides*. Uma marca forte era o passaporte para novos mercados e novas tecnologias.

Foi em 2016 que os irmãos, trabalhando como CEOs em conjunto e reportando-se ao pai cada vez mais ausente, agiram contra Ailes. Para Lachlan, que lutava para conciliar os interesses dos lucros com os do pai, além das exigências de uma empresa de mídia multinacional diversificada que ele acreditava estar liderando (ao menos, coliderando), livrar-se de Ailes era o primeiro passo no que acreditava ser um longo processo de lidar com o problema da Fox. Mas James era mais rápido e estava pensando grande. Muito grande. Seu plano de comprar a metade da Sky que não possuíam — e lançar a Fox em uma nova estratégia internacional e de "limpeza" — tinha caído por terra, condenando, dessa forma, o império de entretenimento da Fox. A empresa estava totalmente manchada pelo canal jornalístico — e prejudicada pelo pensamento limitado do irmão e pelas ideias antiquadas do pai. Naquilo que viria a acreditar não ser nada menos que seu próprio tino comercial e coragem visionária, equiparando--se até mesmo com o do pai, James iniciou negociações para vender a maior parte dos ativos da Twenty-First Century Fox para a Disney, recrutando as irmãs para o plano e convencendo o pai, apesar da oposição do irmão — na verdade, vendendo seu patrimônio bem debaixo do nariz —, e assim forjar um novo futuro para si mesmo.

No entanto, era um resultado ambíguo, se não amargo, para os planos grandiosos que tinha.

Sua ambição feroz, até mesmo megalomaníaca, era livrar a família das desvantagens da marca criada pelo pai — de acordo com ele, "um velho de cem anos" — e trocá-las pelo controle do conglomerado de mídia e entretenimento mais poderoso e bem posicionado do mundo: a Walt Disney Company. No entendimento dele com o CEO da Disney, Bob Iger, nos estágios finais da sua longa administração como líder da Disney (ele estava para se aposentar da empresa, mas logo voltaria), era que ele próprio entraria para a empresa em um papel ainda a ser definido, mas representando os investimentos da família — que se aproximava apenas do fundo mútuo Vanguard como maior acionista da empresa. James também acreditava que criar um vínculo com Laurene Powell Jobs, a viúva de Steve Jobs (com quem ele e a esposa Kathryn compartilhavam cada vez mais a política de esquerda de preservação do planeta), com a posição importante que ela tinha por causa da venda da Pixar para a Disney, lhe daria o controle de votos da Disney. Em outras palavras, estava arquitetando um plano astuto para se livrar das restrições inerentes do pai e realizar o próprio destino prometido não só pelo nome e pelo dinheiro, mas também pela própria perspicácia.

O modelo de James de transcendência geracional era John F. Kennedy, que também tinha sido sobrecarregado com um pai rico e antiquado.

Em muitas negociações, há aspectos positivos que não são formalmente escritos, mas que as partes aceitam para que o acordo seja concluído. É como se ambos concordassem em não se deter em certos detalhes ou incertezas a fim de facilitar a realização do negócio. Nesse aspecto, Bob Iger parece ter cedido às aspirações de James de dirigir a Disney enquanto confiava que havia elementos suficientes para frustrar os planos do herdeiro, cuja reputação de truculência e crença de superioridade e merecimento o precediam. O que ajudou muito Iger foi o fato de nem o pai nem o irmão de James serem apoiadores entusiasmados do plano deste de triunfo pessoal e geracional, e, sem eles, seus planos para a Disney estavam fadados ao fracasso.

Dentre as várias fontes de desentendimento na família, aquela falta de apoio foi uma das coisas que fez James deixar todas as responsabilidades de gestão dos ativos remanescentes da família no início de 2018, o que não alterou muito a questão cada vez mais existencial em relação a cumprir o próprio destino de acordo com seu nome, seu dinheiro e seu talento.

Um número surpreendente de pessoas bem-sucedidas que alcançaram um sucesso incrível e depois, devido a circunstâncias imprevisíveis como o acaso, a política corporativa ou outros fatores, o perderam, ainda se depara com esta questão prática e filosófica — o que fazer agora? A estratégia de James não era muito diferente da delas: alugar uma sala comercial, contratar alguns profissionais do mercado financeiro e de negócios, e... esperar.

Enquanto esperava pelo acordo do século, ou pelo menos por mais clareza nos negócios cada vez mais incertos da indústria da mídia, ainda imaginando uma jogada internacional de proporções visionárias, James ficava remoendo a questão da Fox News — a estaca no coração da democracia liberal e no de sua família. A emissora ameaçava arrastar seu nome e legado para os anais da história dos vilões. Os Murdoch carregavam a responsabilidade da eleição de Trump; sobre o ombro deles recai uma parcela considerável de culpa pelo ataque quase letal à integridade das eleições nos Estados Unidos — um esforço que ainda perdurava. Além disso, com a Fox colocando lenha na fogueira da cruzada antivacina, teriam de enfrentar o julgamento pelos milhões de mortes de estadunidenses por covid-19. Eles eram responsáveis pela divisão do país, uma divisão mortal; além disso, a reeleição de Trump, seu retorno do exílio, só seria possível com a concordância *deles*.

Para muitos, isso representava o poder e a vilania da família Murdoch. James reconhecia que aquilo de fato representava a fraqueza deles. A maior tragédia daquilo tudo era que o pai não tinha nada além do maior desprezo por Trump. O conservadorismo de Rupert era apenas o de um homem velho. Era o conservadorismo do status quo. Ele com certeza não buscava uma ruptura radical, mas agora a sua própria empresa estava sendo usada para minar, subverter, debochar e acabar com aqueles pontos de vista. Por quê? Por causa de dinheiro, claro. Era a genialidade do éthos dos tabloides: descubra o que as pessoas querem e dê a elas — sem vergonha de fazer concessões.

A genialidade especial do patriarca sempre foi sua habilidade de usar o poder dos tabloides para atingir os próprios objetivos. Ocorre que agora era o poder que o estava usando. Porque, encarando os fatos: ele estava velho demais. Por pelo menos vinte anos os filhos vinham monitorando atentamente o envelhecimento do pai. Além dos casamentos de velho babão, ele vinha apresentando uma atenção cada vez mais vaga, muitas vezes beirando a apagões, e James percebia a incapacidade dele, em quase todos os níveis, de entender a revolução tecnológica, em relação à qual James acreditava ser um vidente brilhante. O declínio natural do velho Murdoch representava tanto a oportunidade para a próxima geração quanto um impedimento: não importava o quanto sua capacidade executiva pudesse diminuir, a necessidade do controle permanecia sendo seu instinto prioritário. Mas era só uma ilusão de controle. Sumner Redstone, um dos adversários históricos de Murdoch na indústria da mídia, mergulhara na senilidade, abandonando todos os outros desejos, exceto o sexual. Já com Murdoch, enquanto tudo desmoronava à sua volta, ele continuava indo ao escritório — pois eram os negócios o seu maior desejo.

Era isso o que mais enfurecia James em relação a Lachlan. Aquela necessidade patética e impotente da aprovação do pai. Para agradar o velho, puxar seu saco e fazê-lo acreditar que não estava tudo acabado para ele, Lachlan desempenhava os rituais de baixar a cabeça e bancava o soldado leal, sempre aguardando as ordens decisivas. Mas elas nunca vinham, e Lachlan, que estava claramente desinteressado, não era capaz de assumir a liderança. Portanto, ninguém estava realmente no controle. Ou pior: Tucker Carlson estava no comando, ou Sean Hannity... ou Donald Trump!

Então, sim, aquilo tinha que acabar.

Durante a pandemia, James se mudou para seu refúgio em Connecticut, assim como seu séquito de amigos e associados ligados às possibilidades futuras de Murdoch. Foi uma bolha de quase dois anos, um *Decamerão* de fantasias da indústria da mídia e muita bebida, reforçando sua honradez e suposta genialidade. É claro que ele precisava assumir a Fox. Que escolha tinha? E é claro que podia. Igualmente óbvio era o fato de que *podia* torná-la uma "força do bem". Ele dizia e repetia: "Uma força do bem". Sua equipe insistia na mensagem: "Uma força do bem". O deboche e o riso geral não o dissuadiam. Aquele era o futuro. James era o futuro. O pai já estava com 89 anos, depois noventa e depois 91. Apesar disso, James estava com 47, 48 e 49 anos. Os cinquenta o estavam pressionando.

7. Tucker

WASPs

No fim de semana que começava no dia 29 de abril de 2022, Tucker Carlson estava pescando no Rolling Rock Club em Ligonier Valley, Pensilvânia. Fundado por membros da família Mellon, os aristocratas do setor industrial e bancário no século XIX, com rios cheios de trutas e vários estábulos equipados com todo tipo de elegantes acessórios de caça, além dos serviços comuns oferecidos em um clube de campo de golfe e tênis, o Rolling Rock Club faz parte do roteiro específico dos protestantes brancos e anglo-saxões (WASP, na sigla em inglês) do século XX. De que modo Tucker Carlson tinha começado a adotar aquela forma ultrapassada de vida, a se identificar com ela, em uma intensidade apaixonada raramente vista em lugares como o Rolling Rock Club, e a transformar os valores outrora conservadores em um credo de direita para a população de baixa renda, era parte do que o *New York Times* estava tentando entender.

O esforço era preocupante para diversos membros da família Murdoch, que se magoavam facilmente com a forma como eram tratados pela mídia liberal, sobretudo pelo *New York Times*. E a reportagem foi dividida em três matérias.

Na verdade, o *New York Times* cobriu grandes progressos históricos e culturais no mundo em reportagens divididas em três. E aquilo era grande. Mas por quê? Aparentemente, tratava-se da jornada de Carlson para se tornar uma personalidade de notícias de alto nível e líder do pensamento do movimento Make America Great Again [Faça a América Grande de Novo] (MAGA). Mas claramente o interesse aqui não era só revelar as camadas desse fenômeno extraordinário, uma metamorfose de classe e valores, uma espécie de foto-grafia do conservadorismo à moda antiga e da mídia reacionária. A matéria do *Times* parecia ter sido feita para deixar bem clara a posição de que Carlson era inimigo do jornal. Ali estava um subconjunto de comentário político e análise da mídia sobre a mídia, com o *Times* apresentando-se como defensor dos va-lores progressistas contra a Fox e seus valores reacionários. Foi um exercício de fortalecimento de marca.

Aquilo lembrava outra reportagem dividida em três que o *Times* começou em 2007, quando Rupert Murdoch comprou o *Wall Street Journal*. Aquela série de matérias mostrava Murdoch, a primeira pessoa a romper de forma significativa com a mídia desde os provocadores de esquerda dos anos 1960, como uma ofensa ao jornalismo e aos valores modernos aceitos. (Embora a reportagem tenha sido planejada para três partes, ela terminou apenas com duas, e houve rumores de que os donos do *Times* talvez tivessem ficado preocupados com uma possível retaliação editorial por parte de Murdoch.)

Outras organizações de notícias se especializaram em perseguir a Fox e Murdoch, condenando-os pelas ofensas políticas e jornalísticas. Era algo que confirmava a credibilidade do jornalismo. A CNN e a MSNBC, concorrentes diretas da Fox na TV a cabo, usaram a guerra declarada contra a Fox para estabelecer sua legitimidade fundamental. Brian Stelter, ex-repórter do *New York Times* que substituiu o correspondente de mídia da CNN Howard Kurtz (que, em tempos menos polarizados, trocara a CNN pela Fox), foi designado pelo então chefe da CNN, Jeff Zucker, como a pessoa que desacreditaria a Fox na emissora. Ele costumava transformar as transmissões e personalidades da Fox em alvo de indignação chocada e depois escrevia um livro repleto de in-credulidade moral sobre a emissora concorrente. (Em 2022, o novo chefe da CNN, Chris Licht, demitiu Stelter, pelo menos em parte porque seu senso de indignação tendia a ser quase uma autoparódia.) O repórter de mídia do *Times*, Jim Rutenberg, designado para cobrir Murdoch, entrou para a CNN a fim de produzir uma série de reportagens sobre a perfídia jornalística de Murdoch.

O tratamento que o *New York Times* dispensou a Carlson naquele fim de semana de primavera seguia o mesmo tom opositor e moral. O apresentador certamente tinha se tornado uma figura odiada pelos liberais, e sua posição contrária ao apoio dos Estados Unidos à Ucrânia foi o auge disso. No entanto, aquela série de reportagens elevava Carlson a um nível particular e rarefeito de precursores de mídia protofascistas praticamente esquecidos do passado: padre Coughlin, Axis Sally e Lord Haw-Haw,* ameaças históricas contra a democracia e a cultura liberal. Carlson era a ameaça de uma nova era sombria. Assim como as personalidades do passado, seu maior erro era o nativismo, que se traduz em uma ênfase excessiva no passado, na busca por segurança, conforto e uniformidade em relação ao presente, tudo isso expresso de maneira cada vez mais inflexível e intransigente. Carlson era Trump, mas de uma forma ainda pior, justamente por não ser o próprio Trump, pois era mais inteligente, mais esperto e, dessa forma, muito mais perigoso do que o ex-presidente. O *Times* afirmava que ele talvez fosse ainda mais diabólico porque não necessariamente acreditava no que dizia (diferente de Trump). Em vez disso, só dizia aquelas coisas pensando na audiência, o que constituía um lapso total de moralidade e decência.

No Rolling Rock Club, Carlson declarou aos amigos que não tinha lido nenhum dos artigos, embora tenha feito um post no Twitter com uma foto sorrindo e segurando um exemplar do *New York Times* que mostrava uma página com sua foto. Um homem talvez surpreso e sempre consciente do salto repentino para o centro do momento mais decisivo da história dos Estados Unidos em mais de meio século, Carlson reiterava sua postura de nunca ler nada sobre si mesmo. Mas uma série inteira no *New York Times*, com cada palavra afiada, mal-humorada, desdenhosa e cheia de princípios, seria bem difícil de ignorar, ainda mais para uma pessoa que estava inserida na mídia e em Washington.

O foco das matérias foi a jornada de Carlson, que começou como apresentador de televisão de pouca importância na programação de fim de semana até alcançar a fama e a infâmia, tornando-se possivelmente a segunda pessoa mais celebrada e a segunda pessoa mais odiada na nação. No entanto, o fato de que a jornada poderia ser considerada significativa tanto em termos psíquicos quanto políticos estava fora da zona de conforto do *New York Times*.

---

* Padre Coughlin, Axis Sally e Lord Haw-Haw foram figuras conhecidas durante a Segunda Guerra Mundial. Coughlin fazia propaganda antissemita e anticomunista em suas transmissões de rádio, ao passo que Axis Sally e Lord Haw-Haw eram locutores de rádio envolvidos na propaganda em língua inglesa do nazismo, visando minar o moral das forças aliadas. Ambos foram julgados e condenados por crimes de guerra. (N. T.)

Ali, porém, estava uma perspectiva de grande interesse entre as pessoas que conheciam Carlson, uma visão que poderia ir ao cerne do futuro da Fox e do conservadorismo moderno. Será que esse mundo de agitação política fez Tucker Carlson enlouquecer completamente?

A possibilidade com certeza existia. A mãe dele, descrita por várias pessoas como o "tipinho californiano dos anos 1960", ou simplesmente "perturbada", deixou a família quando Tucker tinha apenas seis anos de idade, e o irmão, Buckley, quatro, mudando-se depois para a Europa para nunca mais ver os filhos (ela lhes deixou de herança um vinhedo em ruínas no sul da França). As crianças foram criadas pelo pai, Dick Carlson, que tinha ele próprio sido dado para adoção logo após o nascimento (seu pai biológico suicidou-se aos dezoito anos) e, depois de episódios que mais pareciam um livro de Dickens, foi adotado por uma família de posses na Nova Inglaterra.

Dick Carlson tornou-se um jornalista nômade dos anos 1960 na Califórnia, que parecia se envolver, intencionalmente ou não, na política e talvez até mesmo em atividades de espionagem, trilhando, como seu filho sugeriria, uma linha tênue entre intriga internacional e lucro. Muitos anos depois do fim do casamento com a mãe de Tucker, Dick Carlson se casou com uma das herdeiras da Swanson, empresa de alimentos congelados, que adotou seus filhos. Valorizando tanto a aventura quanto uma espécie de senso de direito de classe mais do que uma carreira estável, Dick abandonou a faculdade, e demonstrou desprezo por Tucker quando este se dedicou de forma mais diligente aos seus quatro anos na faculdade Trinity em Hartford, Connecticut. O mundo da família Carlson — aquele no qual os filhos tinham sido enviados, no início da adolescência, ao prostíbulo mais próximo — se opunha a todas as normas de aspirações, prescrições e exigências comportamentais, encaixando-se em algum lugar entre os modelos vistos nos filmes *O grande Lebowski* e *Os excêntricos Tenenbaums*, um mundo solipsista, com um senso de direito e não completamente equilibrado. Foi assim que a família entrou em um estilo ultrapassado, atenuado e autoconsciente de vida protestante, branca e anglo-saxã, uma mistura de rebeldia e última linha de defesa dos padrões civilizados. É possível identificar algumas famílias estadunidenses como parte desse arquétipo elevado, como os Sedgwicks e os Binghams, famílias historicamente associadas à elite social e à mídia, que tiveram suas próprias trajetórias significativas em relação ao seu status social; ou a família Bush, que estendeu o privilégio WASP muito além da data de validade. Era um arquétipo que não se encaixava em um destino demográfico claro, a não ser pela excentricidade (ou autoparódia). Foi através dessa lente que Tucker Carlson começou a moldar uma visão de mundo de oposição funcional a toda autoridade. Acreditava ser um observador externo da realidade por fazer parte do seleto grupo dos verdadeiros conhecedores.

Carlson se casou com a namorada da época do colégio, a filha do diretor da escola de ensino médio, um ato que ele passaria a retratar como pureza social e sexual. Demonstrava enorme orgulho tanto pela total falta de interesse da mulher em qualquer coisa fora da vida familiar — tinham quatro filhos e gerações de cachorros — quanto pelo desdém dela, bastante esnobe, direcionado ao mundo político, no qual o marido era obrigado a ganhar a vida, tal qual o poeta Wallace Stevens, que precisou conciliar a escrita e o trabalho em uma empresa de seguros. Carlson trabalhou brevemente como jornalista político, primeiro na *Weekly Standard*, a revista conservadora fundada por William Kristol (e financiada por Rupert Murdoch), e depois na revista liberal *Talk*, de Tina Brown (financiada por Harvey Weinstein). Na *Talk*, ele logo estabeleceu uma identidade não apenas de conservador em uma publicação liberal, mas também de alguém com um olhar perspicaz, até mesmo cáustico, em relação a toda autoridade, até mesmo a autoridade republicana. Em 1999, acompanhou George W. Bush e produziu um dos perfis mais reveladores, engraçados e incisivos das primárias. Como um conservador que contava com a simpatia dos liberais, acabou se tornando um profissional de alta demanda e assumiu um posto regular na CNN, demonstrando uma preferência por falar a escrever. No estilo televisivo, usando gravata-borboleta, blazer de escola particular e cabelo armado para se destacar, ele moldou seus pontos de vista excêntricos para se encaixarem na retórica convencional desejada para o conservador da emissora. Quando estava com quase quarenta anos, sua carreira de oito anos na TV a cabo, tanto na CNN quanto na MSNBC, na qual passou de uma notoriedade razoável para uma crescente irrelevância como um conservador boa-praça, pareceu chegar ao fim. Assim como acontecia com muitas figuras bastante usadas na TV a cabo, o caminho para a reinvenção não era muito claro (partir para a selva do mundo das rádios, um trabalho como professor ou talvez um vendedor?). Ele criou um site de direita chamado Daily Caller, mas não era um empreendedor natural da internet e nunca conseguiu realmente concorrer com algum fôlego contra o imponente Drudge Report ou contra o cada vez mais agressivo Breitbart News. Com quatro filhos e uma enorme dívida fiscal, chegou ao ponto mais baixo da carreira. Ailes, oferecendo alguma ajuda, cogitou a compra do Daily Caller, mas Steven Bannon, CEO da Breitbart News na época, o fez desistir. Com pena do jornalista, Ailes o contratou para a Fox, mas deixando bem claro que não deveria esperar um lugar de destaque na emissora, e, de fato, ele não o conseguiu.

No entanto, com a saída de Ailes, Murdoch pareceu se lembrar dele da época da CNN. Vendo-o como o tipo de conservador do qual podia gostar (diferente de Hannity e O'Reilly), Murdoch decidiu tirá-lo do time dos reservas. Foi uma decisão que teve a oposição de todos na Fox, mas Murdoch continuava falando sobre a gravata-borboleta de Carlson, a qual ele já aposentara havia anos.

Tucker Carlson trouxe para seu novo trabalho um conjunto de circunstâncias e pontos de vista prementes: uma necessidade urgente de mais dinheiro, não apenas para pagar a dívida fiscal; uma longa observação das tendências no mercado da mídia conservadora; uma natureza que tinha se tornado mais antagônica nos anos que passou sem trabalho; e também uma certeza advinda da própria experiência de que é inevitável que uma carreira jornalística na TV a cabo acabe de forma abrupta. Aqueles eram os fatores importantes que o ajudaram a transformar seu conservadorismo cultural peculiar e retrô de privilégio WASP, esnobe e insular, em uma fúria reacionária.

A série de reportagens do *New York Times* considerou que a estratégia de programação ideológica de Carlson o colocava como um entusiasta do slogan MAGA, mas, ao mesmo tempo, como uma pessoa que se distanciava de Trump. No entanto, de forma muito mais estratégica e marcando sua ascensão na programação, ele estava se distanciando da Fox e da sua identidade predominante de direita irlandesa e católica. Em relação a isso, ele tinha uma compreensão mais elementar da política de mídia direitista. Uma pessoa não apenas se estabelece dentro da audiência conservadora e inflexível, mas também, e mais importante, ela precisa se diferenciar dos seus concorrentes de direita. Bill O'Reilly conseguiu se estabelecer como a voz mais dogmática do balcão, deixando Sean Hannity, que não era tão conciso, no lugar de irlandês raivoso e atrás na audiência; Megyn Kelly conseguiu ser um contraste entre os apresentadores de direita como a voz de uma mulher sempre irritada com aqueles homens nada práticos, que falavam demais e talvez bebessem demais também. Tucker agora conseguiu um contraste ainda maior e mais raivoso.

"Sabem, eu não sou antissemita, nem antinegros, isso é um completo equívoco sobre mim", explicaria ele, beirando a ironia. "Eu sou anticatólico."

Aquela era a mensagem subjacente do rosto pálido, com cabelo escorrido e uniforme de escola particular: o retrato do WASP. Nisso, seu ativismo era um tipo mais puro do que o visto na Fox e em Trump. Ele retrocedeu ainda mais, recordando uma época ainda mais absoluta dos Estados Unidos. O início da transição para uma sociedade mais diversa de imigrantes principiou com a chegada dos católicos. Sim, vamos voltar aos anos 1920, quando as divisões eram mais claras. A grande confusão começou quando qualquer pessoa que frequentava uma igreja, mesmo que apenas por acaso, era amplamente rotulada de "cristã", como se essa fosse uma designação simplista, o que, para Carlson, era um pensamento repulsivo.

Isso também era levar a briga, de forma bem específica e pessoal, para dentro da Fox. Talvez Ailes só tenha contratado Carlson por pena, mas deixou bem claro que o futuro dele na Fox era limitado, não só porque era um conservador de quem os liberais conseguiam gostar, em vez de inspirar o ódio reflexivo com o qual a Fox prosperava, mas simplesmente porque ele não era um irlandês católico. Em relação a isso, nenhum dos dois se deixou enganar pelo cristianismo que engloba todos: Carlson, o episcopal, não era como nós.

Ao mesmo tempo, a reportagem do *New York Times* mostrava que a Fox estava confrontando Carlson.

Irena Briganti era a odiada e temida chefe de relações públicas de Ailes, "a fera gorda", nas palavras carinhosas e desdenhosas do chefe. Os poderes dela dentro da Fox eram quase policiais, um tipo de força que Ailes acreditava ser necessária para combater as operações de segurança que achava que seus inimigos estavam realizando contra ele. Para isso, ela tinha uma espécie de carta branca de contrainteligência e desinformação, vista apenas nas corporações mais secretas e paranoicas, e geralmente não em empresas de capital aberto, pelo menos não em empresas com departamentos fortes de conformidade e recursos humanos. Depois da saída de Ailes, ela se tornou útil para os Murdoch no esforço de acelerar a saída de O'Reilly e Kelly e, posteriormente, na guerra de Lachlan contra o irmão. Ao mesmo tempo, porém, continuou a manter a base de poder que Ailes lhe dera e sobre a qual os Murdoch, sempre distantes, nunca conseguiram restabelecer o controle. Mais ou menos um ano depois da saída de Ailes, Carlson, com índices crescentes de audiência e uma nova posição de poder, ficou irado com vazamentos que acreditava terem sido coordenados por Irena Briganti contra seu amigo e apresentador de programas diurnos, Brian Kilmeade, cujo contrato estava em negociação. Um Carlson indignado exigiu que Lachlan Murdoch, seu braço direito Viet Dinh e a chefe geral da Fox News Suzanne Scott tomassem medidas contra Irena Briganti. Carlson rapidamente se deu conta de que havia ultrapassado os limites de sua crescente posição na emissora e, ao mesmo tempo, transformou Irena em uma inimiga feroz e permanente, que passou a ser uma fonte de informações confidenciais para o *New York Times*.

O conservadorismo protestante e esnobe de Carlson, outrora a identidade de todo o conservadorismo, foi subvertido pela eloquência mutável do direitista irlandês católico Ailes. (Ailes tinha o furor de um convertido; suas próprias falhas morais haviam sido equilibradas ao concordar com o catolicismo dedicado de sua esposa, Beth, tendo o tio dela, o padre, frequentemente se hospedado na casa do casal.) A Fox e Ailes tinham ajudado a unir os católicos e os evangélicos na cruzada contra o aborto, simplificando isso em um "cristianismo" indiferenciado. Carlson era condescendente com as versões populares da fé cristã. A única outra pessoa na Fox que não estava confusa sobre as verdadeiras fissuras do cristianismo e divisões de classe, e que também sentia um desdém histórico pelos católicos, era o calvinista Murdoch (ainda que sua segunda mulher, Anna, fosse uma católica fervorosa que tinha se esforçado por muitos anos na tentativa de fazê-lo se converter). Não muito diferente de Carlson, Murdoch enxergava o mundo em etnias com muito mais nuances do que a divisão moderna entre brancos e negros. No mundo deles, havia uma ampla gama de distinções entre os brancos envolvendo significados e status cada vez mais refinados. A visão de Murdoch era firme, mesmo que não necessariamente clara, quando descrevia alguém como "um grego", "um italiano", "um mick".

Isso, em suma, era a visão básica que Carlson sobrepôs ao novo mundo de Trump: um senso de hierarquia e normas sociais de antes da Segunda Guerra Mundial, contra o qual cada alteração incrementada resultava em um afastamento maior de um ideal mais desejável, um ideal representado nos prazeres masculinos e salutares do Rolling Rock Club. Infelizmente, na visão de Carlson, existia já muito pouco daquele mundo depois de cinquenta anos (pelo menos) de escalada social gananciosa e aspiracional, com as instituições que antes ancoravam este mundo tornando-se corruptas, vulgares e mentirosas.

Se ele estava preocupado que a sua posição em relação à Ucrânia talvez o tivesse colocado lado a lado com Charles Lindbergh como pária, bem, a vida de Lindbergh *era* uma estimativa bastante precisa do ambiente social e de princípios firmes de uma época e um lugar que Carlson admirava.

Então, para a pergunta do *New York Times* sobre se Carlson de fato acreditava nas coisas que dizia ou se tudo não passava apenas de um cínico jogo de audiência, como o jornal claramente suspeitava, a resposta com mais nuances era que, embora ele talvez não acreditasse tanto no direito à vida da classe média baixa, na adoração à AR-15, na construção de um muro, na repreensão aos transgêneros e todo o blá-blá-blá que poderia defender em qualquer noite, ele acreditava que, em algum momento por volta de 1929, ou algo assim, a nação tinha começado a tomar um rumo terrivelmente errado. Se isso era racista, bem... Donald Trump havia se juntado a um "que se foda tudo" da classe trabalhadora mais humilde, que, até então, não tinha voz. Da mesma forma, talvez Tucker Carlson tenha se unido a um espírito protestante mais amplo de retidão e exclusividade moral e à inocência perdida que até então se escondia, constrangida. Os dois homens eram figuras que talvez tivessem sido mantidas fora da vida pública por questões de inibição, vergonha ou padrões profissionais e sofisticação. De fato, eles são personagens pitorescos na cultura estadunidense. Trump, o trapaceiro Harold Hill, corrupto e irresistível, que atuava em cidades pequenas; Carlson, mais para Jimmy Stewart no papel de sr. Smith (ou, de forma menos auspiciosa, Alex P. Keaton).* A mídia moderna de TV a cabo permitiu que ambos os homens encontrassem suas versões caricatas.

O *New York Times* enxergava isso apenas nos termos políticos mais baixos, não nos mais dramáticos, como Carlson via. O próprio Carlson se via à beira de uma tragédia e do martírio. Assim como o personagem sr. Smith, o preço pessoal que Carlson pagava era enorme. Como o segundo homem mais odiado dos Estados Unidos — e apresentado assim pelo *New York Times* —, ele chegou ao limite. Vendeu a casa da família em Washington, e ele e a mulher se isolaram em refúgios insulares no Maine e na Flórida, onde ele se via como

---

* Esse trecho faz referência a personagens icônicos da cultura popular dos Estados Unidos: Harold Hill, o vigarista cativante do musical *The Music Man*; o ator Jimmy Stewart no papel de Jefferson Smith, um senador idealista no filme *A mulher faz o homem* (1939); e Alex P. Keaton, personagem de Michael J. Fox no seriado *Caras & Caretas* (1982-9), conhecido por suas opiniões conservadoras. (N. T.)

uma voz única, solitária e inquebrantável, que carregava a cruz da verdade, reforçando sua visão de que os Estados Unidos haviam tomado o rumo errado em 1929, seguindo a mesma linha do grande Charles Lindbergh e reafirmando orgulhosamente sua posição isolacionista em relação à Ucrânia.

Era óbvio que estavam tentando acabar com ele. Os grandes poderosos dos Estados Unidos — o *New York Times*! — estavam de olho nele. Então, ele ia reforçar ainda mais as ideias. O que mais poderia fazer?

Assim como a maioria das discussões políticas nesses tempos de polarização, a reportagem do *New York Times* serviu apenas para confirmar a visão das pessoas que liam o jornal, mas não foi lida, nem afetou, quem não compartilhava da mesma visão; dessa forma, a exposição humilhante não estremeceu em nada a audiência de Carlson. Não houve qualquer alteração. A não ser por uma coisa.

Mesmo que Rupert Murdoch tenha sido atacado duramente pelo *New York Times* como alguém com posições que o jornal considerava inaceitáveis em termos políticos e jornalísticos, o ataque contra Carlson pegou Murdoch de surpresa, porque provou que ele estava errado (e nada mais triste do que um velho tolo estar errado). Ele via Carlson como um republicano de clube de campo, e um tipo de reafirmação protestante bem-educada do conservadorismo, apesar de sua posição em relação à Ucrânia. Mas Murdoch só conseguia manter essa visão porque, de fato, Carlson era um protestante bem-educado e uma companhia muito agradável e atenciosa em jantares sociais; no entanto, a reportagem desafiou essa visão, se é que não a desmantelou por completo.

E o pior: os filhos de Murdoch eram leitores do *New York Times*. Então, ele não apenas estava errado, mas James estava certo ao apontar Carlson como a influência talvez mais nefasta da Fox (o próprio James fora uma fonte muito útil para a reportagem em questão). Até mesmo Jerry Hall, cujos pontos de vista Murdoch sempre tentava evitar, lia o *New York Times* e não parava de perguntar: "Como você permite que esse homem esteja no ar?... Como pode apoiar isso?... E o que você vai fazer a respeito?". O que levava a outro problema: Lachlan não lia o *New York Times*, constituindo-se como parte da sua desconexão com o mundo no qual a empresa deles atuava — isso sem mencionar os negócios em si —, e estava perdido, sem saber como defender seu astro a não ser para dizer, como se isso fosse uma virtude, que ele não achava que, *no fundo*, Tucker *realmente* acreditava na maioria das coisas que dizia no programa. E agora, as duas caçulas de Murdoch, Grace e Chloe, que estudavam em Yale e Stanford, respectivamente, onde as pessoas liam o *New York Times*, estavam chocadas.

Então, não pela primeira vez, Murdoch chegara ao ponto de... o quê? Ter de demitir Carlson? Ele não poderia fazer isso mesmo se quisesse, e não apenas por causa dos milhões de dólares de receita que dependiam dele, mas porque era exatamente o que o *New York Times* queria. Mas ele precisava defender Carlson? Aquilo o faria parecer um simpatizante de Putin, o que com certeza não era, e uma pessoa contra a imigração, o que, para ele, constituía o pior tipo de conservador ignorante. Ou será que significava que precisava fazer algo completamente diferente com a Fox? Mas não conseguia imaginar o que seria — como executivo de TV, que era no que se transformara, não tinha ideias boas. Ou será que só precisava ficar sentado, sendo criticado pelos filhos, pela mulher, pelos amigos e por qualquer um que encontrasse e lhe fizesse companhia?

Quanto a Carlson, no Rolling Rock Club, a natureza de ser um mártir podia também, ao mesmo tempo, ser uma ameaça. Carlson estava começando a entender o que poderia fazer com toda a fama e influência que tinha conquistado, e com o título conferido pelo *New York Times* de soma de todos os medos dos liberais. Pescar trutas era uma atividade meditativa: "Em termos filosóficos, detesto o desperdício. Se você tem algo de valor, deve usar, principalmente quando é algo tão fugaz quanto isso, que logo vai passar. O que devo fazer agora? Não sei ao certo, a não ser pelo óbvio...".

O óbvio talvez não fosse tão óbvio assim — aquele paradoxo presidencial moderno de que quanto mais os liberais atacam alguém, maiores as chances de os conservadores elegerem aquela pessoa.

8. Elisabeth

A filha

Contra a inimizade ferrenha e estática dos filhos, que parecia manter o pai em um estado de paralisação, havia o coringa que era a filha, com seu bom senso ou sua ambição, que talvez fossem a mesma coisa, ou não.

"Teve uma noite que ela tomou um porre", contou Ailes, um pouco antes da sua morte, "e me disse que ia voltar e matar os irmãos."

Na primavera de 2022, ela estava inaugurando o clube mais concorrido de Londres. O Camden Theater abriu as portas pela primeira vez em Camden Town em 1900, um palácio de entretenimento eduardiano. O local passou por várias modificações ao longo dos mais de cem anos de existência, desde teatro, cinema, estúdio da BBC, até um lugar para shows ao vivo e espetáculos de dança, boate e espaço de raves, constituindo uma cápsula do tempo do entretenimento do século. Mas um incêndio em 2020 praticamente o destruiu. Depois de uma reforma de quase 100 milhões de dólares o espaço estava sendo reinaugurado com o nome de Koko, tendo Elisabeth Murdoch como principal investidora.

Enquanto os dois irmãos tinham uma rixa persistente constante para suceder o pai, talvez fosse Elisabeth, no fim das contas, que comprasse a parte *deles*. Murdoch parecia estranhamente entretido com a possibilidade de que uma garota pudesse superar os garotos, embora, claro, ele precisasse favorecer os filhos em vez da filha. O pai não parecia animado apenas pelo sucesso financeiro dela (graças ao dinheiro dele), mas por descobrir que ela o superava: "Ela é ótima na *criação de conteúdo*", disse ele, com a expressão soando estranha no vocabulário de um homem da velha guarda da mídia. "É nisso que você precisa sobressair hoje em dia, na *criação de conteúdo*." (Em outros momentos, ele elogiara o talento de James para *construção de marca*, outro conceito de mídia novo para ele.) Curiosamente, o que ele estava dizendo era que Liz tinha sobressaído em um mundo particular da mídia no qual ele não conseguira: a mídia de elite, a mídia maneira, a mídia *liberal*.

Em 28 de abril, dia da festa de inauguração da House of Koko, na parte reservada apenas para membros daquele novo complexo do entretenimento, Elisabeth Murdoch, de 53 anos, fazia parte do grupo de pessoas mais icônicas e badaladas na vida social londrina, formado por celebridades, políticos, profissionais de mídia e pessoas ligadas à realeza, aquele grupo com casamentos e relacionamentos românticos dentro do próprio círculo. Se existia um grupo que realmente tinha repelido seu pai depois da chegada dele a Londres nos anos 1960, o qual ele, por sua vez, desdenhou de forma bastante agressiva e contra o qual definiu sua identidade, era aquele grupo, que só tinha se tornado mais elitista — e mais inclinado à esquerda — nos anos subsequentes. Era um grupo que seguia as tendências, buscava o espírito da época e a ascensão social, obcecado por dinheiro e muito competitivo, de forma bem semelhante à elite de Hollywood nos Estados Unidos, a antítese dos cidadãos de 1965 que Ailes mencionara e dos tabloides de Murdoch. Não havia melhor forma de fazer parte desse grupo do que fazer amizade com Liz.

O voto dela era essencial para os irmãos, e, em diferentes ocasiões, ela se alinhou a um ou a outro. Com três casamentos e quatro filhos, Liz talvez tenha levado a vida mais rebelde e desafiadora de todos os herdeiros de Murdoch. Tímida, nervosa, arisca e inteligente — loira e bonita, bem o tipo de uma modelo de revista de 1965, não muito diferente da mãe —, sua vida era quase uma vida de pobre menina rica que vemos nos tabloides, cheia de rebeldia, dinheiro, status, excessos e talvez um pouco de autodestruição também.

Drogas, sexo selvagem, agitação doméstica, ascensão social no mundo do entretenimento, mas ao mesmo tempo com uma carreira bem-sucedida, quase autossustentável (ou assim a família acreditava). Sua vida era, dentre os filhos de Murdoch, a mais independente e exitosa em termos de negócios.

Até certo ponto, nos últimos anos, ela se tornara a mediadora da família, disposta a conversar com todos e, contra um forte preconceito familiar, com experiência suficiente em terapia para conseguir lidar com os assuntos fraternos. Ela também se viu como a filha mais responsável pelo pai idoso, talvez por proximidade, temperamento ou dever, um papel que dificilmente era exclusivo à família Murdoch. O pai passara uma parte substancial da pandemia em Londres, primeiro porque era onde a família de Jerry Hall morava, mas também porque era onde Elisabeth morava.

Preso em casa, ele começou a telefonar para ela diariamente e, depois, várias vezes por dia. Era uma demonstração rara de vulnerabilidade, e, além disso, as conversas em geral *não* tratavam apenas dos negócios — o que era estranho. O magnata da mídia mais renomado do mundo, famoso pela frieza e impaciência, estava cada vez mais dependente de qualquer filho que estivesse disposto a ouvi-lo em conversas cada vez mais longas. Novamente, não era de estranhar que esse papel recaísse na filha, como costuma acontecer na maioria das famílias. As conversas, uma ladainha de minúcias empresariais como se todo mundo estivesse acompanhando os detalhes com ele, agora eram entremeadas com longas recordações do passado (ainda que a maioria estivesse ligada aos negócios), e cada vez mais reclamações de um idoso, listas de indisposições e insatisfações (ele começara a se consultar com um especialista em "envelhecimento" que tinha muitas teorias e recomendações sobre como lutar contra a natureza e ganhar mais alguns anos de vida). Ademais, de forma estranhamente direta e emotiva, ele abordava aspectos da vida que antes teria deixado de lado: os negócios reduzidos, a família dividida, o triste destino da mídia impressa que tanto amava e seu casamento com Jerry, que talvez não tivesse sido uma escolha muito inteligente.

A jornada de Liz até se ver como responsável pelo pai em Londres tinha começado no meio dos anos 1990, em parte como forma de conseguir se distanciar dele.

O relacionamento de Murdoch com as duas filhas mais velhas, Liz e Prue (nove anos mais velha que Liz, Prue era filha da primeira esposa, Patricia), sempre foi mais contencioso do que com os filhos (sendo que o relacionamento com os filhos dificilmente poderia ser chamado de calmo). Rupert era filho de uma classe alta australiana disciplinada, com pais distantes e socialmente restritivos, e parecia estar a duas ou mais gerações de distância dos filhos, que faziam parte da elite liberal de Manhattan e viviam em Upper East Side seguindo o ritmo frenético da cidade.

Ele tentou, sem sucesso, enquadrar Liz no mesmo modelo em que foi educado, mandando-a para Geelong Grammar, uma escola particular australiana de preparação para faculdade que ele frequentara (e na qual fora infeliz), mas ela não ficou nem um ano por lá. Depois, ela foi para Brearley, uma escola exclusiva para meninas em Nova York, que propagava ser, mesmo com a chegada de herdeiras de banqueiros, o verdadeiro lar das filhas de pessoas de destaque no *New York Times*, no *New Yorker*, na Universidade Columbia e no teatro de Nova York. A escola mantinha uma postura acadêmica e social de inclinação à esquerda (do tipo mais estabelecido), transmitida com arrogância e condescendência habilidosas, como se fosse especificamente para menosprezar Murdoch, o "Dirty Digger". (Ele também matriculou lá as filhas caçulas, Grace e Chloe — embora na época delas o dinheiro já tivesse superado a arrogância cultural.)

Liz foi para Vassar, que na época estava na vanguarda ao se tornar um campus aberto e inclusivo para pessoas LGBT+ (anos mais tarde, Murdoch ainda reclamava por ter pago por uma faculdade de "viados"), e em 1990 apareceu morando com um homem negro, Elkin Pianim, filho de um empresário ganês e mãe holandesa, e mostrando a intenção de se casar com ele. A crise familiar resultante — testando os pontos de vista de várias gerações de australianos em relação a raça — foi encoberta pela recente invasão de Hollywood por Murdoch, onde, em 1985, ele comprou a Twentieth Century Fox. No terreno da nova mansão de Hollywood, o lar do antigo magnata da era de ouro do cinema, Jules Stein — comprada com toda a mobília, inclusive a biblioteca completa —, o casamento aconteceu em 1993, sob uma tenda erguida na quadra de tênis, e foi um evento de outro mundo, contando com a orquestra de Bob Hope, Les Brown e sua renomada banda, uma lista de convidados composta de banqueiros de Nova York e personalidades da alta sociedade, além dos Reagan, com o ex-presidente precisando ser conduzido pela mão (enquanto a banda tocava "Hail to the Chief"), bem como dezenas dos parentes do noivo de Gana vestidos com trajes tradicionais (a respeito dos quais o ex-presidente parecia particularmente perplexo). Os amigos universitários do casal foram hospedados no Hotel Bel-Air. O irmão James fez um discurso charmoso, ao passo que Lachlan foi muito menos bem-sucedido.

Para dar início à carreira da filha, Murdoch financiou a compra de dois canais de TV para ela e o marido na Califórnia. Em poucos anos, o casal apareceu com um lucro de 12 milhões de dólares.

Elisabeth foi aceita pela faculdade de administração de Stanford, o que o pai considerou uma traição ("O que eles podem ensinar para você que eu não posso?"). Em vez disso, a pedido dele, o casal se mudou para Londres, onde

112

Rupert a pôs para trabalhar na Sky (que na época se chamava BSkyB), a empresa de televisão por satélite do Reino Unido, ainda incipiente, que operava com prejuízo e quase o havia levado à falência. O papel que lhe coube era indefinido, como observadora sob o comando do abusivo e brilhante executivo australiano Sam Chisolm, que redefiniu o papel dela como o de uma mera estagiária. Em um padrão que se repetiria várias vezes, Murdoch se viu incapaz de resolver a tensão entre seus desejos imperialistas para os filhos e sua dependência dos executivos. Além disso, ficou aborrecido quando a filha engravidou, não uma, mas duas vezes. Ela tinha de fazer uma escolha entre os negócios e a maternidade, dizia com amargura o pai e CEO, para quem quisesse ouvir.

Então, enquanto ainda estava grávida do segundo filho do marido, ela fugiu com outro homem, causando um escândalo e provocando a fúria de Rupert. Liz, por sua vez, desdenhou dele, que tinha se separado havia pouco tempo de Anna, a mãe dela, com quem foi casado por 31 anos, para ficar com Wendi Deng, 38 anos mais nova que ele. Elisabeth, que tinha a mesma idade da nova mulher de Rupert, foi a primeira filha a dar as costas ao pai e parar de trabalhar para ele. Isso coincidiu com a época em que ela pareceu abrir mão de grande parte da sua vida nos Estados Unidos, deixando de entrar em contato com os amigos mais próximos da faculdade, enquanto começava a se reinventar como uma personalidade social e de mídia em Londres.

O outro homem era Matthew Freud, bisneto de Sigmund Freud, proprietário de uma das firmas de RP mais bem conectadas de Londres (no país onde RP é praticamente uma função política), membro proeminente do grupo social de celebridades do mundo do entretenimento e uma figura obscura nos bastidores em todos os sentidos, com quem ela teria mais dois filhos. O pai o odiava. Embora os dois homens fossem bem parecidos em termos de astúcia, ambição e amoralidade, também eram extremos opostos em termos de política, esnobismo, círculos sociais e estilos de vida — Matthew com uma vida despreocupada que Rupert acreditava estar sendo imposta à sua filha.

Genro e sogro (o casal tinha se casado em 2001) nunca chegaram a ter um convívio básico nem minimamente tolerável, com Murdoch mantendo a opinião de que Freud, que tinha ganhado uma fortuna considerável com seus negócios, era, na verdade, um perdulário com perspectivas de carreira duvidosas.

Nesse ínterim, à medida que Elisabeth de fato levava uma vida despreocupada, com relatos de suas façanhas pessoais regularmente omitidas pelos

113

jornais de Murdoch e por qualquer profissional de mídia do Reino Unido que talvez acabasse trabalhando neles (ou seja, todo mundo), ela também percebeu, muito antes de ficar óbvio, a demanda mundial insaciável por uma programação de TV quase ilimitada. Desde o início dos anos 2000 até o pai comprar sua parte em 2011, ela transformou a Shine, uma empresa na qual ela era a sócia majoritária, em uma das maiores produtoras independentes de TV da Europa.

O pai usava o sucesso dela como uma forma de repreender os filhos, mesmo enquanto James, dirigindo a Sky, se tornou um dos principais executivos de mídia da Europa. Ainda assim, nenhum dos filhos tinha construído nada sozinho, dizia Murdoch a eles. Desde a saída da filha da Sky, Murdoch continuou tentando atraí-la de volta à empresa. Mas ele não conseguia, ou não podia abrir mão da ideia de que era inevitável ou necessário que um dos filhos assumisse seu lugar, explicando, de forma racional, que Elisabeth não ia querer assumir porque já tinha muita coisa para fazer — algo que parecia significar filhos, mas também, de forma mais ampla, uma vida que ele ainda olhava com desconfiança, ou seja, uma vida ao lado de Freud.

Murdoch acreditava que Freud estava colocando todos os filhos contra ele. Também acreditava que ele estava de olho na sua empresa. Era verdade que Freud tinha se tornado influente entre os filhos de Murdoch, sendo quase um consultor interno sobre o futuro do legado Murdoch, incluindo os diversos fardos de sua associação com as visões políticas de Murdoch. Esse foi o início de uma conversa sobre mortalidade, sucessão e uma nova identidade política para Murdoch que todos acreditavam ser essencial, mas que ainda precisavam decidir de comum acordo. Mas eis uma coisa com a qual todos concordavam: a Fox News era tóxica, não apenas para a vida política dos Estados Unidos, mas para todos eles em nível pessoal, e que Roger Ailes era a encarnação de todo mal no mundo e, mais precisamente, um inimigo pessoal da família. E Freud acabou se tornando, de boa vontade, a arma dos irmãos. Em 2010, agindo como porta-voz da família, declarou para uma matéria de primeira página do *New York Times* que se sentia extremamente "envergonhado e enojado diante do constante e horrendo desrespeito que Roger Ailes tinha pelos padrões jornalísticos que a News Corporation, seu fundador e todas as outras empresas de mídia globais almejam", acrescentando ainda que não estava sozinho, e que aquela visão "era compartilhada por pessoas da empresa e da família".

Depois disso, houve discussões sobre se Murdoch realmente sabia até onde os filhos estavam dispostos a ir no ataque público contra Ailes e a Fox. Mas a raiva, se não o nojo, que nutriam por Ailes já estava crescendo havia muito tempo na família, e incluía Murdoch — "ele só é maluco", repetia o patriarca sobre Ailes, talvez mais como desculpa do que condenação. O que provocava aquela aversão pública eram as opiniões cada vez mais depreciativas de Ailes sobre Barack Obama — que recebeu o apoio de todos os Murdoch em 2008, inclusive do próprio Rupert —, que os filhos de Murdoch consideravam racistas. Naquele ponto, com ataques persistentes contra o ex-presidente, seu local de nascimento, sua religião e suas alianças, a visão que a família tinha da emissora passou de uma fonte lucrativa de incômodos para uma mancha destrutiva e cada vez mais poderosa contra a reputação da família.

Murdoch sabia que os filhos fariam alguma coisa, e permitiu que acontecesse, porém, quando confrontado por Ailes, retrocedeu de imediato e ainda deu um bônus e um aumento salarial expressivos para o executivo. Não era a primeira vez, nem seria a última, que o antes invencível Murdoch se curvava diante do poder da Fox. Talvez quisesse passar uma mensagem do tipo "lembre-se de quem realmente manda aqui", mas isso acabou se invertendo para mostrar que ele sempre protegeria Ailes dos filhos imaturos, e até mesmo que poderia lucrar ao antagonizar com eles.

Não muito tempo depois desse incidente, e novamente reforçando a fraqueza dos filhos e o poder relativo de Ailes, o braço britânico da empresa foi atirado no escândalo de práticas de invasão de telefones feita por repórteres de Murdoch. James acabou envolvido nas investigações como um executivo incompetente ou um conspirador em uma elaborada tentativa de encobrir os fatos. Na família, a culpa caiu totalmente em cima dele — que sabia, ou deveria saber, o que os jornais britânicos aprontavam. Elisabeth ficou do lado de Lachlan quanto à disposição de sacrificar James para salvar o pai (ainda que este, talvez, também soubesse das invasões). Rupert, por sua vez, usou todo seu poder — exaurindo, de certa forma, toda a sua influência em possíveis negócios futuros no Reino Unido — para salvar James de um processo e transferi-lo para um trabalho respeitável nos Estados Unidos.

Tentando resolver os problemas da família da melhor maneira que sabia, ou seja, com dinheiro, Murdoch comprou a empresa de Elisabeth (a um preço inflacionado, segundo disseram) para trazê-la de volta aos braços da sua corporação. É verdade que não se tratava de um passo geracional ideal. James, totalmente desacreditado, estava de volta às operações nos Estados Unidos, sem objetivo nem autoridade claros — uma persona non grata para quase todos na empresa, a não ser pelo pai. E Elisabeth, mesmo com sua recompensa resultante do nepotismo, estava agindo como se fosse prisioneira do próprio pai, começando quase de imediato a reclamar e a pedir para passar mais tempo nos Estados Unidos. Ainda assim, Murdoch tinha agora dois dos seus filhos ao seu lado.

Esse era o principal foco de Murdoch, envolvê-los nos negócios da família enquanto tentava convencer o terceiro a voltar. A estratégia para conseguir o prêmio que ele mais queria — uma dinastia com o nome de Murdoch — estava, pelo menos com um pouco de imaginação e boa vontade, começando a entrar nos eixos. No entanto, também estava ficando cada vez mais claro aos filhos que, para qualquer tipo de plano de dinastia realmente tomar forma, o principal obstáculo, e um requisito essencial para eles, era conseguirem se livrar do pai.

O que Murdoch buscava nos filhos era um alter ego, alguém que andasse lado a lado e pensasse exatamente como ele. Mas o que ele pensava? Seus executivos aprenderam a conquistar o próprio espaço nos lugares em que ele não demonstrava muito interesse, ou a aguardar até que ele deixasse claro o que queria — o trabalho deles era de administração discreta. Dos filhos, porém, ele queria mais, embora não deixasse claro o que isso seria. Murdoch vivia mergulhado em ambivalência. Inacessível e sem conseguir se expressar, estava atormentado, inseguro, cheio de dúvidas e lutando contra pensamentos e sentimentos. Então, quando menos se esperava, quase de forma espontânea e, em geral, sem lógica clara, tomava uma decisão — e não se podia questioná-la.

Murdoch também criou filhos com habilidades razoáveis, lhes proporcionou experiência e os colocou em posições que poderiam encorajá-los a acreditar que tinham alto nível de competência e até mesmo capacidades especiais. Não era de estranhar que acreditassem ser pensadores independentes, gestores proativos, líderes modernos, eficazes com planilhas e qualquer outra ferramenta de análise. No entanto, o trabalho deles, bem além de qualquer ferramenta moderna de negócios, era adivinhar o que havia na caixa-preta conhecida como pai deles.

Como isso era uma empreitada impossível, os três filhos, um após o outro, tentavam se distanciar tanto física quanto geograficamente do patriarca da família. Porém, Murdoch estava perto de conseguir juntar todos eles, atraindo-os com a promessa — feita não pela primeira vez — de aos poucos se desligar dos negócios. Os filhos pesaram a incerteza disso contra a certeza de que a contagem regressiva tinha começado para o pai, agora que ele já estava com mais de oitenta anos.

Liz, mais realista, se afastou novamente, parecendo ter uma visão clara das coisas. O pai não ia a lugar algum, a não ser que fosse retirado à força. Os irmãos tinham uma relação hostil entre si. Ela reconhecia que a Fox, à medida que se tornava uma engrenagem vital da empresa, era uma bomba-relógio para todos eles. Tinha vendido sua empresa por uma grana que lhe permitia fazer o que bem entendesse, e o casamento estava em crise. Era uma empreendedora de mídia respeitada e uma presença discreta e poderosa em Londres, e, aos quarenta e poucos anos, tinha voltado a circular pelos meios sociais da cidade.

Apesar de ter ficado ao lado de Lachlan durante o escândalo de hackeamento telefônico, Liz agora estava conversando com James sobre a indústria da mídia e o futuro da empresa, já que ambos se consideravam mais experientes e inteligentes que o outro irmão e, nos últimos tempos, até mesmo que o próprio pai.

A Twenty-First Century Fox — separada da News Corp em 2013 — era uma empresa no setor de TV a cabo e emissora de TV. No mínimo, aqueles negócios precisariam passar por uma reinvenção que estava além da capacidade do pai octogenário, mas que não poderia ser feita sem ele. Além disso, em 2016, a bomba da Fox pareceu explodir com a eleição de Donald Trump, já que a família seria diretamente ligada a um dos desdobramentos mais bizarros e ameaçadores da história moderna.

Elisabeth se aliou a James: não haveria um plano viável de sucessão; o futuro e a fortuna deles não poderiam estar vinculados à Fox; eles faziam parte do topo do mercado; a Fox envenenara tanto o ar dos negócios contra eles que a empresa tinha sido cortada de muitas oportunidades futuras de crescimento; e o valor que a Disney estava então oferecendo era alto o suficiente para convencer até mesmo o pai. O melhor era fechar negócio e cair fora.

Com o aumento de 2 bilhões de dólares sobre o valor da venda de sua empresa, Elisabeth entrou suavemente no papel de uma das investidoras individuais mais procuradas no setor de mídia do mundo. Além disso, em 2017, ela se casou de novo, dessa vez com um artista, Keith Tyson, uma escolha segura por ele estar fora da mídia, da política e do mundo dos Murdoch. Ela estava prestes a fazer cinquenta anos e pronta para um novo futuro. Em 2018, Elisabeth Murdoch foi à premiação britânica de Homem do Ano, organizada pela GQ, que naquele ano homenageava, dentre figuras contraditórias, o então príncipe Charles e Rose McCowan, que estava irreconhecível para pessoas que não a tinham visto nos últimos tempos. Cirurgias estéticas podem ter deixado de ser uma característica definidora de alguém, mas com certeza podem sinalizar uma jornada de vida, um esforço para permanecer o mesmo e retardar o envelhecimento, ou talvez para romper com o passado e recomeçar.

Infelizmente, o passado resistia por causa da Fox News, e ela precisava resolver aquilo.

Na época da pandemia, ficou claro que Lachlan, mesmo da Austrália, estava determinado a manter seu lugar como CEO e herdeiro das empresas Murdoch quando o pai morresse, enxergando aquilo como o futuro que merecia. James, por sua vez, tinha definido sua posição: tirar a emissora do irmão e transformá-la, enxergando isso como seu destino heroico. Entre esses dois polos, havia o pai: sem saber ao certo o que fazer em relação ao filho desmotivado, que ainda parecia se agarrar desesperadamente à sua posição e legado, e temendo a fúria e o desejo de justiça do outro filho, além do caos que poderia provocar.

No outono de 2021, Liz organizou a festa de noventa anos do pai na Tavern on the Green, um restaurante no Central Park onde os pais tinham feito uma festa de formatura quando ela concluíra os estudos em Vassar. A festa tinha sido adiada por causa da covid-19, sendo transferida da data do aniversário dele, que tinha sido em março (apesar da preocupação se ele continuaria vivo até a nova data). Liz tomou a frente da organização, deixando de lado a esposa do pai, Jerry Hall. Era um evento de Liz, que produzira um vídeo de proporções tão aduladoras e intermináveis que só uma parte pôde ser exibida. James se recusou a participar.

Legado era a principal mensagem do vídeo.

Na mente dela, a questão não eram mais os negócios. Não havia mais empresas para crescer ou prosperar — as empresas de verdade tinham sido vendidas para a Disney. A questão para o futuro, tanto para Liz quanto para os irmãos, e para os filhos deles, era o significado de tudo aquilo. Aquela era a história que ela planejava contar. Era a única coisa a que estava se dedicando — fazia parte do seu trabalho. A história extraordinária do pai — e de fato era *extraordinária* — ao transformar o mundo moderno. As pessoas poderiam se opor a ele, não gostar ou discordar dele, mas não poderiam jamais tirar seu papel de um indivíduo histórico, certamente o mais singular entre alguns indivíduos singulares do seu tempo. *Succession*, a série de TV que a família desdenhava ou da qual debochava, não passava de uma grande bobagem. Agora era a hora de sair a campo para dar os créditos que aquele homem merecia. Era a hora de a história verdadeira ser contada.

Só que a porra da Fox fazia parte da história.

Verão

9. Dominion

"Foda-se ele!"

Com o processo da Dominion Voting Systems contra a Fox News chegando ao 14º mês de litígio sem acordo, os advogados da Dominion receberam milhões de páginas de material de investigação — e-mails, mensagens de texto, planos de programação, gravações de vídeo e conversas em áudio fora das câmeras.

"Você quer me dizer do que tudo isso realmente se trata? Isso é sério? O que será que está acontecendo? O que será que eles estão fazendo? Quem poderia se beneficiar com isso? Quem? Quem está pensando nisso? Será que ele bebeu demais no almoço?" Tucker Carlson metralhou um amigo com perguntas. Talvez estivesse se referindo a uma possível quarta dose de bebida de Viet Dinh.

"Isso só pode ser loucura. Parece loucura para mim", concordou Sean Hannity em outra situação.

A primeira regra da lei de difamação para uma empresa de mídia — que vai muito além de qualquer lei existente — é nunca aparecer diante de um júri. Pessoas comuns não gostam de grandes empresas de mídia e demonstram incômodo diante da forma como a Primeira Emenda parece proteger organizações poderosas contra os meros mortais.

A segunda regra é evitar descobertas — o jeito como é fabricada a salsicha de notícias da mídia só agrava os problemas. Assim, as empresas midiáticas em ações de difamação têm dois caminhos a seguir: pedir anulamento — ou seja, solicitar ao juiz que decida logo no início do processo que a mídia está dentro

121

de seus direitos constitucionais e que encerre o caso. Ou, quando isso não é possível, tentar um acordo, sem se importar com quanto vai custar.

Em junho de 2022, na audiência do caso da Dominion, o juiz do Tribunal Superior de Delaware decidiu que o processo deveria também incluir a Fox Corporation e seus principais executivos: Rupert Murdoch e Lachlan Murdoch. O juiz Eric M. Davis acatou o argumento de que havia uma inferência cabível de que, depois das eleições de 2020, os dois membros da família Murdoch se envolveram pessoalmente na aprovação e na criação de uma narrativa da Fox News de que havia uma conspiração acerca das urnas eletrônicas da Dominion, a qual resultou na derrota de Trump, e que pai e filho sabiam que tal narrativa era falsa — um ingrediente necessário para que o reclamante em casos de difamação consiga revogar as proteções à liberdade de expressão de jornalistas nos Estados Unidos. O juiz Davis já tinha decidido que havia provas suficientes para acreditar que a Fox News agira com desrespeito deliberado pela verdade nesse caso, mas a nova decisão ampliou de modo exponencial os parâmetros habituais de uma ação por difamação. Não eram mais apenas repórteres, produtores e executivos dos noticiários os responsáveis pelas declarações danosas, mas sim os mais altos executivos da empresa.

Nos círculos midiáticos e entre os advogados especializados em casos de difamação, houve um esforço coletivo e infrutífero para localizar outros processos em que os mais altos executivos de uma grande empresa de mídia tivessem sido pessoalmente implicados, ou seja, um caso no qual os próprios executivos tivessem participado de um esforço coordenado para difamar o reclamante.

Alguns meses antes, na praia em St. Barts, Murdoch remoía que o processo poderia lhe custar 50 milhões de dólares. Agora o valor poderia dobrar, triplicar ou ser ainda mais alto.

A Dominion entrou com o processo no início de 2021, depois de semanas sendo ridicularizada pela Fox e por outras emissoras de direita de um jeito bem bizarro. A narrativa barroca de conspiração internacional, totalmente mentirosa, parecia se desdobrar a cada nova matéria. De acordo com a Dominion, durante aquele período, a empresa enviou mais de 3 mil reclamações por escrito para a Fox, que, ao que tudo indica, ignorou cada uma delas. No início, a Dominion achou tudo muito estranho, mas depois, à medida que as coisas foram ficando mais chocantes, houve preocupações em relação aos possíveis efeitos que aquilo

122

teria em seus negócios. Em algum momento, a pequena empresa se tornou o eixo de uma eleição roubada, o que deve ter sido uma experiência quase surreal. Só que, para uma empresa com perspectivas relativamente pequenas de crescimento, houve também reconhecimento de que uma oportunidade extraordinária tinha batido à sua porta.

Diferentemente da maioria dos casos de difamação, aquela não era uma situação de interpretação factual, com intenção difícil de provar e a necessidade de superar proteções de liberdade de expressão. O caso envolvia a fabricação de mentiras grotescas e deliberadas. Nas semanas que se seguiram à eleição, dezenas de tribunais, órgãos de regulação eleitoral e a maioria dos sistemas políticos confirmaram que as acusações de fraudes nas eleições não passavam de fantasia, se não fossem, em si, atos calculados de fraude. Dias depois da eleição, quando seguidores de Trump começaram a contestar o resultado das urnas e a divulgar a teoria da conspiração envolvendo a Dominion, os advogados e operadores da campanha de Trump rapidamente encomendaram um relatório cuja conclusão foi de que não havia nada que indicasse o envolvimento da Dominion ou qualquer outra urna eletrônica em algum tipo de fraude eleitoral — uma mensagem que foi explícita e claramente transmitida à Fox, uma vez que a equipe de campanha de Trump e os produtores e astros da Fox estavam em contato constante. A própria equipe de Trump ficou chocada (pelo menos as pessoas "normais" no círculo dele). Além disso, o caso *Dominion versus Fox News* se juntou a uma lista de outros processos — sendo talvez o primeiro da fila —, com amplo apoio político e cultural, contra o próprio Trump. Talvez esse seja o processo por difamação mais garantido desde o *New York Times versus Sullivan*, o caso de 1964 que expandiu amplamente os direitos e os recursos do jornalismo, dando aos jornalistas proteção para serem insistentes e até mesmo potenciais caçadores de gigantes (e transformando todos os reclamantes de difamação em personagens quixotescos).

A Fox, porém, até junho, parecia não estar preocupada. O diretor jurídico da empresa, Viet Dinh, disse que aquilo não estava na lista das suas vinte prioridades. Com seu histórico de advogado de Washington e funcionário da Suprema Corte (sempre mencionado como um possível indicado para a Suprema Corte quando Trump era presidente — ou pelo menos quando a Fox estava nas graças de Trump), o caso pareceu se tornar parte da arrogância jurídica de Viet Dinh. Estranhamente, ele continuava declarando estar disposto a ir à Suprema Corte, como se aquilo fosse uma coisa boa, enquanto ele mesmo parecia demonstrar querer agir como o próprio advogado-geral.

Viet Dinh parecia tratar o caso como um tipo de movimento para provar a masculinidade dos Murdoch. Afinal, a mídia gerida por Murdoch era sempre agressiva na cobertura da vida de celebridades, políticos e membros da realeza, de pessoas comuns sob holofotes, de empresas e de inimigos dos Murdoch. Se consideramos apenas o tamanho, deixando de lado o temperamento, o mundo de Murdoch estava entre os líderes do setor em termos de reclamações e processos de difamação — e eles não demonstravam o menor temor. Tinham sucesso *apesar* disso. Ou usavam isso como uma *medida* de sucesso — uma voz desenfreada que pagava as contas. Por que aquele processo de difamação seria diferente de qualquer outro?

As empresas Murdoch contavam com os melhores advogados de difamação da indústria de mídia. Isso não significa, como outras empresas do setor podem pensar, que tais advogados eram sentinelas rígidas policiando editores e repórteres descuidados, nem que fossem advogados cheios de princípios do direito de se publicar, ajudando a ampliar ainda mais as fronteiras da liberdade de expressão, enchendo, por exemplo, o *New York Times* de orgulho. Na verdade, o trabalho dos advogados de Murdoch foi evoluindo no decorrer das décadas para ajudar a empresa a fazer o que bem quisesse: ou seja, tudo que outras corporações de mídia mais cautelosas e ponderadas não estavam dispostas a fazer.

Além de se apoiar na Primeira Emenda dos Estados Unidos, a prática da advocacia midiática agressiva envolve um processo de análise textual detalhada, e com profundidade linguística, em um esforço para cumprir todas as ressalvas que os tribunais definiram, bem como se aproveitar de todas as proteções que eles concederam, a fim de permitir que o jornalista faça suas declarações com segurança. Mas são poucos os que fazem isso bem, preferindo o cuidado à destreza. Para os advogados de difamação peritos e corajosos, a prática também envolve uma avaliação constante do risco de a pessoa difamada processar. Também é uma equação de poder que envolve quem tem mais recursos e tenacidade para lutar em um processo de difamação: empresa de mídia ou o reclamante. Os advogados de Murdoch entendiam melhor do que ninguém que difamação é uma batalha do mundo *real*. E que também é um cálculo de retorno sobre o investimento: o que você pode ganhar ao negligenciar de forma casual, ou até mesmo imprudente, a verdade literal, em comparação com os custos advocatícios e com possíveis acordos (e também com a reprovação do público, mas esse é um risco apenas marginal para a maioria das empresas de mídia de Murdoch). Nesse caso, o sucesso do empreendimento de Murdoch falava por si. Ele tinha construído um império desafiando as pessoas a entrarem com processos contra ele. Desse modo, os advogados de Murdoch permitiam que a empresa fizesse apostas, enquanto lutavam contra os desafios que pudessem surgir e, quando necessário, se apressavam a oferecer um acordo (embora Murdoch, em tese, sempre estivesse pronto para lutar, seus advogados entendiam que assim que mencionavam precisar prepará-lo para um depoimento, ele fazia um acordo). Em outras palavras, Murdoch estava disposto a pagar para publicar — para ser o editor de coisas que os outros talvez fossem cautelosos demais ou tivessem princípios demais para publicar. O truque obviamente era pagar o menos possível.

Havia outro aspecto mais sutil nas redações de Murdoch. Em um contexto corporativo comum, os advogados de mídia constituem uma fortaleza que protege a empresa de mídia contra o zelo exagerado e natural dos repórteres e editores. Os executivos, e não os repórteres e editores, são os clientes. Murdoch, porém, já tinha conseguido havia muito tempo uma simbiose entre seus próprios interesses e o zelo exagerado das redações, o que resultou, sem dúvida, nos tabloides mais bem-sucedidos do jornalismo e no crescimento de seu império de mídia global (bem como no escândalo de escutas telefônicas no Reino Unido, que quase o destruiu). Murdoch acreditava, mais do que qualquer outro executivo de mídia, que representava o verdadeiro impulso do jornalismo — ou seja, dizer tudo o que quisesse. Em relação a isso, os advogados passaram a representar, com toda habilidade necessária, a simbiose de Murdoch e seu produto. O principal trabalho deles não era proteger a empresa de alegações de difamação, mas permitir que o espírito de tabloide de Murdoch florescesse. O claro descaso de Murdoch pode ser demonstrado pela forma como tratou seu perito histórico em 1983, dando sua autorização pessoal para que o *Times* de Londres publicasse os diários de Hitler, que foram considerados falsos pelo perito Hugh Trevor-Roper (Lord Dacre). De fato, os diários *eram* uma fraude, como foi confirmado posteriormente. Mas isso se tornou parte do padrão lendário e fundamental de Murdoch: "Foda-se o Dacre, publique!" se tornou uma fala famosa do patriarca. Ou seja, não permita que detalhes sem importância derrubem uma história.

Em seu relacionamento simbiótico com Murdoch, Ailes afirmava que, na sua experiência, Murdoch era o executivo de mídia mais destemido para quem já tinha trabalhado. O compromisso do dono da Fox, com base em uma avaliação cheia de nuances do equilíbrio risco-recompensa, era permitir, repetidas vezes, que Ailes testasse os limites da sua liberdade de dizer o que queria. Isso representava certa turbulência política. Desde os anos 1960, a demanda de jornalistas, escritores e empresas de mídia de poder se expressar livremente era, em geral, um clamor da esquerda. Tal impulso estimulou a mídia alternativa, ampliou as fronteiras sexuais e ajudou no nascimento da internet. No entanto, com os mesmos argumentos e um pouco de *joie de guerre* — e com canais de TV a cabo nos Estados Unidos fora da jurisdição da Comissão Federal de Comunicações, além do respaldo e dos recursos jurídicos de uma das maiores empresas de mídia do mundo —, Murdoch e Ailes transformaram a Fox em uma zona desinibida da liberdade de expressão, só que da direita.

As teorias conspiratórias preferidas da Fox, em geral originadas de fontes isoladas e então entrelaçadas em elaborados novos enredos, efetivamente transformaram-se em uma nova forma conservadora de fazer notícia. A verdade nunca poderia ser conhecida porque era controlada por forças ocultas que protegiam o próprio poder e os próprios interesses. *Desse modo*, era necessário usar essas fontes isoladas para formar uma história maior e mais "verdadeira", mesmo que tal história talvez não fosse *verdadeira*.

Sim, isso era um desafio para os advogados de Murdoch. No entanto, muitos deles tinham crescido e enriquecido trabalhando para ele. Historicamente, Murdoch evitava usar firmas de renome. Por décadas, usava os serviços de uma firma beligerante de Nova York, bem conectada politicamente, que ele contratou logo que chegou à cidade nos anos 1970: a Squadron, Ellenoff, Plesent & Lehrer. O escritório foi crescendo junto com os negócios de Murdoch no país, com muitos advogados saindo para ocupar cargos executivos na empresa dele. Eles pensavam como Murdoch; pensavam o que ele queria que pensassem, formando uma verdadeira simbiose.

De qualquer forma... junto com a organização que protegiam, ajudaram a definir novas fronteiras para a notícia. E a vida seguia para a próxima matéria cheia de malícia, perfídia e, às vezes, com uma história totalmente inventada.

A difamação da Dominion não foi algo excepcional para a Fox, mas ir a julgamento, com jurados que poderiam considerá-la culpada, com certeza era.

Para complicar, os advogados de longa data de Murdoch — junto com os advogados que eles treinaram por gerações para substituí-los — já não estavam mais na empresa, tendo sido substituídos por Viet Dinh, apontado por Lachlan, e pelos escolhidos de Dinh. (Curiosamente, como foi ficando cada vez mais evidente à medida que o caso da Dominion avançava, Murdoch parecia nem saber o nome do advogado interno da Fox News, Bernard Gugar). Dificultando ainda mais a resposta eficiente e prática para lidar com reclamações de difamação — defesa agressiva combinada com os melhores acordos confidenciais —, as próprias ações pessoais de Murdoch estavam na raiz do que tinha acontecido, e em um desacordo tão confuso com os interesses da empresa que a culpa se tornou um dilema existencial que todos preferiam adiar para outro dia.

Os eventos que culminariam no processo da Dominion começaram um pouco antes das 23h20, no horário de Nova York, da noite de 3 de novembro de 2020, dia das eleições dos Estados Unidos. Durante a cobertura das eleições na Fox News, os especialistas internos em dados eleitorais faziam a própria avaliação dos dados que chegavam à emissora e pareceram aceitar o fato de que Joe Biden receberia os onze votos do Colégio Eleitoral do Arizona. Em uma tentativa de furo jornalístico, a Fox se propôs a ser a primeira a fazer o anúncio (os canais jornalísticos de televisão tinham se tornado, havia muito tempo, as autoridades de fato nas noites de eleições). A decisão se provou precisa, mas também incerta o suficiente para que talvez fosse mais prudente esperar um pouco (a própria bancada envolvida nas eleições admitiu isso dias depois). Outros provedores de dados eleitorais estavam longe de apresentar números tão convincentes, e, naquele momento, um anúncio daquela magnitude poderia também ter uma influência indevida nas urnas que ainda estavam abertas. (Na opinião do perito eleitoral do *New York Times*, Nate Cohn: "A decisão da Fox foi resultado de um modelo sofisticado e preciso de análise ou foi um golpe de sorte? Parece-me que estava mais para a segunda opção, um chute perigoso e um acerto no cara ou coroa...".) De qualquer forma, embora os peritos tenham acertado, naquele momento a decisão era audaciosa o suficiente para que ninguém sem o sobrenome Murdoch pudesse tomá-la — e ninguém ia querer, de todo modo. A crença da bancada das eleições, de que poderiam decidir legitimamente, foi passada para Suzanne Scott, depois para Lachlan Murdoch e, por fim, para Rupert Murdoch. Informado de que a bancada estava a postos, o patriarca disse: "Foda-se ele!". Foda-se o Trump, aquele presidente ridículo.

A interpretação da resposta, passada de Lachlan para Suzanne, foi de que não havia objeção para que a bancada levasse adiante a decisão de anunciar que Biden era o vencedor no Arizona, e que Trump havia perdido.

A equipe de campanha de Trump considerou aquilo tanto como uma indicação de que o otimismo inicial da noite estava equivocado quanto como uma influência problemática para as decisões que estavam por vir nos estados com votação mais acirrada. De fato, as coisas ficaram fora de controle, e eles começaram a entrar em contato com todo mundo na emissora, inclusive com o próprio Murdoch, que se recusou a reconsiderar. Trump viu aquilo como um ponto de virada no seu relacionamento com a Fox: ele entendeu, com razão, que Murdoch queria prejudicá-lo (ou pelo menos que não estava mais disposto a ajudá-lo). Além disso, ficou claro na mente de Trump que havia forças maiores que estavam fazendo todo o possível para interferir de alguma forma — o que, por sua vez, se transformou em desconfiança e em provas (que para ele são quase a mesma coisa) de uma conspiração para privá-lo da vitória.

Nos dias que se seguiram — a vitória de Biden não foi anunciada até sábado, 7 de novembro —, quando os números inicialmente positivos para Trump em estados importantes começaram a ruir de forma irrecuperável, havia muitos culpados na mente dele. E a Fox era o principal.

O "Foda-se ele!" de Murdoch permitiu que a emissora aparentemente assumisse uma posição contrária à sua principal franquia: a presidência de Donald Trump. (Mais tarde, em seu depoimento no caso Dominion, Murdoch contestaria esse ponto — P: "Você se envolveu na decisão de anunciar a vitória no Arizona antes do resultado oficial?" R: "Não." Aqui, ele possivelmente igualou a não intervenção, ou mesmo a confirmação direta, com a não participação.) A audiência da Fox tinha se expandido muito como consequência do apoio a Trump (assim como as de outros canais de mídia devido à oposição a ele) e quase dobrou os lucros. Do ponto de vista de Trump, aquilo era uma traição não só a ele, mas à sua audiência, que assistia à Fox só por causa do apoio que a emissora lhe dava. Mas o que Trump tinha dado, na sua própria visão, ele também poderia tirar, e aquilo ficou bem claro nas mensagens depois do dia das eleições: Foda-se a Fox. Pela primeira vez, aquilo promoveu uma mudança de mercado para outras emissoras conservadoras de TV a cabo.

O que tinha acontecido? Apesar do ódio privado que Murdoch nutria por Trump, a ruptura com ele talvez tenha sido acidental. "Foda-se ele" pode ser mais um sentimento do que uma intenção. Durante toda sua carreira, Murdoch sempre se envolvia nas noites de eleição. Era o momento que mais refletia seus interesses e seu poder. Ele dizia para as pessoas que poderia ter sido um colunista político ou algum funcionário político em uma outra vida. As noites de eleição resumiam tudo pelo que ele trabalhava. Um momento de realidade intensa. Sua única e verdadeira paixão. Ele ficava acordado até tarde da noite e não refreava a bebida. Na noite da eleição de 2004, quando um lote importante de suas ações com direito a voto estava entrando no mercado na Austrália devido a uma mudança na classificação da empresa, ele se sentou com Ailes, os dois cansados e brindando a vitória de Bush, e negligenciou o compromisso de comprar de volta as próprias ações. Em vez disso, John Malone, outro magnata da mídia, apareceu e as comprou, o que custou bilhões a Murdoch e a seus acionistas para recuperá-las. Em 2020, seu "foda-se ele", provavelmente muito mais por impulso do que por política, acabou em uma declaração dramática e anômala contra as estratégias de programação da própria emissora.

Não há dúvidas: a culpa era de Murdoch. Por outro lado, ele *não podia* levar a culpa porque não havia nenhum mecanismo corporativo ou psicológico para isso. Além disso, nunca ficava muito claro o que ele realmente estava dizendo. Na maior parte do tempo, as pessoas apenas inferiam o que Murdoch queria dizer. No entanto, o erro foi cometido. Um erro que poderia ter sido evitado, já que, mesmo aguardando um pouco, o que seria mais justo, a emissora ainda poderia ter sido a primeira a fazer a declaração. Então, mesmo que tenha sido apenas por conta de uma inferência dos desejos de Murdoch, a Fox na verdade tinha feito um ataque pessoal contra Trump.

A Dominion começou a argumentar que a disposição da Fox de exibir as teorias cada vez mais absurdas, se não delirantes, da equipe de campanha de Trump sobre a Dominion era um esforço estratégico para reconquistar a simpatia do ex-presidente e dos seus eleitores, ou seja, da audiência da Fox que eles tinham perdido devido ao anúncio sobre o Arizona. Divulgar a teoria da conspiração da Dominion foi um plano premeditado para obter uma vantagem comercial, causando um enorme e injusto prejuízo para a Dominion. Tudo isso era verdade. No entanto, uma verdade ainda *maior* era que aquilo não era um novo plano desesperado para compensar o terrível erro, mas simplesmente uma continuação da narrativa de Trump que a emissora perseguia desde o dia das eleições de 2016, permitindo que Trump escrevesse a narrativa. A emissora não estava lidando com seu anúncio impulsivo e irresponsável sobre o Arizona, estava ignorando o fato de uma forma sutil que não ajudaria em nada suas chances no tribunal.

Por um motivo: *não ignorar* talvez significasse confrontar Murdoch em relação àquilo. *A intenção — a sua intenção — agora é desacreditar Trump? Agora, como resultado das eleições, vamos refazer a emissora? Vamos mudar tudo? É isso que você quer?*

Aquela era a conversa mais inimaginável para se ter com um homem incapaz de discutir suas motivações e intenções ou, na verdade, ser solicitado a se explicar para além de um simples resmungo.

Então é melhor ignorar tudo, a não ser que ele resmungue de novo. E, realmente, Murdoch se afastou o máximo possível do anúncio da vitória no Arizona, e permitiu que a emissora seguisse a narrativa acompanhando tanto os índices de audiência quanto as fontes diretas de Trump. Não importava o cinismo geral de Murdoch e de outras pessoas na emissora em relação ao que Trump dizia, que, na melhor das hipóteses, era uma realidade secundária.

A história da Dominion não ficou muito longe das práticas comuns da Fox. Talvez só um pouco. A fantasia e a distorção da realidade sobre a Dominion não eram maiores do que, digamos, as críticas bizarras de Sean Hannity contra Seth Rich, um jovem democrata cuja morte Hannity colocava no centro de uma vasta e louca conspiração, ou, ainda, os supostos mistérios obscuros acerca da certidão de nascimento de Barack Obama. A emissora puxou um fio tênue — nesse caso, o fato de que outra empresa de urnas eletrônicas, a Smartmatic (que também estava processando a Fox), foi fundada por venezuelanos e suas urnas foram usadas na eleição de Hugo Chávez, além de terem sido proprietários de uma empresa que foi vendida para a Dominion — e começou a formar camadas de interpretação de informações da internet, transformando tudo em um elaborado esquema repleto de possibilidades e questões, que, como se tratava de uma teoria da conspiração, implicava, claro, que ninguém nunca descobriria a verdade. Óbvio. O mais intrigante não era uma questão de tudo ser verdadeiro ou falso (obviamente falso) nem como a emissora poderia ter sido tão descarada (descaramento era a moeda dela), mas *como* o processo tinha avançado tanto e não ter sido tirado dos tribunais, como a maioria dos casos de difamação o são, ou varrido para debaixo do tapete em um acordo confidencial. Como as coisas tinham chegado ao ponto de os dois principais executivos e acionistas daquela grande empresa de mídia serem arrastados aos tribunais e considerados diretamente culpados? Agora parecia que era o caso mais extremo de responsabilidade corporativa de Murdoch desde 2011, quando ele e James foram obrigados a prestar contas publicamente sobre as escutas telefônicas usadas pelos tabloides britânicos. Aquilo resultara em uma humilhação pública de Murdoch (além de ter levado uma torta na cara), no fechamento de um dos seus jornais, na divisão forçada da empresa, em um bloqueio na sua habilidade de aumentar os investimentos na televisão britânica e na saída desonrosa do filho do Reino Unido.

Bem, na verdade, pode-se argumentar que foi exatamente para onde as coisas voltaram. A partir do caso das escutas telefônicas, teve início um longo arco de reorganização corporativa e mudança de pessoal em torno do próprio Murdoch (desde os principais executivos, passando pelos advogados mais próximos, até sua secretária de mais de trinta anos), incluindo a ascensão dos filhos e a venda da maior parte dos seus bens. Na última década, quase tudo nas empresas de Murdoch tinha mudado — sessenta anos de evolução corporativa prontamente desfeita —, a não ser o próprio Murdoch.

Ele continuou tomando todas as decisões. De certa forma, ainda mais agora, com 91 anos. A empresa — aquela entidade significativamente menor desde a grande venda para a Disney — tinha sido reequipada com executivos muito mais fracos. Ele não contava mais com o apoio do conjunto de advogados astutos e executivos experientes com uma compreensão sutil de agressão e recuo.

Lachlan Murdoch agora estava no comando, e seu método básico de gerenciamento era sempre esperar as ordens do pai e aquiescer. Aquilo parecia algo advindo de algum desejo sincero de filho de manter o grande homem pensando que pouco tinha mudado e que ele ainda continuava grandioso (e aqui, Lachlan constituía um contraste profundo com o irmão, que sempre repetia para o pai que o tempo dele já tinha passado). Da mesma forma, Lachlan tinha recrutado executivos que aguardavam junto com ele.

A "guarda pretoriana" que tinha se desenvolvido por mais de meio século para proteger Murdoch (geralmente de si mesmo), e a qual tinha criado uma máquina notável cuja expertise era gerenciar o jogo político e calcular o preço do que ele queria publicar, não estava mais em funcionamento.

Desse modo, aos 91 anos de idade, aquele grande homem estava mais do que nunca no comando, era mais do que nunca a última palavra necessária e a pessoa por quem todos esperavam. Só que... ele não estava dizendo nada. Pessoalmente responsável pela noite da eleição com seu "Foda-se ele!", culpando tanto Donald Trump quanto todos os outros, inclusive o próprio filho por estar na Austrália, tendo pouca afinidade com as pessoas da Fox que ansiavam por uma resposta dele, e confuso como nunca esteve em relação à situação política dos Estados Unidos e onde ele se situava nela, Murdoch parecia incapaz de oferecer qualquer direção ou opinião, pelo menos nada que alguém conseguisse realmente compreender.

"Ele está puto da vida com todo mundo por causa disso", dizia a filha Elisabeth para quem quisesse ouvir. A culpa era de todos, menos dele.

"Não há nada com que se preocupar", repetia Viet Dinh, em geral depois de muitas taças de vinho na hora do almoço, exatamente no mesmo horário em que os advogados estavam revirando milhões de e-mails que ilustravam de forma explícita a técnica de fazer salsicha dos tabloides de Murdoch.

10. Hannity

Dê a eles uma cabeça

Tucker Carlson tinha esperança de que ter ido passar o verão na sua ilha no Maine adiaria sua intimação. Sean Hannity dizia que podiam procurá-lo porque não tinha nada para esconder, o que todos consideravam um perigo. Houve um debate interno sobre um possível testemunho de Murdoch, e algumas pessoas propuseram que se colocasse a memória do dono da empresa em dúvida, usando o argumento de que ele já estava velho demais para ser confiável (o assunto não deveria ser discutido com Murdoch).

Ainda assim, ninguém duvidava que *haveria* um acordo. Como poderia não haver?

Depois que os Murdoch foram diretamente incluídos no processo já oneroso, a estimativa inicial de 50 milhões de dólares subiu para 200 milhões, uma quantia exorbitante em um caso de difamação. Então, era melhor entrar em um acordo *agora*, antes que as coisas piorassem ainda mais.

A Fox, porém, estava tendo dificuldades de atrair o outro lado para qualquer conversa sobre acordo. Além do interesse financeiro, a Dominion tinha se tornado um jogador histórico e virtuoso. Entre algumas pessoas dentro da Fox, isso sugeria a possibilidade de uma outra conspiração da Dominion: acreditavam que a empresa tinha recrutado ricaços da esquerda — George Soros, seus amigos e pessoas como eles — para ajudar a financiar o processo de modo que não fossem obrigados a fazer um acordo. Esse suposto consórcio de bilionários de esquerda garantiria centenas de milhões de dólares, fosse qual fosse o resultado, permitindo que conduzissem o processo pela fase de descoberta e, idealmente, chegassem ao julgamento com júri, não importando quanto a Fox pudesse estar disposta a oferecer. Viet Dinh começou a usar essa desculpa para explicar a estranha paralisia da Fox em colocar um ponto-final naquilo.

Foi quando Murdoch teve uma ideia, que pareceu surgir junto com a reação calorosa às audiências no Congresso sobre o 6 de janeiro que tinham acabado de começar. A apresentação hábil e nojenta dos vídeos do Capitólio sob ataque pareceu reacender sua fúria contra Trump. *Dê a eles uma cabeça*, propôs ele. *Hannity*. Hannity era a pessoa que ele mais equiparava a Trump, e sempre costumava perguntar: "O que existe entre Hannity e Trump?". Como se aquilo fosse um mistério confuso em vez de uma conexão natural. Um acordo de milhões seria adoçado com a compreensão de que, em pouco tempo, Hannity deixaria discretamente a emissora. Pronto. Acabado. Enfim, Hannity iria embora.

Hannity e seu discurso absurdo pareciam resumir bem as frustrações e incompreensões de Murdoch em relação à Fox. Sempre que alguém fazia comentários ou perguntas sobre ele, Murdoch respondia com caretas e carrancas. Em 2016, depois da saída de Ailes, parecia que os Murdoch deixaram claro o nojo que sentiam pela ascensão de Hannity e suas teorias conspiratórias, e o próprio Hannity acreditava que seria demitido. (Murdoch, em conversas aleatórias, às vezes perguntava se as pessoas "acreditavam" em Hannity, parecendo achar a ideia inconcebível.) No entanto, com a saída de Megyn Kelly e Bill O'Reilly, o horário nobre passou por uma reconfiguração, e Hannity foi alçado à posição de principal apresentador da noite. A partir daí, ele se tornou uma pessoa central do MAGA, incorporando-o totalmente à identidade da emissora. Murdoch ficava agitado sempre que assistia à Fox e, em uma explosão de irritação, desligava a TV (na verdade, ele nunca conseguia assistir à Fox por muito tempo), e isso parecia confirmar o quanto Hannity se tornara essencial para a nova MAGA-Fox.

No entanto, havia outro lado disso que complicava o ciclo de culpa. Hannity era um personagem natural na redação de Murdoch, e a ideia de que Murdoch demitiria alguém — mesmo se quisesse fazer isso — por causa de uma pressão externa era literalmente a única coisa que violava os princípios jornalísticos dele. Nesse ponto, ele se colocava como um absolutista da liberdade de expressão, defendendo o direito dos seus jornalistas de dizer qualquer coisa, mesmo que fosse algo extremamente irresponsável e incorreto (muito antes que isso se tornasse uma estratégia política). Murdoch até poderia achar que Hannity tivesse um parafuso a menos, mas, por setenta anos, ele defendera pessoas como Hannity. Murdoch considerava um tipo de virtude moral superior defender as excentricidades, palhaçadas, crueldades, embriaguez e os crimes dos seus jornalistas. Descobriram que Richard Johnson, seu editor de longa data das páginas de fofoca em Nova York, tinha um esquema de proteção na sua coluna — era só pagar ou lhe fazer algum tipo de favor que a pessoa não era exposta na coluna —, mas aquilo não importava. A carreira de Johnson com Murdoch continuou por muitos anos felizes, mesmo depois que o esquema foi exposto. A defesa de Murdoch à liberdade de expressão — tão absoluta quanto a de qualquer um — não era uma defesa da virtude, pelo contrário.

A redação ideal de Murdoch, mesmo com uma hierarquia definida — tendo Murdoch ou, no caso da Fox, Ailes, no topo —, era uma cultura de sobrevivência de personalidades excêntricas, quase fora da lei, que desafiavam as convenções de classe e que jamais conseguiriam trabalhar em qualquer outro lugar. Justamente por causa de sua falta de socialização voltada para a mobilidade social ascendente, eles eram capazes de entregar um verdadeiro produto sensacionalista. Era uma Fleet Street* — ou os labirintos infestados de ratos da sede dos jornais de Murdoch, bem próximos à Fleet Street, na Bouverie Street —, a verdadeira química das notícias populares para Murdoch.

Aqui, em uma linha direta a Hannity e à Dominion, a verdade, pura, simples e prosaica era alterada, inflada, sensualizada, simplificada e às vezes virada do avesso para servir a uma verdade superior, que era a satisfação de uma audiência. Aquilo, sim, era liberdade de expressão, sem restrições nem obstáculos, totalmente desinibida e liberta das convenções, sem a menor cerimônia.

Os melhores repórteres sensacionalistas de Murdoch acreditavam, não apenas de forma incontestável e sem o menor remorso moral, mas com grande satisfação, que a vida não era tão emocionante e satisfatória como a vida naquele tipo de redação, sem as inibições da autocrítica. *Não pense demais* era o modelo de notícias de Murdoch. O que Murdoch permitia em uma redação se tornava um vício, uma dependência, uma necessidade. Outros profissionais

---

* O autor se refere à rua que foi historicamente o epicentro do jornalismo britânico, tendo abrigado as principais redações de jornais e editoras em Londres antes de perder sua posição central na indústria de mídia. (N. T.)

na indústria televisiva, trabalhando em outras emissoras mais autocríticas, poderiam agonizar sobre o que era necessário para manter a audiência, compreendendo que estavam lutando contra isso, que estavam fazendo um pacto com o diabo, mas não Hannity. A satisfação de dizer o que empolgava sua audiência era constante — e isso se intensificou desde que ele e sua audiência convergiram em uma admiração surpreendente por Donald Trump.

A vida de Hannity em Oyster Bay, Long Island, construída com sua esposa do trabalho, que acabou se tornando a esposa na vida real também, não era totalmente direcionada pela fama, pelo dinheiro ou pela influência, mas sim pelo emprego na TV, vivendo o processo de estar no ar, recebendo feedback por isso e voltando ao ar, 24 horas por dia, sete dias por semana, e trabalhando no rádio para preencher o tempo que restava — e fazendo tudo na busca de poder dizer qualquer coisa para conquistar o coração de sua audiência. Para um repórter sensacionalista, essa dependência e a extensão cada vez maior que talvez estivesse disposto a percorrer para satisfazê-la acabam levando a uma vida pessoal desordenada, até porque os ganhos financeiros do trabalho talvez não compensassem essas demandas. Um lugar no horário nobre compensava. Uma casa ainda maior, mais imóveis, além de um avião particular, e todo bem-estar que bens materiais poderiam proporcionar — os melhores ingressos para qualquer evento esportivo —, tudo isso lhe dava uma sensação de equilíbrio. Mas nem mesmo a riqueza era capaz de satisfazer a obsessão por mais tempo no ar. Hannity não tirava nem cinco minutos de folga. Não faltava a nenhum programa.

Durante a loucura em torno da certidão de nascimento de Obama, Murdoch abordou discretamente Ailes sobre os discursos de Hannity. A defesa de Ailes à crítica de Murdoch não foi uma defesa da história em si, mas da disposição de Hannity dizer alguma coisa. "Hannity não é um bom soldado; ele é um excelente soldado. Dê a ele mais um copo de suco, e ele vai subir qualquer montanha", explicou um Ailes feliz, parecendo satisfazer Murdoch.

"As pessoas da TV, na grande maioria, são idiotas que sabem falar. Hannity é um idiota que fala como um idiota", disse Ailes, expondo seu brilhantismo pessoal por ter descoberto Hannity em um programa de rádio qualquer.

Mesmo depois de 26 anos, a obsessão de Hannity por mais tempo no ar continuava. Ele não se cansava, não perdia o fôlego, não demonstrava momentos de introspecção do tipo *será que existe mais? O que mais posso fazer?*

No mundinho fechado da Fox, no qual sua mulher tinha tantos amigos quanto ele, era de conhecimento geral que o casamento deles, outrora um exemplo — uma exceção na Fox, Sean não era um pegador (de acordo com Ailes: "Hannity olha, mas não toca") —, estava ruindo. Sean não tirava folgas. Era viciado nas câmeras e no som da própria voz. Era como se ele não existisse além da Fox News. A emissora era seu mundo. Foi sua mulher que finalmente colocou um ponto-final no casamento com Hannity e com a Fox.

Ainsley Earhardt, com cabelo louro e liso e compleição da Flórida, o arquétipo da apresentadora conservadora, chegou à Fox em 2007, recrutada de um noticiário local em San Antonio, Texas, uma mudança que seu então marido, Kevin McKinney, namorado de faculdade, resistiu a fazer. Ailes tinha prometido torná-la apresentadora do noticiário matinal, e depois voltou atrás. O casamento logo acabou diante do argumento do marido de que, sem o trabalho que ela queria, eles deveriam ir embora de Nova York. Ainsley, porém, aos 31 anos e desejosa de uma carreira televisiva, argumentara que ela tinha conseguido ir para Nova York trabalhar em um dos principais canais de TV a cabo, o que lhe dava um potencial ilimitado de crescer na carreira. Ela logo conseguiu o próprio segmento no programa de Hannity, "Ainsley Across America". O boato de que estavam tendo um caso não era verdadeiro; ou, nas palavras de Ailes sobre o assunto: "Hannity é um sonhador, não um traidor". O segundo marido de Earhardt, com quem se casou em 2012, se chamava Will Proctor, um *quarterback* de Clemson, com uma queda por mulheres da televisão (entre suas ex-namoradas estava a atriz Mandy Moore). Mas ele logo começou a trair a esposa, uma circunstância que negou com todas as forças, mas que foi amplamente comentada na Fox News. Eles participaram de alguns retiros religiosos com a intenção de recuperar o casamento, e ela acabou engravidando (circunstância também muito comentada entre a equipe da Fox). Na época do chá de bebê, o casamento já estava praticamente acabado e o caso com Hannity, comentado e negado na mesma proporção, começou. Na época da pandemia, ela já morava em uma casa quase ao lado da grande propriedade de Hannity em Centre Island, Oyster Bay, e eles logo pararam de fingir e assumiram o posto de rei e rainha da Fox.

Foi um tipo de casamento perfeito para a emissora (sem, na verdade, o benefício de um casamento), duas pessoas que encontravam a mais absoluta satisfação na Fox, cujas personalidades eram indistinguíveis da Fox, que não existiam sem a Fox, que eram completamente viciados no som da própria voz na televisão e do feedback que recebiam, e em total acordo de que estar na Fox e falar para os convertidos era algo sublime. Uma necessidade desesperada de estar na televisão é uma característica de quase todo mundo que trabalha no ramo. No entanto, para a maioria das pessoas, o esforço eterno, e às vezes doloroso, é se ajustar às demandas exigidas, que estão sempre mudando — e saber, ou pelo menos devendo saber, que é inevitável que as coisas saiam do controle. Mesmo que Murdoch não conseguisse entender Hannity, que Ailes achasse que ele estava entre os idiotas da televisão e que quase todo mundo no trabalho costumasse revirar os olhos para ele, todos concordavam que Hannity tinha conseguido uma verdadeira síntese com a forma. Sua combinação de teoria da conspiração casual, alienação comum, indignação fácil e discursos diários contra as hipocrisias liberais, tudo isso, em um pacote de certeza, efervescência e boa disposição, era o que tornava sua voz calmante, reconfortante e inspiradora. Ainsley contava para todo mundo que Sean nunca tinha viajado para o exterior. Era um tipo de orgulho humilde e curiosamente verdadeiro. Mas aquilo definia uma verdade superior: ele não tinha o menor interesse de viajar para fora do país e se afastar da Fox, buscando qualquer coisa que pudesse sugerir urbanidade, polimento, cultura e savoir-faire.

No decorrer de sua carreira, Murdoch tinha encontrado e passado a confiar nesses tipos de voz. Não necessariamente as entendia, nem as respeitava, e com certeza não achava que representavam qualquer tipo de verdade ou nível de razão — ele costumava ver as pessoas na redação como crianças errantes —, mas reconhecia que elas tinham habilidade e que falavam com a audiência (algo que ele mesmo nunca tinha conseguido fazer). Seus astros sensacionalistas eram poetas, e Murdoch era o editor orgulhoso. O mundo literal talvez não compreendesse isso — quanto mais liberal, mais literal —, mas o próprio Murdoch entendia que notícias eram uma forma criativa.

Então, sim, Hannity talvez fosse idiota, mas também era um gênio (assim como Trump). E entre os muitos reflexos que Murdoch desenvolveu no decorrer dos setenta anos de carreira estava o de defender completamente esse tipo de genialidade. Não era uma commodity; não era substituível. Era algo que precisava defender. Quando seus concorrentes — e todos que não trabalhavam na sua empresa eram concorrentes potenciais — atacavam sua equipe, aquilo reforçava ainda mais as provas da singularidade e da força deles.

Ainda assim, gostaria de não ter de lidar com Hannity nem com a maioria dos seus astros, pois eles o irritavam. Hannity era um espinho no pé — "Ele é o mais burro de todos", disse Murdoch para um conhecido, como se tivesse feito uma avaliação cuidadosa. A Fox também era. No entanto, aquela era a natureza da liberdade editorial que sempre conseguira tolerar e que lhe dera tantos lucros.

De qualquer forma, eles poderiam até pagar 1 bilhão em um acordo com a Dominion (esse de repente se tornou o pior cenário, segundo as fofocas de corredor). Poderiam fazer isso mesmo que com tristeza, *extrema tristeza*. Mas aquilo não os quebraria. Murdoch já tinha perdido bilhões muitas vezes antes. Isso posto, para economizar dinheiro, ele com certeza estaria disposto a sacrificar Hannity, mas de forma discreta. Seu filho era a favor. Se alguém precisava ser dispensado, esse alguém certamente era Hannity. Lachlan ficou se perguntando se poderia usar Tucker por duas horas, estendendo a grande audiência que ele tinha para o horário de Hannity e com um custo bem mais baixo. Com certeza, havia o grande salário de Hannity — e não ter mais que pagá-lo seria bom para todo mundo.

No entanto, a obrigação de uma admissão pública, com a Fox tendo que se ajoelhar em público, seria um custo muito maior para o valor da Fox do que qualquer quantia em dinheiro do acordo, sem mencionar o esforço do homem de 91 anos de idade em todos aqueles anos para proteger a liberdade de expressão, ou sua versão do conceito. Todo mundo sabia que aquele era um ponto inegociável para Murdoch e que ele não aceitaria ser obrigado a fazer nada publicamente, sobretudo sugerir que tinha dúvidas, constrangimento, culpa ou vergonha em relação a algo que já havia publicado ou transmitido. Sacrificar Hannity — ou qualquer um da sua redação — seria o mesmo que se sacrificar. Ele não seria publicamente humilhado, preferia pagar uma quantia exorbitante a admitir que poderia haver algo de errado na sua redação. Aquele era um precedente que ele nunca tinha aberto nos seus setenta anos de carreira, uma fraqueza que nunca demonstrara, a dúvida que nunca permitira a ninguém sequer cogitar que poderia ter (a não ser no caso das escutas telefônicas, a situação mais constrangedora e dolorosa da sua longa vida). Diante dos muitos anos em que exigiam dele um mea-culpa por tudo que fazia, ele havia tentado de todo modo se manter firme. E tinha conseguido. Fodam-se todos.

Mesmo assim, negócios eram negócios. E, no fim das contas, o destino de Hannity, mesmo que fosse um destino silencioso, era *apenas* uma decisão de

139

negócios. Dificilmente Murdoch tinha uma relação de fidelidade com Hannity, apenas com a ideia de Hannity. Ele usou aqui a palavra australiana "*larrikin*" — patife, vândalo, baderneiro, um tolo com coração de ouro —, vendo isso como uma sensibilidade perfeita para o sensacionalismo. Hannity era um idiota, e se Murdoch conseguisse se livrar dele de forma discreta, sem sacrificar o princípio de proteger idiotas... por que não? Ele não negociaria o princípio, mas estava disposto a negociar secretamente Hannity por um acordo. Jeff Zucker, o executivo da CNN, tinha sido mandado embora por ter mantido um longo caso com uma executiva da CNN. Lachlan propôs que talvez pudessem usar a mesma desculpa ao se livrar de Hannity, usando o caso dele com Ainsley.

Obviamente, o que o outro lado queria era o contrário, ou seja, uma manifestação pública contra o princípio de que se podia fazer qualquer coisa em uma redação de notícias de Murdoch. Eles queriam ver cabeças rolando, e queriam uma admissão pública (além de quererem a grana também).

"Vamos levar o caso para a Suprema Corte", era o que Viet Dinh continuava repetindo, com uma estupidez cada vez maior, enquanto as intimações chegavam aos montes na porta da Fox, incluindo a do próprio Murdoch, já que a data do julgamento tinha sido marcada para a primavera.

11. Tucker

O texto original

Murdoch estava cada vez mais agitado com os relatos sobre a possível ambição presidencial de Carlson — e a audácia daquilo. Fossem quais fossem suas crenças sobre política, ele acreditava que políticos é que deveriam ser políticos.

"Não passam de amadores de merda", era o que costumava falar para se desfazer da maior parte da nova geração de políticos trumpistas. Ele desconfiava — assim como alguns de seus outros filhos — que Lachlan estava encorajando Carlson naquela ideia absurda, que o filho tinha fantasias de eleger um presidente. Lachlan fizera um comentário petulante para o pai em relação ao papel que poderia desempenhar em uma administração de Carlson. Ele realmente estava pensando em concorrer? O pai o enviou para descobrir se havia alguma verdade naquilo tudo.

Carlson fez piada — e em seguida partiu para Iowa.

O Hotel Fort, uma construção de tijolos vermelhos de ar solene e arquitetura não muito notável, fica na cidade de Des Moines, um ponto centenário de orgulho e utilidade cívica do Meio-Oeste dos Estados Unidos, conferindo ao centro da cidade um senso de gravidade e autoridade do início do século XX. Todas as cidades médias têm seu principal hotel e uma loja de departamento. O Hotel Fort hospedou figuras locais importantes, um número surpreendente de presidentes, um século de vendedores e inúmeros jornalistas que iam até lá para cobrir a corrida quadrienal das primárias republicanas e democratas de Iowa. Tucker Carlson esteve lá nas primárias das eleições presidenciais de

2000, cobrindo a campanha de George W. Bush, quando perdera a festa de aniversário de três anos do filho.

Naquela época, o hotel era um local empoeirado, com decoração exagerada e cortinas pesadas. Precisava muito de uma reforma, que acabou acontecendo como parte do projeto Hilton's Curio Collection, que o transformou em um hotel boutique de médio porte, com poucos ornamentos, carpetes resistentes a manchas, ar-condicionado central não menos barulhento do que os antigos aparelhos de parede que substituiu, e oferecendo menos serviços. Atualmente, o Hotel Fort está ligado ao restante do centro de Des Moines por uma rede de passagens sinuosas entre edifícios conhecidas como "Skywalk", que se assemelham à maioria dos corredores de aeroporto em termos de layout, destinadas a proteger os moradores de Iowa do mau tempo. E foi aí que, em julho, Carlson, chegando da sua ilha no Maine em um voo comercial, acompanhado pelo sobrinho e colega de faculdade, se perdeu na volta do jantar.

Um Carlson saudosista voltou a se hospedar no Fort para dar uma palestra no Family Leadership Summit, um grupo cristão de direita que havia ganhado grande destaque no cenário cristão de Iowa devido ao seu histórico de convidar aspirantes presidenciais bem-sucedidos como palestrantes (eles receberam Donald Trump em 2015) e mobilizar participantes nas assembleias de Iowa.

Há aqueles que vão até lá planejando corridas presidenciais ou para conquistar o apoio da direita cristã, ou, geralmente, para angariar fundos. E há os que vão para promover várias atividades de propaganda política, programas de rádio, organizações políticas sem fins lucrativos, livros e filmes de direita. Mas há outros, como Trump, que, ao palestrar no Family Summit — de fato, talvez Trump seja o modelo —, querem ver se, sendo quem são, ou seja, pessoas que relutam ou até têm fobia de frequentar igrejas, podendo até mesmo ser ateias, ainda conseguiriam conquistar o apoio da direita cristã.

Pode-se argumentar, como algumas pessoas da campanha de Trump fizeram, que talvez tenha sido exatamente o fato de não seguir nenhuma religião com beatice afetada que transformou Trump — o episcopal neutro — em um vencedor quando comparado a tantas outras vozes da direita cristã. No entanto, mesmo que houvesse um núcleo conservador cada vez menos religioso, a direita religiosa certamente não poderia ser ignorada. O Family Leadership Summit era, nesse sentido, um bom grupo focal para avaliar até que ponto a direita religiosa poderia aceitar uma secularidade conservadora, desde que ela ainda atendesse às suas questões. Será que Carlson, por exemplo, conseguiria chegar àquele lugar estratégico e conquistar o nível de adulação cristã sem as banalidades e o blá-blá-blá ritual de tantos outros retóricos menos talentosos? Claro que sua ida ao Family Summit indicava que entendia muito bem o poder da direita religiosa, o que, para grupos religiosos, era quase tão bom quanto a beatice exagerada, e que representava uma proteção contra o que ele suspeitava poder se tornar a qualquer momento um futuro incerto na Fox.

Na manhã do evento, Carlson estava liderando uma discussão diante de um grupo de operadores políticos e profissionais de mídia de direita no novo café do Hotel Fort, com sua ampla variedade de opções de brunch repletas de açúcar.

O subtexto era uma corrida presidencial, e uma dúvida agonizante e semipública se ele deveria concorrer. Implicitamente, não havia mais ninguém. Ninguém que não fosse corrupto, mercenário ou burro. Mas o subtexto ainda mais profundo era se ele conseguiria fazer aquilo sem a Fox, e não apenas como parte da Fox. A conexão da emissora com seu maior astro talvez parecesse arrebatada — "crush" era a palavra que eles costumavam usar para descrever a consideração que Lachlan tinha por Tucker. No entanto, no turbilhão de paixões crescentes envolvendo Carlson, ele tinha cada vez mais certeza de que haveria um dia de acerto de contas no seu futuro.

"Posso ser honesto comigo mesmo aqui. A Fox pode desaparecer *assim*. Isso é perfeitamente possível. Provável, até! Eu acredito nisso. Acho que é realista pensar assim. E também posso sair e acabar sendo baleado a qualquer momento."

Ele conseguia se ver facilmente fora da Fox e, talvez, *sem plataforma*, tentando imaginar tudo que tinha para dizer, sem ter um lugar para dizer — e de novo, que escolha ele tinha a não ser concorrer à presidência?

Carlson sempre começava falando sobre o triste estado da nação. Para uma pessoa com aparência tão jovial, sua visão era tão sombria que quase chegava a ser distópica. Não havia felicidade na alma dos estadunidenses, fossem liberais ou conservadores, dizia, começando o aquecimento naquele café. Havia sofrimento psíquico por todos os lados. Não havia possibilidades de realização nem contentamento porque a cultura havia deslegitimado tudo aquilo que outrora trazia realização e contentamento. Houve um colapso da moralidade, um ponto principal que poderia atrair a direita cristã. No entanto, ele na verdade estava se referindo à honestidade, à coragem pessoal e ao éthos individual (ou seja, não tinha a ver com sexualidade nem com religião) — não muito diferente da

143

corrente filosófica de direita influenciada por Ayn Rand.* Além disso, havia um conjunto variado de bússolas morais que incluía romances, poesia, arte e a escrita de Hunter Thompson** — é aqui que se encontra a verdade (ele observou que sua esposa era uma grande leitora). Junto com a verdade, a beleza também era uma questão ali. A beleza tinha sido perdida — sacrificada. Ele sempre se recusara a levar os filhos à Disney World, não por causa dos valores cada vez mais liberais, como Ron DeSantis dizia, mas porque o lugar era... feio. Nojento. Desconectado da natureza. Artificial. (Claro que a posição positiva da Disney em relação à comunidade LGBT+ constituía outra ruptura com a natureza.) Os vilões dele não eram tanto ateus e liberais, mas sim burocratas, funcionários públicos, as engrenagens da máquina e aqueles que colaboravam com ela. Em outras palavras, as instituições: a maioria dos políticos, qualquer coisa corporativa, a academia, o *New York Times*, as emissoras de televisão e, é claro, os próprios Murdoch. A questão com tudo isso não era a visão, nem a política, mas sim o fato de serem inerentemente corruptas. Desonestas, sem princípios, sem lealdade a nada nem a ninguém, a não ser ao que é conveniente para as próprias instituições. Elas não representavam nada. Eram fracas, covardes, grotescas.

Era uma crítica sombria, mas que ele expressava com incredulidade, descrença, enquanto soltava risadas — aquela risada típica de Tucker — diante do grande absurdo de tudo aquilo. O mundo talvez estivesse em uma condição desesperadora, mas criticá-lo dava certo prazer. Não, ele não estava dando uma palestra. Estava repetindo um refrão — e interrompendo o refrão para sorrir e tirar selfies à medida que mais pessoas entravam no café do hotel. Estava pintando o quadro do inferno no qual vivíamos. Era um quadro tão realista quanto os de Bruegel, mostrando um caos vívido, *convincente* e horrível.

Isso foi só o prelúdio. Porque o verdadeiro problema eram... os republicanos. Os democratas eram tão ruins que nem valia a pena mencioná-los. E só porque eram tão ruins talvez você pense que isso seria uma desculpa para os

---

* Ayn Rand (1905-82) foi uma filósofa e escritora russo-americana, mais conhecida pela obra *A revolta de Atlas*, que promove o individualismo, o livre mercado e o objetivismo. Suas ideias tiveram influência significativa na política e na filosofia contemporâneas. (N. T.)

** Hunter S. Thompson (1937-2005) foi um influente escritor e jornalista conhecido pelo "jornalismo gonzo" e por obras como *Medo e delírio em Las Vegas*. Sua abordagem ousada e irreverente o tornou uma figura icônica no jornalismo literário. (N. T.)

republicanos. Mas se liga, cara! Poderia haver algo pior? Mitch McConnel, "aquela velha maldita". Ele irritou os republicanos com absoluto desprezo. E Donald Trump? Aqui, ele não precisou de nada além de uma expressão — e uma sugestão sombria de que Trump poderia resultar em um futuro violento. Só havia um político sobre quem ele falava surpreendentemente bem: Barack Obama. Em 2004, na Convenção dos Democratas em Boston, que Carlson estava cobrindo como jornalista (embora naquela época já fosse mais uma celebridade da TV do que um jornalista), ele estava caminhando pela rua quando um político local e pouco conhecido saiu de um SUV — no carro com Jesse Jackson Jr., o jovem filho rebelde, por quem Carlson também expressaria simpatia — para lhe dar um aperto de mão e dizer o quanto o admirava, mesmo que não concordasse com ele.

De qualquer forma, tudo isso preparou a cena e abriu caminho, claro, para o próprio Tucker: o último homem honesto que restara.

Presente no discurso de Tucker no café do Hotel Fort estava Sam Nunberg, uma dessas personalidades políticas curiosas meio camaleônicas, cuja existência marginal e inexplicável acaba azeitando de alguma forma as engrenagens políticas. Nunberg era um apadrinhado de Roger Stone, o conspirador político, embusteiro e aliado de Trump. Ele tinha se tornado o primeiro assessor da campanha ainda incipiente de Donald Trump em 2016. Costumam lhe dar o crédito da ideia da construção do muro ao longo da fronteira com o México, resolvendo, daquela forma, o problema da imigração — e o conhecimento limitado de Trump em relação ao assunto. Alcoólatra e viciado em cocaína, Nunberg morava com os pais em Manhattan e foi expulso da campanha crescente de Trump — não necessariamente por causa dos problemas com bebida e drogas — pela leva seguinte de profissionais políticos mais experientes que começaram a trabalhar na campanha (os quais depois acabariam sendo expulsos também). Embora a inimizade de Nunberg com Trump também não tivesse limites, ele recebia os créditos pela percepção perspicaz sobre Trump ("Você não entende, não é? Ele é um idiota!"), o que o transformou, durante os anos de Trump na Casa Branca, em um dos comentaristas que a mídia procurava para explicar o inexplicável. Seu notório colapso ao vivo em 2018 — múltiplas aparições em rádio e televisão após uma noite que passara com prostitutas e cocaína — aumentou ainda mais sua reputação como uma fonte sem autocensura, que poderia ser usada de forma útil. Foi Nunberg — sóbrio por nove meses e morando agora em um apartamento em West Palm Beach em vez de Manhattan — que, a pedido do empresário Bob Vander Plaats, do Family Leadership, ajudou a recrutar Tucker. Agora, ele estava lá como um acompanhante semioficial (no mundo da política um emprego quase formal) e um assessor de imprensa de Tucker Carlson, com a missão de deixar pistas que não pudessem ser ignoradas de que Tucker talvez fosse candidato em 2024.

Daí, Tucker estar desdenhando todos os outros republicanos.

Claro que as pistas de Nunberg não significavam que Carlson realmente estava interessado em se candidatar. Embora Nunberg estivesse servindo como fonte formal de repórteres que queriam saber se Carlson estava interessado, ele, ao mesmo tempo, dizia para os repórteres que, no seu ponto de vista pessoal, não havia a menor chance de Carlson se candidatar, uma estratégia provocadora que sugeria exatamente o contrário.

E era o que Carlson Tucker dizia também, ele não ia se candidatar — claro que não! Quem ia querer uma coisa daquelas? Que motivo poderia haver para aquilo? Não era louco. Gostava de trabalhar sozinho. Nunca quis que ninguém lhe dissesse o que dizer. Nunca quis dizer o que deveria ser dito. Não mesmo. Mas... se surgisse uma situação, disse ele, se houvesse um vácuo intransponível dos republicanos, o qual (risos) era o que parecia haver, bem, então... você sabe... e, hoje em dia, ninguém tinha como prever o futuro político.

De qualquer forma, porém, se houvesse possibilidades futuras, ele precisava, para começar, que os cristãos não o rejeitassem e que, depois, passassem a venerá-lo ativamente.

A causa conservadora e seu enorme sucesso de meio século têm sido, em sua maior parte, construídos em torno de organizações locais e estaduais, tornando-se, grosso modo, semelhantes à grande era de sindicatos trabalhistas que construíram e apoiaram o Partido Democrata. A força do Partido Democrata se desenvolveu nas costas de jovens trabalhadores e suas famílias comprometidos com os princípios de um dia de trabalho justo por um pagamento justo. A causa conservadora se apoiava nos ombros de pessoas mais velhas, em geral aposentadas, com muito tempo à disposição, ligadas a igrejas e organizações relacionadas a elas, fundamentalmente contra a ausência de orientação religiosa por parte dos liberais e um crescente ateísmo, a favor da liberação das armas e da condenação do aborto, e desenterrando novas e pavorosas questões culturais; ou seja, a audiência da Fox.

O Family Leadership Summit era exatamente assim. Quase 2 mil pessoas — um público animado com a recente reversão de *Roe versus Wade* e pela fama de Carlson —, a grande maioria acima dos sessenta anos, participaram do encontro de 2022. Quase todas seriam participantes ativas e organizadoras dedicadas nas prévias presidenciais do Partido Republicano em Iowa.

Na maioria das conferências comerciais, de associações ou interesse especial, os participantes tendem a transformar as reuniões em encontros sociais ou de networking, passeando pelos corredores enquanto os palestrantes fazem seus discursos e comentários para auditórios com apenas metade da capacidade ocupada. Os corredores da maior parte do centro de convenções em Des Moines estavam vazios o suficiente para sugerir que o encontro tinha sido um fracasso (no outro lado havia um evento de produtores de carne de Iowa). Na verdade, porém, os quase 2 mil participantes idosos (pagando, cada um, 75 dólares) estavam colados às cadeiras (muitos tinham problemas de saúde) durante todo o dia de discursos e apresentações.

Os palestrantes não disseram nada que não tivessem dito antes. Tudo era sempre muito direto nas exortações cristãs — o inimigo: "marxistas, defensores do aborto e Hillary Clinton". Sua prescrição era um desmonte radical apenas levemente velado da ordem política. Isso incluía uma apresentação longa e detalhada sobre uma "convenção de estados" e uma explicação minuciosa de como a Constituição oferecia uma saída para contornar o peso pernicioso e profano do governo federal. Os direitos dos estados foi outrora um chamado do Sul segregacionista, e esse chamado tinha voltado com vigor à medida que a polarização se aprofundava. Agora, com a reversão de *Roe versus Wade*, cada estado podia decidir sobre os direitos reprodutivos. Essa proposta de convenção dos estados, porém, era um esforço não só para assegurar os direitos dos estados, mas para afirmar o *direito* dos estados, por meio de uma reparação constitucional, de impor, entre outras coisas, direitos ao uso de armas e restrições ao aborto por todos os outros estados. Isso tinha tanta chance de sucesso como a reversão de *Roe versus Wade* talvez um dia tenha tido (não se trata de comentário irônico, mas sim sobre a natureza aleatória de tempestades perfeitas). No entanto, uma convenção de estados era uma visão atraente da esperança da direita e um caminho na direção da retidão e da defesa — uma solução interessante.

O catecismo aqui era preciso. Não havia desvios. Tudo era uma questão de ação e reação.

Quem não fazia parte do dogma via tudo aquilo como algo virulento, duro e incompreensível. Para quem fazia parte, era apenas o idioma comum compartilhado por pessoas que não falavam nenhum outro, constituindo uma linguagem compartilhada, direta, evocativa, familiar, significativa e reconfortante. Não havia ruídos e era bem fácil de entender.

O governador de Iowa, Kim Reynolds, era passionalmente contra a participação de garotas transgênero em competições esportivas. O senador de Iowa, Chuck Grassley, tão conhecido pelo seu conservadorismo quanto pela longevidade política (aos 88 anos), reivindicou o crédito como principal republicano no Comitê Judiciário do Senado pela maioria conservadora da Suprema Corte, e, portanto, pela revogação de *Roe versus Wade* (a questão mais sagrada). Mas os políticos empalideciam quando comparados aos verdadeiros retóricos, os artistas da mídia conservadora.

Ali estava um grande contraste. Ali estavam os amadores que Murdoch tanto desprezava e a Fox cultivava. A mídia conservadora — no rádio, nos canais de notícias de TV a cabo, na programação religiosa, nas mídias sociais, nas transmissões pela internet — tinha criado uma geração de oradores inspiradores, que ofereciam de tudo que a língua morta da política não oferecia. Havia drama, história e conexão pessoal, havia uma voz, uma compreensão instruída e profissional dos elementos da narrativa. A língua padrão da política era uma prescrição de políticas. Essa nova linguagem política era completamente teatral, desprovida de toda nuance burocrática. A política conservadora foi relançada de tantas formas por Ronald Reagan, mas talvez nenhum aspecto tenha sido tão importante no modelo dele quanto a técnica de fala e apresentação para agradar as massas. Realmente, enquanto a carreira política convencional era eleitoral, advocatícia, administrativa e burocrática — o tipo de políticos na concepção de Murdoch —, a mídia conservadora expandiu a política para lucrativas carreiras no mundo do entretenimento. A própria Fox talvez tenha estabelecido o conservadorismo como um grande negócio de mídia, mas estava ocupando cada vez mais um lugar em uma indústria que continuava se expandido ao seu redor.

Ao subir no palco do Family Summit, Steve Deace se apresentou como filho de uma mãe solteira de catorze anos, que foi salvo do aborto pela graça divina, e sobrevivera, por mais uma graça divina, a um padrasto abusivo com quem a mãe se casara aos dezessete anos. Aquela era a base pessoal sobre a qual ele se confirmava na política cristã e na carreira de inspirador. Contra o casamento homoafetivo e o aborto e um dos proponentes das teorias da conspiração acerca do nascimento de Barack Obama, participante de programas de rádio e funcionário político de Ted Cruz, ele tinha encontrado uma audiência crescente no canal de rádio pela internet do ex-apresentador da Fox Glenn Beck, que estava tentando chegar à lista dos podcasts mais ouvidos. Seu livro de 2021, *Faucian Bargain: The Most Powerful and Dangerous Bureaucrat in American History* [Barganha Fauciana: O burocrata mais poderoso e perigoso da história dos Estados Unidos], entrou na lista dos mais vendidos do *New York Times*. Ele estava produzindo agora a adaptação cinematográfica de seu romance de 2016, *A Nefarious Plot* [Um enredo nefasto], uma história sobre um incendiário no corredor da morte e sua possessão pelo diabo, que trazia um questionamento filosófico e profundo sobre o bem e o mal. A adaptação estava sendo financiada com o dinheiro dos justos, pois ele jurara que os estúdios de Hollywood jamais teriam autorização para diluir sua mensagem sobre os demônios que ameaçavam tantos aspectos da vida estadunidense. E ali estava o trailer do filme, exibido pela primeira vez — um condenado desgraçado e o diabo falando através dele. De qualquer forma, aquilo era muito melhor do que os detalhes habituais e enfadonhos da política, o que fez com que grande parte do público presente aplaudisse a fala dele de pé.

A pergunta nefasta que pairava sobre a reunião era a disposição e a vontade de ir além de Donald Trump. Com DeSantis crescendo rapidamente, com algumas pesquisas fechando em direção a um centro disputado, e com vários processos ameaçando o ex-presidente, era possível — bem, *talvez* fosse possível — que aquele fosse um momento decisivo. O aceno ritual a Trump feito por cada palestrante talvez não tenha produzido o mesmo aplauso esperado como resposta. Algumas pessoas usavam o boné com o slogan MAGA, mas não todas. Talvez — *talvez* — isso pudesse significar que estavam dispostas a ouvir alguém. Mas quem? DeSantis representava uma nova fonte de inspiração genuína ou era apenas uma esperança de retorno à normalidade? Além disso, depois de Trump, a questão que se colocava era se seria possível voltar a um estado de normalidade. Talvez esse tenha sido o segredo, ou a falha fatal, de DeSantis, a sua aparente normalidade, incapaz de despertar o mesmo entusiasmo — isso seria suficiente? E se os republicanos estivessem viciados em performance? Em eventos? Em um discurso visceral? Em desempenhos excepcionais? Naquilo que os democratas, na sua versão do show business, chamavam de carisma? Nos tantos anos ouvindo os artistas da direita fazendo confidências, discursos cheios de hipérboles, insinuações provocadoras e alegres?

Mesmo aos 53 anos, Tucker Carlson tinha idade para ser filho da grande maioria das pessoas no salão. Com sua jovialidade — calça e casaco esportivos e cabeleira farta (ele gostava de explicar os cuidados que tinha com o cabelo e a importância de fazer sauna diariamente) —, era um farol no meio daquela multidão. Tinha a aparência jovial de um professor de curso preparatório para a faculdade — o professor maneiro — de 1985 (justamente quando Tucker estava no preparatório), o que poderia ter parecido suspeito nas zonas rurais, mas o povo de Iowa, mesmo seguindo um cronograma mais lento de desenvolvimento, talvez já tenha conseguido chegar a 1985.

Ali estava ele, começando um discurso descontraído e simpático, atendendo à expectativa política de demonstrar respeito por Iowa, enaltecendo as alegrias de estar em um lugar que, se nada mudasse, ninguém visitaria ("o tempo ruim cria pessoas boas"; e a comida — "para quem gosta de bife e donuts, é um prato cheio, e esses são justamente os meus pratos favoritos"). Ele afirmou ter feito o "full Grassley", ou seja, a prática do senador de Iowa de visitar cada um dos 99 condados de Iowa durante a campanha eleitoral no ano da eleição — o que, no caso de Carlson, provavelmente não era verdade, mas o suficiente para abraçar o momento, além de ser também um aceno para conquistar o benefício da imprensa e dos fiéis no futuro (o que ele sabia ser necessário para concorrer à presidência).

No entanto, o seu verdadeiro impacto de abertura foi definir o vácuo na liderança republicana. "É fácil ignorar as próprias falhas, quando o outro lado é inaceitável." Ou seja, quando os republicanos não aproveitavam as oportunidades, estavam deixando a possibilidade aberta para que os cruéis democratas continuassem no poder. Desse modo, a questão, na verdade, não era o aborto, armas, juízes, impostos, comunidade LGBT+ e todas as outras questões tão caras aos republicanos, pelas quais eles poderiam legitimamente reivindicar um grande progresso, se não um sucesso absoluto — todas as questões em relação às quais o próprio Carlson talvez não fosse tão tacanho. A verdadeira, maior, mais sombria e sempre presente ameaça era o próprio liberalismo. Assim como o comunismo. Como o câncer. Nem era tanto o liberalismo, mas os *liberais*, a certeza, a condescendência, o desprezo e a determinação de refazer o mundo do jeito que queriam e com uma total ausência de consciência de que era isso o que estavam fazendo. A compreensão de que a verdadeira luta moral é nossa responsabilidade — ou seja, dos cristãos de Iowa —, e que se eles — *eles* — não encontrassem a pessoa certa para liderá-la, o vácuo moral continuaria se fechando. Sim, quem irá liderá-los? Escolham com cuidado.

Era uma declaração quase explícita de que a pessoa não era Trump. Com certeza também não era Nikki Haley — mesmo com seu jeito educado de falar, Carlson praticamente cuspiu o nome. E quase não mencionou o governador da Flórida com sua popularidade crescente. Não havia ninguém. Já passava do meio-dia e estava escurecendo — ele deu sua risada de hiena diante das opções absurdas que havia. Então, estavam diante de um vácuo mesmo.

Vejam bem, a questão não era apenas o aborto. Era muito além disso — o que significava que ele poderia evitar o debate prosaico para que, dessa forma, ele, um relativista, para não mencionar um episcopal não praticante, pudesse evitar as exigências absolutistas da argumentação. Não, a verdadeira questão era... *as corporações*. (Ele conseguia facilmente falar sobre aquela questão liberal!) Era o estado corporativo insidioso, com seus recursos, motivos e intenções sombrios, que era a favor do aborto, advogando em prol de ato tão horrendo, que aceitava soluções que destruíam a alma — uma solução final. As corporações estavam tentando vender vidas de anomia, solidão, falta de significado, torpor, conformidade, uma obediência cega — portanto, o aborto.

Aborto, uma vida sem família, vidas sem a estabilidade dos papéis e identidades claros — ser impedido de chamar uma mulher de mulher! —, tudo isso era uma ruptura terrível com... a *natureza*. E realmente — é claro! — eram os liberais, os burocratas, os interesses corporativos, a própria modernidade que tinham provocado a ruptura com a nossa conexão vital com todas as coisas boas e saudáveis. Os democratas, com seus aliados corporativos, apresentavam argumentos contra ter filhos (vejam só, não é um caso que argumenta sobre quando a vida começa, nem sobre os direitos reprodutivos da mulher, nem de autonomia em relação ao próprio corpo), "eles defendem que se deve devotar a vida a alguma corporação multinacional desalmada", trazendo argumentos contra a realização e o destino humano. "Quando ouço as pessoas dizerem que o aborto é o direito mais importante que temos, eu me pergunto: o que elas realmente estão dizendo?" (Ele engole em seco nesse ponto. "Eu sou pró-vida, só para deixar isso bem claro", porque não está necessariamente claro, e ele

151

continua.) "Nós podemos debater a questão e definir os limites que devemos colocar nisso" — como se estivesse reconhecendo minimamente um meio-termo, quase uma excomunhão para os outros presentes ali —, "mas não é essa a verdadeira questão." Ele faz uma virada: "Temos que dar três passos para trás e nos perguntar o que eles realmente estão dizendo. As corporações — Citibank, Nike, Dick's Sporting Goods —, essas imensas empresas que promovem abertamente o aborto, estão na verdade dizendo que 'é mais importante nos servir do que ter uma família. Vocês vão ser mais felizes ao crescer dentro da nossa empresa do que tendo seus filhos'".

E todas aquelas quase 2 mil pessoas presentes no Family Leadership Summit pareciam estar coçando a cabeça. Ninguém parecia perceber que aquilo era uma isca e uma mudança na questão mais fundamental para eles. Que Carlson não estava argumentando sobre o assassinato de bebês, mas, na verdade, que havia uma escolha que você poderia fazer — família ou carreira —, e argumentando que ele achava que a família era uma escolha melhor. Esse era o poder retórico. Todo mundo estava arrebatado. A história dele era simplesmente mais interessante, mais atraente, mais moderna — e, sim, mais inteligente — do que aquela dos soldados nas ruas do movimento pró-vida e seus seguidores políticos. (Claro que todos os presentes poderiam sair do salão e, dez minutos depois, perguntar o que aconteceu com o feto ensanguentado.)

E a Ucrânia. Mas a questão *não* era a Ucrânia, não mesmo, aquilo era apenas uma coisa secundária — a *questão* era... as mídias sociais e a sua manipulação do que era importante, urgente e *verdadeiro*. ("O Twitter não é real. É apenas o domínio de pessoas extremamente infelizes com vidas pessoais vazias e agendas políticas assustadoras.") Ele mesmo se absolveu de qualquer aliança com Vladimir Putin ("apesar do que vocês possam ter ouvido") e, em vez disso, transformou sua posição em uma resistência contra as falsas bandeiras das mídias sociais e seu controle pernicioso e assustador do sistema político e, de fato, da vida cotidiana. Ele declarou que a Ucrânia, em sua opinião, não estava na lista dos problemas mais importantes dos Estados Unidos. Desse modo... resistir ao impulso de apoiar e armar a Ucrânia era o mesmo que resistir aos males das mídias sociais que colocaram a Ucrânia no topo daquela lista. (Aparentemente, ninguém coçou a cabeça.)

Eis a estratégia retórica: você pode achar que a questão é essa, mas, na verdade, só está sendo levado a achar isso — por políticos, pelas mídias sociais, pelas corporações, por interesses especiais —, e a verdadeira história é *esta*, apresentada por Carlson, tão mais importante, dramática, significativa e ameaçadora. E ele muda de assunto: "O aumento do preço dos combustíveis fósseis não é uma inconveniência, mas sim uma história completa... Energia barata, combustível fóssil barato, isso é a diferença entre viver na República Centro-Africana e em Des Moines... Se fosse necessário isolar o único e maior fator que contribui para a prosperidade, expectativa de vida, sistemas políticos pacíficos, seria o preço baixo dos combustíveis fósseis... Gasolina é autonomia. Posso pegar minha caminhonete e dirigir para onde eu quiser. Isso é liberdade". Esqueça o aquecimento global.

Realmente, o debate sobre o aborto, sobre a Ucrânia e sobre o aquecimento global se resume à mesma questão, na qual todos os candidatos republicanos deveriam se concentrar: "É possível que o país onde seus filhos vão crescer seja semelhante ao país onde você cresceu?". Rua principal, Rotary Club, comida na mesa, lojas de departamento, comida de verdade em vez de fast food (aqui ele se refere ao 1965 eterno de Ailes, mas também aos clubes de campo republicanos de Murdoch antes que tudo se transformasse em uma questão racial).

Ele mudou de assunto de novo: "E a beleza. Acho que nunca ouvi nenhum político mencionar a beleza. E eu penso nisso constantemente. No início, havia a palavra. Tudo começa com a palavra. Sempre. É como sabemos se uma ideologia é boa. Ideologias nobres produzem resultados bonitos. Ideologias tóxicas produzem feiura. Simples assim. A arquitetura na Bulgária em 1975 era horrenda. Porque Sofia em 1975 era controlada pela União Soviética. A arquitetura soviética era horrenda... A beleza faz com que as pessoas se lembrem de que as coisas mais importantes na vida são eternas e imutáveis. A beleza tem equilíbrio, simetria e graça. Por quê? Porque deriva da natureza. Deriva da própria criação de Deus".

Aqui, nessa volta um pouco confusa, ele pareceu retornar — e dava para perceber o alívio da plateia — para um ponto cristão aceitável.

"Praticamente todas as construções feitas depois de 1945 são menos agradáveis e menos centradas nos seres humanos do que qualquer construção anterior. Quanto mais nos aproximamos do nosso momento atual, mais as coisas se parecem com uma loja de 1,99. E o Partido Republicano de alguma forma se viu na posição de ter que defender a estética desse tipo de loja. Será que algum *think tank* libertário foi pago para nos dizer que esse tipo de loja é atraente?... O Partido Republicano deveria ser a favor da natureza."

Novamente, um ponto de preocupação. A natureza era... "o meio ambiente"? Não, ele confirmou, a natureza era Deus, e ele criticou as horríveis turbinas eólicas. Além disso, a questão de meninos e meninas. Um ou outro. Natureza. Beleza. Então, sim, aquilo funcionava para os cristãos conservadores de Iowa.

Cada uma das questões era elevada a uma metáfora. Se a estratégia do político comum — de fato, de um político moderado — era evitar compromissos e preservar espaço para manobras, com uma resposta o mais opaca possível, centrada na política, Carlson havia encontrado um caminho muito mais habilidoso e cativante. Tornou a condição humana a verdadeira questão e depois jogou tudo em uma teoria de campo unificada de felicidade e infelicidade, de retidão e corrupção.

Parecia bastante possível que o texto de inspiração que ele usou como fonte tenha sido de Norman Mailer, de quem Carlson era enorme fã, e que, nos anos 1950 e 1960, nos seus momentos mais elevados de inspiração regada a álcool e drogas, empacotou conceitos de tecnologia, burocracia, corporações, ruptura com a natureza, ameaça à masculinidade e péssima arquitetura ("homens maus fazem prédios feios, e prédios feios fazem homens maus") e os transformou na principal causa do câncer e da visão de mundo da esquerda. Realmente, havia muitas conexões contraintuitivas entre Carlson e a literatura dos anos 1960 — Mailer, Richard Brautigan, Kurt Vonnegut, Joseph Heller, Ken Kesey e, claro, J. D. Salinger. Talvez Carlson tenha sido transformado completamente por esses autores em seu dormitório de escola preparatória nos anos 1980.

O fato de ele estar agora apresentando essa perspectiva da cultura esquerdista, das drogas e da psiquiatria dos anos 1960 aos cristãos de Iowa era ao mesmo tempo confuso e, para ele, parte da lógica de como os liberais dos Estados Unidos tinham se afastado do bem. Esses eram todos escritores cujo status duvidoso, se não o cancelamento total, entre os liberais de agora apenas apoiava — pelo menos na cabeça de Carlson — sua aversão à esquerda moderna e suas pretensões, hipocrisias e certezas. Também era possível desconfiar que, para Carlson, aquela era sua piada particular.

Ou realmente messiânica.

12. Elisabeth

A terceira opção

Não muito depois do aniversário de noventa anos de Murdoch em outubro de 2021, ele fechou a compra, no valor de 200 milhões de dólares, de um rancho de 340 mil acres próximo ao Parque Nacional Yellowstone, em Montana. Era para ser um espaço seguro. Jerry Hall gostava cada vez menos da cidade de Nova York, que Murdoch adorava; a vida alternativa deles em Londres, o epicentro social de Jerry, o exauria. Os filhos dela, ou seja, os filhos de Mick Jagger, com sua vida social de herdeiros do rock'n'roll, geralmente faziam com que ela não estivesse em casa na hora de Murdoch dormir. Mas Montana também seria um lugar para manter a distância dos próprios filhos. Jerry sentia que as caçulas de Murdoch, Grace e Chloe, a estavam espionando e fazendo fofocas para a mãe que acabavam chegando aos círculos sociais em comum. Elas me odeiam, dizia Jerry para os amigos, e, em certa ocasião, tinham chegado a colocar crustáceos em uma massa apesar de saberem que a nova mulher do pai tinha uma grave alergia a frutos do mar.

Jerry sentira que Elisabeth Murdoch a excluíra dos preparativos para a festa de noventa anos do marido, e estava completamente exaurida pelo estado fervilhante de joguinhos políticos que culminariam no evento. O nível de rancor entre a família Murdoch chegou a um nível intenso, com cada filho mapeando territórios para reivindicar e competindo pelo pai, por seu legado e tudo que ele conseguiu. Além disso, os filhos de Murdoch também desconfiavam que

Jerry estava tentando usar a covid-19 como pretexto para se tornar a guardiã dele, mantendo-o longe de todos.

Elisabeth contou aos amigos que não estava "gostando do que estava vendo". Sentia que as demandas sociais de Jerry humilhavam o pai, que estava literalmente dormindo em cima da sopa, enquanto os amigos e a família de Jerry morriam de rir. Murdoch sempre pareceu sentir atração por mulheres que tomavam a frente, que dominavam a conversa e o lado social que ele nunca conseguiu dominar — no caso de Jerry Hall, isso incluía passar frequentes sermões no marido sobre sua total ausência de preocupação acerca de justiça social, assim como sobre o terror que era a Fox News.

É uma linha convergente, na qual o dinheiro e os desejos de um dos homens mais ricos e poderosos do mundo fazem com que ele possa viver a vida como bem quiser, mas a fragilidade e a dependência provocadas pela idade o impedem. A direção que essa linha segue costuma depender de quem se posicionou melhor no ponto de convergência. E Jerry não conseguiu se manter nesse lugar.

A pedido de Elisabeth, os documentos da separação foram entregues (exatamente como acontecera com Wendi Murdoch, quando os filhos foram motivados pelas humilhações que ela infligia ao pai, incluindo casos extraconjugais nada discretos). Jerry Hall deu uma declaração dizendo que estava "totalmente devastada", mas, ao mesmo tempo, alguns amigos disseram que ficou "muito aliviada" de se ver livre de todo drama da família Murdoch.

Entre os eventos sociais do verão — dos quais Jerry pretendia participar ao lado do marido —, havia o casamento de Charlotte, filha de Elisabeth. O contexto era o mesmo de tudo que envolvia a família Murdoch, algo planejado de acordo com as prerrogativas de um clã de bilionários — com os membros da família chegando para o casamento na Inglaterra em seus jatinhos particulares —, mas também sem ter nada em comum uns com os outros além do fato de possuírem muito dinheiro. Murdoch, ao ter tentado criar um círculo próximo e exclusivo, havia na verdade criado não apenas campos de inimigos, mas praticamente entidades estrangeiras.

Charlotte era filha de Elisabeth e Matthew Freud, e tinha apenas 21 anos, mas a pouca idade não era a principal questão sobre o casamento. Havia muitas questões envolvendo as relações estabelecidas por casamento na família Murdoch. Os cônjuges de cada um dos irmãos invariavelmente se viam em um papel em que precisavam se opor à dependência e à disfunção da família.

Além disso, Murdoch sempre tinha algum grau de reprovação em relação a cada um deles, sempre desconfiava de pessoas que não eram da família de verdade. Mas ninguém nunca sofreu tanto com isso quanto Matthew Freud, que era tratado como invasor e predador (a mulher de James, Kathryn Hufschmid, tomaria o lugar dele).

O relacionamento de Murdoch com a filha tivera uma melhora drástica depois que ela se divorciou de Freud — ou "Fraude" como se referiam a ele nos círculos de Murdoch — em 2014.

Coberta de tatuagens, Charlotte, além de ser jovem demais para se casar, já tinha uma longa história de uso abusivo de drogas. Ela conhecera o futuro marido em uma clínica de reabilitação. Os dois estavam tentando construir carreiras no rock. Charlotte era apenas o exemplo mais óbvio da crescente quarta geração da dinastia Murdoch (contando desde Keith Murdoch, pai de Rupert), e todos reconheciam que ela inevitavelmente se afastaria ainda mais do modelo de Murdoch, e seria muito menos do que ele foi (ninguém da quarta geração havia entrado nos negócios da família até o momento). Os Murdoch gostavam do modelo de passagem de tocha de uma geração para outra da família Kennedy (e não o da família real, que talvez os representasse melhor) como uma maneira de descrever tanto a singularidade de sua experiência quanto sua determinação em alcançar sucesso em seus próprios termos. Três dos filhos de Murdoch eram executivos de mídia que acreditavam que as próprias carreiras representavam realizações excepcionais. Mas o modelo Kennedy, com problemas com drogas, carreiras destruídas ou inexistentes e pensamentos políticos estranhos, também mostrava que nem sempre filho de peixe, peixinho é. No caso dos Murdoch, dava para medir a distância que a família tinha percorrido se compararmos o casamento da própria Elisabeth, que contou com a presença da sociedade de Beverly Hills e Ronald Reagan, com a união de aspirantes a roqueiros saídos da reabilitação em Cotswolds.

O que chamava muita atenção na festa do casamento, além de Lachlan e James, que fingiam não se ver, e dos noivos saídos da reabilitação, era o patriarca de 91 anos de idade, que ainda era em todos os aspectos o filho dos anos 1950 de pais presbiterianos escoceses da era vitoriana, com seu conservadorismo intocado e sem nunca reconhecer fraquezas ou sentimentalismos. Ali estava, no meio da grande e disfuncional família, que poderia até mesmo ser considerada um repúdio pessoal às crenças dele. De fato, o evento em si era, de certa forma, uma celebração de um novo éthos de respeito às escolhas de cada um, de que a vida não é justa e de que todos tinham suas próprias peculiaridades entre os Murdoch.

A mãe da noiva estava toda de branco, assim como a filha. Apoiando-se no braço de Elisabeth estava seu pai, também todo de branco, a não ser pelos sapatos de veludo vermelho — por mais improvável que isso parecesse. Talvez seja possível classificar o estilo de roupas de Murdoch de acordo com as esposas que tinha na época, desde os ternos listrados dos seus primeiros anos em Londres, passando pelas roupas de negócios mais neutras, quando Anna estava a cargo do seu guarda-roupa, e depois as roupas de grife e designers quando Wendi fazia as escolhas, chegando ao estilo casual de aposentado rico, que usava até mesmo jeans, quando Jerry deu sua contribuição. No entanto, agora o branco com vermelho tinha chegado a um nível tão fora do comum, tão ridículo e escolhido a dedo, que sugeria todo um novo nível de influência e controle. Ele estava vestido como um boneco de Elisabeth — então ali estava a pergunta óbvia e sombria depois dos risos: quem estava dirigindo o show?

Já havia um tempo que a saúde e a lucidez básica do patriarca nonagenário eram a questão mais significativa no cerne de seu império *Après-moi-le-déluge*,* a qual costumava ser respondida com extremos de negação e esperança. Tudo poderia ruir depois que ele partisse ou perdesse a razão, mas a suposição era de que, até lá, tudo deveria continuar igual. Foi quando fez sessenta anos que o assunto da sucessão começou a surgir nos bastidores (ele tinha prometido para a esposa da época que se aposentaria), e continuou depois dos setenta e dos oitenta anos, até a venda de grande parte da empresa quando ele tinha 87. Foi nesse ponto que a sucessão pareceu ter chegado a uma resolução, com Lachlan gerenciando o que restava da empresa, mas Murdoch continuou trabalhando, de forma confiável, incansável e persistente. E ele fez 88, 89, noventa, e agora 91 anos...

A mãe dele viveu até os 103 anos, mas o pai faleceu com apenas 67.

Em algum ponto não muito claro, mas provavelmente por volta de 2014, depois que seus executivos à prova de falhas foram afastados ou substituídos

---

* *"Après moi, le déluge"* é uma expressão francesa que costuma ser atribuída a Luís XV e significa "Depois de mim, o dilúvio", a qual é usada para descrever a indiferença às consequências futuras após a morte de alguém. (N. T.)

pelos filhos, a pergunta cochichada e mais ou menos constante parecia ser: *Como ele parece estar se sentindo?*

A resposta era sempre, quase sem equívocos: "bem", "muito bem", "ótimo", "afiado como sempre". Isso fazia parte do sentimento necessário, mas também contornava a questão paralela, que sempre tinha sido e continuava sendo difícil de dizer. Murdoch, por natureza, costumava parecer desligado. Durante uns dez anos pelo menos, ele parecia se perder no meio de uma frase com uma frequência muito maior do que seria confortável para as pessoas que o cercavam. Ele entrava em um tipo de estado de fuga. Era possível que alguém, ao testemunhar isso pela primeira vez, acreditasse que ele tinha parado de respirar ou talvez tivesse até morrido. Gary Ginsberg, um dos seus assessores de relações públicas mais antigos e conhecido pela atenção meticulosa, sempre se apressava em explicar que o chefe estava se concentrando — *de verdade*. Também havia o resmungo natural e baixo com o qual continuava falando ou divagando por um longo tempo, sem se dirigir a ninguém em especial, a não ser aos mais experientes, que compreendiam o que estava dizendo ou até mesmo o assunto que estava abordando — ele realmente parecia estar em um mundo diferente e remoto. Certa vez, quando os Murdoch estavam morando em um edifício com o nome e a administração de Trump na Park Avenue, durante a reforma do triplex deles na Quinta Avenida, o próprio Trump pegou o elevador junto com Murdoch e um convidado. Murdoch resmungou um cumprimento com seu estilo distraído, e Trump se virou para o convidado de Murdoch e perguntou: "Você consegue entender alguma coisa que ele diz?".

É verdade que, ao mesmo tempo, ele poderia parecer determinado, decidido e concentrado, mas isso caminhava de mãos dadas com as distrações. E sim, aquilo parecia ser natural, ou pelo menos algo normal para Murdoch. Ele com certeza não era introspectivo, mas claramente passava muito tempo dentro da própria cabeça. Isso tinha a ver em parte com o fato de que ele realmente tinha uma gama reduzida de interesses. E se você não estivesse tão disposto quanto ele a conversar sobre um daqueles interesses, logo se mostraria pouco presente ou totalmente ausente. Ele era péssimo em grupos nos quais as conversas e os assuntos eram aleatórios (nesses casos, sempre se cercava de pessoas experientes e bem informadas, ou seus assessores faziam isso por ele). E já não ouvia bem. Além disso, tinha algumas características do espectro — "na verdade ele é muito, muito tímido", era uma das explicações —, uma falta de habilidade de compreender deixas sociais, e, à medida que os anos se passaram, com a ajuda do poder e do dinheiro, passou a ter menos interesse em se esforçar. Este era Murdoch.

Um dos problemas disso talvez fosse a impossibilidade de saber se era só uma questão da personalidade de Murdoch ou se era sinal de uma possível senilidade ou, ainda, uma mistura das duas coisas.

A partir dos seus setenta anos e por boa parte dos oitenta, sua idade não era mencionada pela maioria dos seus funcionários, sendo um assunto do qual ele mantinha distância. Mas, aos 91 anos, isso era cada vez mais difícil.

Então, o que aquilo significava *agora*?

Com certeza, existia algum tipo de resolução para acontecer após Murdoch, possivelmente uma bem incisiva. No entanto, existia também uma curva menos acentuada, mas não menos significativa, em direção a uma resolução que talvez já estivesse em andamento, uma resolução que poderia ser bem profunda também.

Ele era uma caixa-preta, e havia um acesso bem limitado a ela. Ainda assim...

Elisabeth era a filha que morava mais perto dele, uma situação que não era significativamente diferente para um bilionário do que para qualquer outra família de filhos adultos e pais idosos, quando a filha com maior proximidade assumia o trabalho. Além dos Kennedy e seu modelo histórico, os Murdoch sempre olhavam para outras famílias da indústria da mídia para resolver preocupações de ordem prática: os Sulzberger do *New York Times* e o modo como eles estruturaram o controle de longo prazo que a família teria sobre o jornal; os Bancroft, donos do *Wall Street Journal* até Murdoch o tirar deles; a família Bingham em Kentucky, com o *Courier-Journal* e o império midiático que tinham no estado se dissolvendo no meio de hostilidades; e mais recente e vividamente os Redstone, proprietários da Viacom e da CBS, com o patriarca afundando nos seus anos finais e humilhantes. Murdoch ridicularizara muito Sumner Redstone, sete anos mais velho que ele, por ter "perdido os colhões" nos últimos anos. De fato, a decadência desse bilionário, embora mais dramática do que a maioria, era semelhante, em sua inevitabilidade, ao que acontecia com muitas pessoas comuns. A filha de Redstone, Shari, superando o relacionamento que tinha com o pai, lhe deu todo apoio e proteção no fim. A diferença das famílias comuns é que isso possibilitou que ela assumisse a empresa multibilionária, algo que soava como um aviso e que não passou despercebido pelos irmãos Murdoch.

Elisabeth não era apenas a empresária que se provara mais bem-sucedida entre os filhos, mas também a única que mantinha relações com ambos os irmãos. Por ter se retirado da disputa pela liderança — ou, por ser mulher, ter sido deixada de lado —, ela não tinha interesse direto no impasse de longa data acerca da gestão. Mesmo assim, os amigos sempre disseram que não era muito inteligente subestimar a ambição dela, que era ainda mais forte por ter sido desconsiderada.

Diferente do irmão James, ela venerava o pai e estava disposta a protegê-lo; diferente de Lachlan, ela não era diretamente dependente dos favores do pai para o futuro. Como voz da razão e moderação da família e como a filha que oferecia, sem drama, mais cuidados e atenção ao pai, ela tinha conquistado uma influência especial sobre ele.

Ela também conhecia a chave para o coração dele: fazer com que tudo seja uma discussão sobre os fundamentos e as variáveis dos negócios de mídia. Aquele era o assunto do qual Murdoch nunca se cansava — seu retiro do espectro. Ele conseguia superar quase todo mundo tanto nas suas considerações detalhadas quanto ao falar de tendências mais amplas (e nas correntes de fofoca subjacentes à grande parte dos movimentos nos negócios). Durante anos e mais anos, ele conversava com seus executivos sobre os desenvolvimentos do dia a dia dos negócios.

Elisabeth estava usando sua grande fortuna para investir em toda a gama de oportunidades de novas mídias, desde seu clube de 100 milhões de dólares, passando por projetos de streaming e podcasts, até conteúdo de mídia social. Hipnotizado, o pai ficava sentado horas e horas, quase sem se mexer, enquanto absorvia todos os detalhes.

Fosse por estratégia ou para distraí-lo, Elisabeth começou a se aprofundar, junto com ele, no drama transformador da indústria da televisão. E ali ela conseguiu conectar dois pontos divergentes: a disfunção familiar e a disfunção da indústria.

Na questão da disfunção familiar, o pai, depois de ter ficado do lado de James na venda de grande parte da empresa para a Disney, dera o que restara da empresa — notadamente a Fox News — como prêmio de consolação para Lachlan. Mas a hostilidade contínua entre os irmãos deixara o pai bastante irritado e sem conseguir entender nenhum dos dois: Lachlan por causa da passividade (e seu retiro inexplicável na Austrália) e James pela recusa de deixar as coisas como estavam.

161

Embora tal disfunção parecesse instransponível, Elisabeth descobriu que havia uma questão disfuncional ainda maior.

Além de todos os outros problemas, a família atuava na indústria de emissoras de TV a cabo, que via o público diminuir e envelhecer, as receitas de publicidade caírem e o surgimento de enormes novas fontes de concorrência e tecnologias sempre passando por mudanças radicais. Se, na memória recente, atuar nos negócios de TV a cabo significava ter tirado a sorte grande, agora não passava de um mercado triste. Esqueça Tucker, Hannity e Trump. A TV a cabo, não importava o nível de sucesso que a emissora pudesse ter, nunca mais se tornaria tão valiosa.

Existia algum estudo de caso de negócios que tratasse da posse de uma única emissora de TV a cabo? Fazer a pergunta já dava a resposta.

Os irmãos — ambos olhando para isso principalmente através da lógica não econômica dos seus 2 bilhões de dólares pessoais — demarcaram respostas diametralmente opostas para a pergunta, não apenas um em relação ao outro, mas também em relação à irmã. Lachlan queria a Fox porque a recebera e provaria que estava à altura de administrá-la, exatamente como o pai provara estar mais do que à altura de administrar o que tinha recebido. James queria tirar a Fox do irmão para limpar o legado da família e demonstrar sua liderança de próxima geração ou simplesmente de anti-Murdoch.

Elisabeth, nos momentos de intimidade com o pai idoso, deixando a ideia amadurecer na mente dele, agora apresentava uma terceira posição, uma solução de negócios para o problema existencial da família: vender. Vender a Fox.

Talvez não houvesse muitos compradores óbvios, nenhum dos donos de negócios de mídia conservadora tinha dinheiro suficiente para a compra, e nenhum investidor privado desejoso de controvérsia em que talvez estivesse disposto a entrar, mesmo com aumento no fluxo de caixa. Mas não precisava haver. Os Murdoch poderiam simplesmente acumular muita dívida para a empresa, pegar o dinheiro, lançar a Fox como uma empresa independente de capital aberto e se livrar daquilo. Deixar pra lá. Naquele momento, o dinheiro que poderiam obter era maior do que jamais seria. Melhor aproveitar.

Ali estava um argumento que o pai, usando sapatos vermelhos e de braços dados com ela, gostando ou não, conseguiria entender; afinal, ele passara a vida inteira amargurando cada centavo que deixara de ganhar.

13. Hannity
Presidente dos Estados Unidos

As pessoas acreditavam que existia um número interno que circulava pela Fox informando exatamente o valor recebido graças a Donald Trump, ou melhor, o dinheiro *adicional*, o lucro que a Fox tivera desde que Trump havia se tornado o assunto principal, e que tipo de impulso na audiência de cada horário se devia a ele. Trump também tinha ouvido falar daquilo, ou talvez tenha sido ele mesmo o criador do boato. Seja como for, não existia ninguém que não concordaria que a galinha dos ovos de ouro que era a Fox tinha engordado bastante depois dele.

Desde as eleições de 2020, a possibilidade de Trump estar acabado assombrou a mídia dos Estados Unidos por todos os lados, mas não mais do que à Fox. No entanto, em um milagre da mídia, ele não desapareceu. Agora, porém, estavam tentando expulsá-lo.

"Não vamos falar do Trump? Que porra eles têm na cabeça? Você quer me dizer o que é a Fox sem Trump? Trump é candidato e a gente vai fazer o quê? Apoiar Ron DeSantis? E quando ele perder? O que vamos fazer? Apoiar o Biden? É isso?", Hannity estava perplexo.

E talvez fosse isso. Murdoch simplesmente parecia enlouquecido com o assunto. Até onde estaria disposto a deixar o canal cair? Eles estavam dispostos a destruir a emissora porque odiavam o cara que a Fox transformou em presidente?

Era impossível imaginar a Fox sem Trump. Para Hannity, e ele estava disposto a apostar pelo menos trinta pontos de audiência nisso, a Fox não existiria sem o Trump. Hannity, vendo o risco de tudo aquilo, não ia permitir que isso acontecesse.

Mas ali estava ele, no meio dos Murdoch, que queriam ferrar o Trump, e Trump, que não entrava no ritmo: "Eu preferia estar jogando golfe".

"Trump é assim mesmo", disse Hannity, não em tom de frustração nem de resignação, mas simplesmente seguindo o comboio de Trump, que, até o momento, tinha se mostrado uma viagem mágica.

Hannity estava confiante de que quando Trump *realmente* começasse a corrida, tudo ia mudar, e os Murdoch logo entenderiam que estariam fodidos sem ele.

Mesmo assim, era seu trabalho ser a voz da razão política, um desenvolvimento fantástico por si só.

No fim do verão de 2022, alguns meses antes das eleições de meio de mandato, Trump tinha mais de 100 milhões de dólares no banco, levantados principalmente com base na sua incessante crítica contra a eleição que acreditava ter lhe sido roubada, sendo que ele mal tocou em um centavo desse dinheiro. As ligações urgentes vindas do círculo de Trump no decorrer do verão tinham o propósito de recrutar Hannity para convencer o presidente a liberar fundos para os candidatos republicanos.

"Este é o momento. Você tem que apoiar os seus." Hannity incentivava o presidente.

"Eles têm meu endosso. Não existe nada mais valioso que isso."

"Dinheiro reforça isso."

"Eles não precisam de reforços. Vão ficar bem. Este dinheiro é meu. As pessoas doaram para a *minha* eleição. Eles não querem que eu gaste com outras pessoas."

"Senhor Presidente, eu realmente acho que elas querem que o senhor faça o que é melhor."

"E é exatamente o que estou fazendo."

A questão com a Dominion estava ficando cada vez mais intensa e estressando todo mundo — todo mundo foi intimado, o e-mail de todo mundo seria exposto. E os Murdoch estavam sendo mais escrotos do que de costume. Rupert tinha colocado o *Post* e o *Journal* contra Trump, publicando basicamente coisas que poderiam ter sido escritas pela imprensa liberal. (Trump era um que não via diferença significativa entre a Fox e os jornais dos Murdoch — tudo era Rupert!) Suzanne Scott temia perder o emprego e tentava desesperadamente ler a sorte de Murdoch na borra do chá. Donald Trump foi para Washington, DC, pela primeira vez desde que deixara a presidência, e a Fox simplesmente não fez a cobertura de nem um segundo do seu discurso de retorno (embora tenha exibido ao vivo um discurso de Mike Pence — *Mike Pence!*). A verdade era que várias mulheres e um monte de libertários na Fox — um número surpreendente de direitistas menos ortodoxos — não ficaram nada confortáveis com a questão de *Roe versus Wade* e estavam jogando a culpa *daquilo* em Trump. Além disso, a OAN, a menor emissora conservadora de notícias e fiel a Trump, estava praticamente falida, tendo sido abandonada pelas provedoras de serviços de TV a cabo. E o processo da Dominion poderia levar a Newsmax à falência. Era irônico que Trump e sua merda toda com a Dominion, tão defendida por Hannity, iam destruir toda a concorrência, deixando a Fox livre para se tornar uma emissora que exibia cada vez menos o próprio Trump.

Além do mais, Tucker também queria que Trump ficasse de fora. Uma eleição primária aberta dos republicanos com Carlson como potencial criador de reis — com o próprio Carlson sendo um potencial *rei* — era o que ele queria.

As coisas podiam se resumir da seguinte forma: o futuro da direita dominado por Carlson ou o futuro da direita dominado por Trump e Hannity. Que os Murdoch e DeSantis se fodessem.

Aquele era um jogo de audiência, e, para Hannity, no jogo da audiência era um absurdo não apostar em Donald Trump. A aposta em Trump e na audiência que podia conquistar tinha feito Sean Hannity se tornar o homem mais poderoso da TV — era isso que ele costumava dizer depois de alguns drinques —, talvez o segundo mais poderoso de todo o país.

Mas aonde ele chegaria com isso?

Ele poderia sair da Fox. Nem seu estilo de vida nem o dos filhos sofreria com isso. Diferentemente de Carlson, de Laura Ingraham e, na verdade, de qualquer um da Fox, Hannity tinha dinheiro de verdade, o que lhe possibilitava mandar tudo para o inferno. Os demais na Fox, sem nenhum outro lugar para ir, sofreriam impactos financeiros e estariam totalmente perdidos.

Ainda assim, apesar de ser rico, ou *por causa* disso, Hannity — apostando em ficar ainda mais rico — estava exatamente onde queria estar. Ele era a verdadeira fusão entre Trump e a Fox.

Um verdadeiro estereótipo nos noticiários de TV, ele é o apresentador burro, uma pessoa tão densa que sua falta de autoconsciência, sua total ausência de preocupação acerca das burrices que acontecem na televisão e sua disposição para manter algo que fora da televisão nunca teria alcançado conferem a ele vantagens surpreendentes e, ao mesmo tempo, uma postura irritante. Na Fox, Hannity era esse personagem. Os vinte anos de piadas de Ailes sobre o nível de inteligência e a feliz falta de autoconsciência de Hannity o tornaram um personagem conhecido da cultura da Fox (seu bom humor geral era real).

Sua devoção a Donald Trump parecia um alinhamento natural e, de alguma forma, a confirmação do lugar natural de Trump na emissora. Na verdade, talvez existisse um grande ceticismo da Fox em relação a Trump, até mesmo uma incredulidade e um constrangimento pessoal, mas havia as mesmas coisas em relação a Hannity — todo mundo estava acostumado a aceitar qualquer coisa em nome do sucesso de audiência.

Hannity poderia muito bem apresentar alegremente teorias da conspiração inúteis e complicadas, muitas vezes compartilhadas por Trump (ou vice-versa), que eram risíveis para a maioria das outras pessoas na Fox, porque a emissora tinha proporcionado uma audiência próspera para elas. Tanto Hannity quanto Trump eram falastrões a ponto de formar uma bolha que os isolava de qualquer influência ou informação externa. Essa constante expressão de suas próprias vozes não apenas os entretinha, mas também os fazia parecer comunicadores talentosos (a maioria das pessoas na televisão tinha perdido havia muito tempo a capacidade de ouvir). O que talvez pudesse ter sido um campo de força de palavras os separando (Trump não ouvia ninguém, e tal característica o distinguia mesmo entre as pessoas da televisão) se tornou justamente a conexão entre eles. Ter uma linha direta com o presidente deu a Hannity o tipo de audiência e de protagonismo que ele nunca tinha conseguido ao longo de sua carreira. Quanto a Trump, com seu respeito primitivo para com qualquer um no comando da audiência da televisão, a disposição de Hannity de canalizá-lo os transformou em irmãos amados e dependentes um do outro. Provavelmente, eles só paravam para ouvir um ao outro e ninguém mais.

Murdoch tinha percebido isso e pedido a Lachlan para descobrir quantas vezes o apresentador falava com o presidente. Com sua compreensão convencional de poder, Murdoch ficava confuso ao ver que alguém, principalmente alguém que trabalhava para ele, tivesse acesso melhor ao poder do que ele próprio. Também havia a irritação de que seu funcionário talvez estivesse estimulando Trump a ser ainda mais Trump. Ali estava um sentimento que ele jamais poderia reconhecer de forma direta, mas que transparecia nos sons guturais que fazia: ele dirigia a grande máquina que dava poderes a Trump.

Na Casa Branca de Trump, Hannity era visto como o verdadeiro chefe de gabinete, sendo que cada um dos diversos chefes de gabinete precisava forjar um relacionamento com Hannity como alguém que poderia oferecer conselhos confiáveis e sagazes, ao seu modo, para o presidente. Dentro da Fox, Hannity era o principal cardeal ouvido pelo papa, não apenas para levar e trazer mensagens, mas também para colocar palavras na sua boca. O fato de que ele era o apresentador burro que tinha conseguido aquele lugar ampliava ainda mais a irrealidade de Trump na emissora e reforçava o óbvio: era absurdo e certamente de nada adiantava questionar aquilo — melhor aceitar.

Do ponto de vista de Hannity, ele nunca tinha se saído tão bem. Trump era seu para-choque contra as personalidades da Fox mais inteligentes e com melhor audiência do que ele (Hannity teve de aguentar anos a fio de deboches de O'Reilly), contra a administração da Fox, por mais tênue que fosse, e, talvez o mais importante de tudo, contra os Murdoch, desnorteados e intimidados por Trump, por quem eles nutriam o maior desdém mas que tinha se tornado, inadvertidamente, o centro dos lucros. Além disso, Trump deu a Hannity possibilidades novas que ele nem sequer tinha imaginado. Ele podia ser qualquer coisa que quisesse — embaixador, secretário de Estado, qualquer coisa. Trump, na verdade, estava sempre lhe oferecendo um cargo de alto escalão (com o próprio Trump se esquecendo de que o lugar no qual ele mais queria Hannity era o horário nobre da Fox). Todo mundo na Casa Branca puxava o saco de Hannity. Ao mesmo tempo que Trump transformava os Estados Unidos e a Fox, ele transformava o mundo de Hannity.

É claro, apostar em Trump também era um ato de muita coragem. Hannity reconhecia que Trump era burro, e, na presença dele, Hannity era claramente o mais inteligente, estimado, metódico e prestativo. Ele desenvolveu uma tolerância ampla para as mudanças loucas de humor de Trump, suas fantasias impulsivas e contínuas, e aleatórias difamações de caráter. Hannity o ajudava (armazenando todas as merdas que Trump dizia como fofoca para ser contada mais tarde). Ele consultava as pessoas em volta de Trump para saber o estado de espírito geral do chefe e a seriedade de suas obsessões passageiras (assim como eles também o consultavam).

Trump era Trump, e Hannity, pelo bem da Fox e pelo próprio bem, assim como pelo bem do país, tinha aprendido a lidar com ele. Uma vez, ele e Carlson correram pela Europa em uma competição pela promessa de uma entrevista com Trump. Aquele era o Trump de merda. No final, ele concedera a entrevista *tanto* para Hannity *quanto* para Carlson. Trump brincara com eles para ganhar duas horas no ar. Era um gênio. Mas eram merdas geniais como aquela que irritavam os Murdoch. O homem era incapaz de respeitar as regras.

Hannity aceitou um senso de responsabilidade pessoal por aquela criança incontrolável. Considerando o valor de Trump para ele, para a emissora e para o país, Hannity tinha um forte interesse de proteger o presidente, principalmente dele mesmo. Por causa disso, na sua mente, Hannity tinha se tornado um verdadeiro estadista.

As pessoas fora da Fox, mas também dentro, realmente não conseguiam entender que ele estava fazendo história. Hannity não *precisava* do respeito de ninguém, mas o merecia.

Nunca ninguém na história da televisão tinha conseguido um poder político tão direto quanto Sean Hannity.

"Donald J. Trump é o meu negócio", declarou ele sem nenhum equívoco jornalístico.

Durante a eleição de 2020, Hannity começou a perceber, com crescente alarme, a teimosia consistente de Trump e a total incompetência da campanha. Ele ligava diretamente para o presidente, fazia ligações em nome dele e conversava com funcionários de campanha para dar instruções e estratégias. Todos esses esforços demonstravam, acima de tudo, o próprio desespero de Hannity de que talvez pudesse perder seu lugar no topo do mundo.

No entanto, após a incompreensão inicial do noticiário das eleições de 2020, Hannity, assim como Trump, compreendeu que nada tinha terminado ali, que os negócios continuavam — precisamente porque a audiência continuava! Era só Trump se recusar a ir embora e continuar sendo notícia.

Se Trump continuasse existindo na TV (na Fox), então ele continuava existindo no coração e na mente do povo dos Estados Unidos (as pessoas que acreditavam que Trump tornaria a América grande novamente). E aquilo era a democracia.

"É por isso que todo esse lance da Dominion é uma merda tão grande. As pessoas acreditam no que querem, e têm total direito de acreditar. Tem um monte de gente dizendo que não é verdade, mas tem um monte de gente que ainda acredita. Então, todo mundo tem mais é que se foder. Um monte de gente já se decidiu", defendeu Hannity com uma lógica que, para ele, parecia clara como cristal.

Quando Murdoch recebeu os relatórios sobre a defesa de Hannity no ar e fora do ar sobre a cobertura pós-eleições da Fox, ele talvez parecesse dar justificativas para seu apresentador: "Ele é retardado, como a maioria dos americanos".

No 6 de janeiro e na cobertura posterior de suas consequências, o pânico e a consternação imediatos de Hannity não foram provocados pelos eventos em si, mas, como ele disse várias vezes durante aquele dia, que Trump estivesse "arruinando tudo". Quaisquer dúvidas que Hannity pudesse ter — expressas em mensagens frenéticas para Trump e Mark Meadows, o chefe de gabinete de fato, enquanto a calamidade daquele dia se desdobrava — foram rapidamente engolidas pelo tema de restauração de Trump à Casa Branca, presente em todos os índices de audiência, arrecadação de fundos e possibilidades organizacionais e imaginárias. A alegria da nova luta de Trump por vingança já provocava a sensação de que estavam de volta ao topo. Nas semanas seguintes às eleições, ele estava vendo "mais oito anos de Donald Trump" (o presidente saindo da residência de Mar-a-Lago e voltando para a Casa Branca).

Enquanto a mídia liberal tentava fazer Trump desaparecer e via uma queda proporcional na audiência, a Fox continuou (na maior parte do tempo) defendendo e apoiando Trump, o que resultou na manutenção dos altos índices de audiência relacionados ao presidente. Hannity continuou sendo o contato de Trump na Fox, seu conselheiro político e influenciador de mídia e uma das pessoas que mais se beneficiaria com um possível retorno de Trump à Casa Branca. Trump, ainda mais do que a própria fortuna de Hannity, se tornou a verdadeira liberdade financeira do apresentador.

Só que tudo começou a mudar seriamente. A mensagem do segundo andar não era clara o suficiente, mas *era* clara. A última vez que Hannity colocara Trump no ar tinha sido por telefone em abril. Logo depois disso, criaram uma nova regra de merda sobre telefonemas ao vivo. E DeSantis era o novo garoto de Murdoch. Era como se eles vivessem em um universo paralelo em que as pessoas realmente acreditavam que DeSantis, aquele cara sem graça, teria um futuro contra Donald Trump. Se as pessoas realmente acreditavam que a história da Dominion era uma loucura ("As coisas saíram um pouco do controle", admitiu Hannity), a história de tornar DeSantis um dos favoritos contra Donald J. Trump era uma loucura ainda maior. As pessoas tinham enlouquecido de vez? Ailes sempre dissera que os Murdoch precisavam ser mantidos longe da Fox porque eles, na verdade, não passavam de esnobes. Além disso, eles nem eram estadunidenses *de verdade*, para dizer o óbvio. Era necessário se lembrar *sempre* de que a Fox tinha uma audiência de estadunidenses de verdade, e se você precisasse perguntar quem eles eram, então nunca saberia de fato. As coisas eram complicadas assim; a Fox estava perdendo a própria essência. Não estava pensando direito. Como poderiam sequer cogitar desistir de Donald Trump? Era *Donald Trump*! Hannity poderia até ser burro, mas sabia que um canal de notícias nunca tinha se identificado tanto com a notícia em si — ninguém nunca tivera tanta habilidade de chamar a atenção dos outros quanto Donald Trump, e era a Fox News que as pessoas procuravam para lhe dar a atenção.

"Eu não entendo isso. Vocês entendem?", perguntava Hannity para todo mundo. "Em que universo isso faz algum sentido?"

E Trump estava começando a ficar puto da vida. Em que universo alguém emputeceria Donald Trump? Em que universo alguém desprezaria Donald Trump?

Todas as vezes que ele se encontrou com Murdoch — "um cara esquisito" —, achou que o dono da emissora fora condescendente com ele e nem sequer tentara ser agradável. Se aquilo era ser inteligente, Hannity era grato por ser burro. Ron DeSantis não entrava na sua cabeça.

A questão então se resumia no fato de que Sean Hannity precisava salvar a Fox para Donald Trump, e salvar Trump para a Fox. Ele entendia que muita gente na Fox não gostava de Trump. ("O que dizer? Ele é o Trump.") Mas todo mundo estava sendo inteligente demais para o próprio bem. Trump não ia embora. Ele ia concorrer à presidência de novo, e a história se repetiria (e o resultado estaria mais para 2016 do que para 2020). Ele ficava imaginando, com bastante expectativa, o que os Murdoch fariam quando percebessem que Trump não iria embora — que, na verdade, tinha chegado para ficar.

E Tucker. Ele também era esperto demais para o próprio bem. Tucker queria concorrer contra Trump. E, novamente, se aquilo era inteligência, Hannity estava feliz por ser burro.

Hannity queria ser o poder atrás do trono — e queria continuar na TV. Não conseguia entender o problema. A Fox era tão lucrativa quanto sempre tinha sido. A audiência de Hannity continuava nas alturas, como sempre — assim como a dos outros apresentadores. A Fox não tinha nenhum concorrente de fato na mídia conservadora. Na verdade, enquanto todos os outros canais estavam enfrentando dificuldades, as coisas na Fox continuavam basicamente as mesmas. Além disso, Donald Trump ia concorrer à presidência de novo. O que mais eles poderiam querer? Alguém trocaria isso por Ron DeSantis? Por quê? Porque se sentiam culpados por causa de Donald Trump? Fala sério. A vergonha não tinha lugar na televisão.

De qualquer forma, Trump só precisava entrar nos trilhos e tudo se encaixaria nos devidos lugares. Não importa que todos talvez quisessem mudar as coisas, a Fox ia fazer o que fazia de melhor.

14. Suzanne Scott

O segundo andar

Não havia a menor dúvida de que Suzanne Scott ia perder o emprego. Todo mundo sabia disso. Era o que Lachlan Murdoch estava dizendo. Além disso, Rupert estava de olho nela. A sombra do processo da Dominion pairava sobre a cabeça dela. A confidente de Murdoch — e de toda a família — em Londres, Rebekah Brooks, que administrava os negócios internacionais do patriarca, tinha apontado Suzanne como uma questão clara naquele problema obstinado da Dominion, que precisava desesperadamente de alguém para levar a culpa. (Rebekah já tinha trabalhado para outra empresa de Murdoch, a News Corp, mas sua influência era vasta.) Parecia não haver muitas dúvidas: uma mudança estava para acontecer.

A Fox estava ganhando mais dinheiro do que nunca, ainda assim, tudo parecia instável demais. Dominion, Trump, Rupert com seus 91 anos, Lachlan ausente para praticar caça submarina, Viet Dinh bebendo (este era um relato espalhado pela própria Rebekah), Tucker agindo de acordo com os próprios interesses; quem estava no comando? Aquela era a questão que ecoava por todo o mundo dos Murdoch.

Certo dia, o ex-secretário de educação da cidade de Nova York, Joel Klein, a quem Murdoch havia apoiado e concedido uma ampla gama de responsabilidades no império antes de Viet Dinh tê-lo afastado, encontrou um jornalista que cobria de perto a Fox, quando estava passeando na Madison Avenue com a esposa Nicole Seligman, ex-CEO da Sony, e imediatamente lançou a pergunta surpreendente: "Quem está no comando lá?".

Era uma situação na qual ninguém assumia um lugar que precisava ser ocupado.

Suzanne Scott era um bom lugar para se começar. "Vai acontecer", disse Viet Dinh para um colega que queria saber por que estava demorando tanto. (Viet Dinh e Suzanne Scott eram o yin e o yang de muitas questões relacionadas à culpa na Fox — se Viet Dinh não estava levando a culpa, então Suzanne deveria estar.) As pessoas da Fox falavam aos repórteres externos que aquilo logo aconteceria e, ao mesmo tempo, tentavam descobrir quando seria. Então, a pergunta começou a mudar e passou a não ser mais quando ela perderia o emprego, mas por que ela ainda tinha um emprego.

As respostas pareceram confirmar por que ela *deveria* ser demitida e por que talvez ela *não pudesse* ser. Ela *deveria* ser demitida porque não tinha, nos quatro anos em que comandava a Fox, assumido o lugar de liderança da emissora. Sua falta de visão, de domínio e de comando tinha aproximado cada vez mais a sombra da Fox sobre a cabeça dos Murdoch (se ela era uma executiva fraca, então os Murdoch eram, por padrão, os executivos mais fortes). O processo complexo de afastar a Fox dos anos de Trump e guiá-la em direção a algum tipo de modelo novo — mantendo obviamente os lucros — era obrigação de Suzanne Scott. Ocorre que ela não fez isso; na verdade, apenas permitia que a Fox continuasse gerando muito lucro, enquanto gerenciava como se estivesse no piloto automático. E era justamente isso que gerava a dificuldade de se livrar dela, porque tinha sido muito bem-sucedida em não colocar seu nome em nada, nem em sobressair em absolutamente nada. Ela talvez fosse pequena demais para levar a culpa e eles não mandariam nenhum recado com a demissão dela.

Lachlan Murdoch propôs que contassem algumas histórias sobre Suzanne Scott para elevar o perfil dela, justamente para que pudesse ser demitida — e, de fato, o *New York Times* se prontificaria na hora a apresentá-la como a verdadeira líder e sustentáculo da Fox.

Havia outro motivo por que fazia sentido demitir Suzanne. Ela representava tudo que a Fox era, mas que agora os Murdoch queriam desfazer — bem, não o dinheiro que ganhavam, mas as dores de cabeça que aquilo vinha causando. Mas isso também era uma questão. De certo modo, era muito mais fácil demitir executivos de renome contratados (do tipo que James Murdoch queria trazer quando se livraram de Ailes) do que demitir executivos cujas carreiras estão intrinsecamente ligadas ao próprio DNA do fluxo sanguíneo burocrático da organização. Para dizer o mínimo, Suzanne Scott sabia onde os corpos estavam enterrados. Ela estava lá desde literalmente o primeiro dia, uma contratação que Ailes fez em 1996 — uma das loiras espevitadas e experientes da TV que ele preferia ("a televisão é um mundo de loiras, demita qualquer um que ache que pode mudar isso"). Em Suzanne, porém, eles tinham o extremo oposto de Ailes — uma mulher, para começar, uma executiva que evitava chamar a atenção para si, que não tinha instinto nem apetite para um culto à personalidade, que tinha poucas ou nenhuma preferência política, e que não buscava gerenciar o próprio programa independente, que era o que eles queriam. Ao mesmo tempo, Suzanne também era alguém que não queria mexer no que Ailes tinha construído. Talvez por modéstia, ou medo do desconhecido, ela entendia que a fórmula de Ailes era o que resultava em dinheiro (e os resultados continuavam impressionantes), então era melhor não mexer em time que estava ganhando. Os Murdoch também queriam isso, mesmo que não estivessem dispostos a admitir.

Esse era o tipo de situação em que boas notícias são más notícias. O dinheiro continuava entrando, e a Fox continuava envenenando todos os aspectos da presença da família Murdoch no mundo. Aquela contradição aparentemente insolúvel era o que mantinha Suzanne no emprego.

Depois da saída de Ailes, os Murdoch tiveram um período inicial de paralisia, surpresos demais por terem conseguido derrubar o rei. Desse modo, mantiveram toda a equipe administrativa de Ailes, fortemente composta de pessoas que baixavam a cabeça e faziam o trabalho. Bill Shine, braço direito e principal funcionário, permaneceu no cargo logo após a saída de Ailes e teve a impressão de que poderia ser bem-vindo no longo prazo. No entanto, considerando que Ailes tinha criado sua hermética "Coreia do Norte", cortando todos de influências externas e normas sociais básicas, todo mundo no segundo andar — ou quem até mesmo tivesse visitado o segundo andar — era claramente cúmplice no mundo pervertido e exclusivo que ele tinha criado.

Na política da família, depois da saída de Ailes, James Murdoch defendeu uma limpeza geral, desejoso de trazer, especificamente, David Rhodes, o chefe da CBS News, que havia começado sua carreira trabalhando para Ailes na Fox, mas que agora tinha o reconhecimento da mídia padrão; além disso, seu irmão, Ben Rhodes, se estabelecera como um alto assessor de política externa na Casa

Branca de Obama. "Heterodoxo", era como James o abordara para liderar o mundo ortodoxo da Fox. Rupert e Lachlan resistiram àquela profissionalização da emissora, menos talvez porque era óbvio demais que aquilo parecia um presságio de uma grande mudança na natureza da Fox News, e mais porque James parecia tão determinado a conseguir aquilo.

Em vez disso, Rupert e Lachlan optaram por buscar alguém nos níveis hierárquicos mais baixos, embora permanecendo no segundo andar de Ailes, o andar no qual ocorreram tantos dos abusos, e acabaram escolhendo uma mulher, em contraste oficial com seu predecessor misógino.

Da noite para o dia, Suzanne Scott se tornou uma daquelas pessoas que não tinha a menor ideia do que Ailes, com quem passara a maior parte da sua carreira, fazia nem o que ele tramava. Ela falava em termos profundamente magoados sobre a marca que Ailes deixara em todos — enquanto o mundo todo se perguntava se *ela* tinha transado com ele para ser contratada ou se sabia de tudo que ele fazia e até mesmo se tinha ajudado a encobrir os fatos. Aquilo era sexismo puro, ultrajante! Ninguém sabia nada sobre ela! Por que, então, insinuar uma coisa daquelas... Ah, a injustiça.

De qualquer modo, para os Murdoch, o assunto foi tratado como se fosse um território completamente diferente, e Suzanne Scott passou oficialmente por uma "descontaminação" de tudo que tivesse a ver com Ailes. Ela sabia como tudo funcionava e parecia pronta para fazer o que eles quisessem que ela fizesse, mesmo que eles mesmos não soubessem bem o que era.

Dentre suas virtudes gerenciais estava o fato de ser mulher, só que uma mulher em uma emissora totalmente dominada por homens, liderada por um presidente que se sentia desconfortável na presença de mulheres e encabeçada por apresentadores de direita que, tanto profissional quanto pessoalmente, não haviam mudado suas visões em relação a gênero. Então, para ajudá-la na administração, eles nomearam Jay Wallace, outro profissional que dedicara a carreira à Fox. Ocorre que, embora ele fosse casado, acabaram descobrindo que tinha um caso não muito bem escondido com sua assistente — eles se pegavam no estacionamento da Fox. Em termos burocráticos, isso elevou Suzanne Scott e transformou Jay Wallace no seu escudo humano. Ela era protegida pela óbvia vulnerabilidade dele.

Aquela se tornou a assinatura gerencial de Suzanne, subir mais, se retrair mais e colocar os outros na linha de fogo. A Fox, que sempre fora a operadora de notícias menos burocrática da TV, com a voz e as prioridades de Ailes liderando e dominando, se tornou tão estratificada, sobrecarregada e obtusa como todas as outras (os canais de notícia da TV criam burocracias em grande parte para manter os gestores bem longe das controvérsias e das críticas que os noticiários geralmente criam).

Ali estava uma metamorfose desconcertante para tantas pessoas na Fox com quem ela tinha crescido, trocado confidências e até mesmo formado uma equipe alegre. Principalmente para o círculo íntimo de mulheres que trabalhavam na emissora, unidas pela forte cultura de disparidade de gênero no trabalho — bem parecida com a de padres e freiras —, que consideravam a ascensão de Suzanne uma evidência promissora da transformação cultural. Para elas, a ascensão de Suzanne a uma posição importante era um fato significativo, embora ninguém conseguisse decifrar exatamente o significado, a não ser que, com certeza, não parecia ser uma transformação.

Ainsley Earhardt, que era conhecida por expressar o que se deveria reconhecer e guardar para si, vivia perguntando para todo mundo se sabiam por que Suzanne tinha parado de falar com ela.

Viet Dinh e os Murdoch só falavam com Suzanne (exceto Lachlan, que também conversava com Carlson), e ela só falava com três fiéis funcionários, os vice-presidentes da programação da manhã, da tarde e do horário nobre, que passavam adiante a palavra do "segundo andar". Os dias de Ailes no telefone, ou falando diretamente no ponto — estimulando, convencendo ou brincando —, o homem em torno de quem tudo acontecia, agora se tornara simplesmente o amorfo segundo andar. Só que não era sequer um chefe oculto dando ordens impossíveis de rastrear, mas sim alguém que, por si mesma, não tinha posição ou autoridade real para dar ordens e que certamente não queria ser responsabilizada por aquelas direções que poderia ser forçada a dar. Em parte, isso é o que acontece quando se herda o negócio mais lucrativo que uma indústria já conheceu; qualquer mudança provavelmente fará com que você seja culpado por estragar tudo.

Os três principais executivos — os dois Murdoch, pai e filho, e Viet Dinh — tinham pouca experiência em televisão, nenhuma experiência em programação e completa aversão a lidar com os apresentadores. Além disso, Murdoch, quando estava inseguro e frustrado, tendo de encarar circunstâncias que não compreendia, tendia a se retrair àquele lugar de resmungos ininteligíveis.

Lachlan Murdoch parecia optar cada vez mais por não interpretar o pai, e, em vez disso, contemporizar, tergiversar e evitar fazer declarações em nome dele. Para Viet Dinh, a paralisia estrutural acomodava seus longos almoços. Ninguém estava ansioso por fazer nada.

As ideias brilhantes de Murdoch para reinventar a Fox pareciam revolver em torno de personalidades conservadoras com as quais ele trabalhara no passado: Bill Kristol, que tinha criado a revista conservadora *Weekly Standard*, na qual Murdoch investira; John Podhoretz, um colunista experiente do *New York Post*; e diversos colaboradores influentes do *Wall Street Journal*. Por conta própria, ele deu um programa, no horário de baixa audiência nas noites de domingo, para Steve Hilton, um britânico com ideias libertárias, desconhecido no mercado dos Estados Unidos, que fora conselheiro do ex-primeiro-ministro conservador David Cameron, uma pessoa bastante liberal no contexto da Fox. Os impulsos de Murdoch eram todos feitos em direção a conservadores, não apenas de uma geração diferente, mas aqueles que rejeitavam Trump, o movimento MAGA e tudo aquilo que a Fox fora bem-sucedida em abraçar e defender para se transformar no que era. Lachlan, Viet Dinh e Suzanne Scott, compreendendo que aquele caminho não beneficiaria ninguém, acabavam deixando a maioria das ideias inovadoras de Murdoch de lado.

Na verdade, a tendência geral de colocar as ideias de lado, não decidir nada e deixar tudo para mais tarde, habilmente facilitada por um CEO que havia desaparecido nas zonas de fuso horário mais distantes, tornou-se a metodologia fundamental de gestão.

"Em time que está ganhando não se mexe", dizia Lachlan, descrevendo para um amigo sua visão geral sobre a administração da Fox.

O amigo expressou surpresa, lembrando-se de que Lachlan dissera que a Fox era um trem desgovernado pronto para bater.

"Assim como tudo, não?", retrucara Lachlan.

Uma coisa que costumava ser deixada de lado eram as reuniões com Suzanne. Elas simplesmente não aconteciam, deixando-a livre para manter tudo como estava e não mexer em nada (ou seja, não mexer no mecanismo fundamental de lucros).

O princípio de que todos os vácuos de poder são inevitavelmente ocupados se provou falso nesse caso, pois ninguém quis assumir a liderança. Quanto menos acontecesse, mais a Fox assumia o que fazia de melhor: tornar-se o que a audiência queria. Nesse ponto, ela constituía um dos paradigmas mais bem-sucedidos já criados na mídia, principalmente depois da eleição de Donald Trump.

"Eu crio monstros e eles me dão índices monstruosos de audiência, mas, então, eu preciso controlá-los", dizia Ailes.

Na verdade, parecia que, quando não havia ninguém para controlá-los, a audiência ficava ainda mais monstruosa.

Do ponto de vista de Ailes, você precisa de uma "persona — uma persona para as câmeras". Ailes descrevia "persona" não como um papel inventado ou criado, mas sim um que expusesse seu verdadeiro eu. "A persona precisa ser autêntica, ou seja, só funciona se a pessoa conseguir transmiti-la de forma convincente." Era o método de Strasberg. "As pessoas não decolam se não assumirem o risco." E, de fato, isso produziu vozes de um tipo que nunca havia sido ouvido na televisão dos Estados Unidos — não apenas vozes que traziam certas inclinações políticas, mas vozes com um novo tom, frenesi e mania. Uma nova realidade.

No entanto, ao ver pessoas como atores, como talentos extraordinários que ele criara — ou libertara —, ele se via como o diretor. Aquele era o seu elenco, sua orquestração, seu show. Era a voz dele no ponto dos apresentadores.

Acontece que, quando essa voz desapareceu, não foi substituída por nada além de um vago "aqui está o que o segundo andar acha...". Isso fez com que as personas se tornassem mais vívidas, e os riscos ficassem ainda maiores, com os monstros totalmente soltos das amarras, de modo que todos eles estavam ligados à maior persona, ao maior monstro de todos, à pessoa que assumia mais riscos no país, *na história dos Estados Unidos*, e que ocupava a Casa Branca! Isso fazia os índices de audiência subirem vertiginosamente.

O curioso era que os Murdoch consideraram isso uma confirmação de sua perspicácia gerencial. Tinham se livrado de Ailes, e as coisas ficaram ainda melhores! Não dependiam mais dele. Era só olhar para os resultados. Só que, ao mesmo tempo, a Fox era... bem, a Fox. E estava se tornando ainda mais... *Fox*.

A nova gestão de Murdoch fez uma coisa agressiva: controlar os custos. Ailes, com o dinheiro de Murdoch, tinha uma visão muito expansiva do que fazer. Murdoch, gastando o próprio dinheiro, começara a tomar conta e a cortar alguns dos gastos de Ailes.

Ailes usara o grande sucesso da Fox como sua própria ferramenta de gestão. Ele pagava salários exorbitantes para o seu pessoal (bem, pelo menos para os homens). Comprava lealdade e devoção — era disso que se tratavam os pagamentos (para os homens). No fim das contas, a grande soma que ele jogou em cima dos homens para ficarem a seu favor ajudou a criar a disparidade que fez muitas mulheres da Fox se voltarem contra ele — o que elas realmente tinham a perder?

Melissa Francis, uma apresentadora e correspondente da Fox Business e da Fox News que ganhava 1 milhão de dólares por ano, confrontara a emissora acerca da disparidade entre o salário de homens e mulheres na Fox, que vinha documentando meticulosamente. Ela entrou com um processo; eles a demitiram; depois mudaram de ideia. O acordo com ela: 15 milhões de dólares.

No entanto, para os homens que usufruíam daquele incrível trem de vantagens, o dinheiro confirmava a sabedoria e a genialidade de Ailes.

Murdoch odiava pagar tanto dinheiro assim, já que uma das suas crenças fundamentais de negócios era economizar. Ele carregava listas de salários, concentrava-se profundamente, sem acreditar, nos planos salariais. Mesmo cético em relação às mulheres no mercado de trabalho, ele agora parecia adorar as mulheres na Fox, porque, comparadas aos homens, representavam muito pouco em termos salariais.

Além da irritação e do ressentimento que isso provocava em algumas personalidades e astros depois da saída de Ailes — Carlson recebendo um terço do que Hannity ganhava, mesmo ultrapassando seus índices de audiência; Laura Ingraham ganhando muito menos —, o efeito disso era substituir a hierarquia de cima para baixo por um sistema de satélites, já que não havia uma gestão central. Era cada um por si, trabalhando como empreendedor individual no novo mercado de extrema direita.

A estrutura de satélite se tornou uma parte ainda mais clara da relação básica entre apresentadores e a gestão com os protocolos para lidar com a covid-19: todo mundo trabalhando em estúdios remotos, ninguém entrando no prédio número 1211 da Sixth Avenue.

O relacionamento com a administração consistia em nada além dos índices de audiência. Se a audiência estivesse boa, você estava dando o resultado que queriam. Como um vendedor fazendo os pedidos por telefone. Suzanne Scott não tinha autoridade, nem interesse, nem motivos — se os índices estivessem bons — para alterar essa relação de gestão.

De fato, para os apresentadores da Fox, o relacionamento com Trump e com a forma como seus desejos voláteis eram gerenciados se tornou muito mais importante para o sucesso do que a relação com o segundo andar.

O pânico geral e intenso que se seguiu depois da eleição de 2020, agora condensado no processo da Dominion, representava um ponto-final na longa queda daquele modelo de Coreia do Norte que Ailes implementara no passado. No momento de crise, de contradições internas tão grandes que o sistema se voltava contra si mesmo — tanto para minar Trump quanto para correr a fim de salvá-lo —, não havia mensagem, estratégia, controle, comunicação nem acordo. Não havia ninguém na liderança.

De qualquer forma, os Murdoch não iam demitir a si mesmos. Nem Viet Dinh, provavelmente, o principal executivo e braço direito, quase uma pessoa da família (quase). Então, Suzanne era a escolha óbvia, não era? A CEO da emissora.

Tinha que ser ela. Todos concordavam.

15. Laura

A marca

Laura Ingraham estava disposta a ser tudo que uma apresentadora da Fox precisava ser. Todas as noites, parecia se esforçar ao máximo para se posicionar ainda mais à direita, como o esperado, demonstrando um ato de suprema força de vontade. Uma pessoa que parecia simpatizar com seu desconforto era Murdoch. "Ela tem a cabeça no lugar" era uma das desculpas que ele usava para os baixos índices de audiência do programa dela. "Ela não é louca", dizia ele, como defesa. O fato de ela tentar desesperadamente parecer louca não vinha ao caso. Estava presa na mesma posição difícil que ele: existiam a Fox e suas visões incendiárias de um lado e, bem, um conservadorismo muito mais exigente em relação ao que se deveria mudar (principalmente impostos) do outro. Era uma questão difícil para ambos.

O movimento conservador que surgira nos anos de Reagan, como o representado pelo *Dartmouth Review* e seu pequeno grupo do qual Laura fazia parte, era marcado por presunções intelectuais e um estilo de debate jesuíta (tendo ainda William F. Buckley Jr.* como seu mais alto exemplo). Foi a partir desse grupo que surgiu o círculo de personalidades conservadoras de mídia, um segmento novo e versátil de ativismo político, e a vanguarda neoconservadora —

---

* William F. Buckley Jr. (1925-2008) foi um renomado escritor, comentarista político, apresentador de TV, fundador da revista *National Review* e figura proeminente do conservadorismo dos Estados Unidos. (N. T.)

contando com todo apoio de Murdoch. Em 1995, ele financiou o lançamento da *Weekly Standard*, uma espécie de periódico interno e veículo promocional dos conservadores ativos (e ambiciosos).

As próprias visões de Murdoch eram, de forma geral, contrárias às políticas de esquerda, favoráveis aos interesses empresariais, associadas a um estilo formal, frequentemente não lidas e, muitas vezes, também pareciam impulsivas. Reagan e Thatcher eram bons, representando uma nova elite conservadora em oposição a uma elite liberal, e era tudo que ele queria, já que não estava nem um pouco interessado nas questões sociais. É possível argumentar que a posição dele era em prol da política da conveniência, e no Reino Unido ele abandonou o Partido Conservador para apoiar Tony Blair e o Partido Trabalhista. Seu conservadorismo se alinhou com a política antiterrorismo pós-Onze de Setembro defendida pelos neoconservadores, regularmente na revista *Weekly Standard*, e com a administração Bush. Adorou comprar o *Wall Street Journal*, cuja página editorial neoconservadora e favorável aos interesses empresariais dizia exatamente o que ele teria dito (se conseguisse articular qualquer pensamento). Mas foi ali que suas visões estacionaram.

Para Murdoch, a crescente hostilidade conservadora contra a imigração, a inclinação evangélica, a política contra abortos e a animosidade racial contra Barack Obama, tudo isso eram coisas estranhas e preocupações de uma classe mais baixa, mesmo que tenha sido tudo isso que deu poder e lucros para a Fox. De fato, em 2008, talvez porque não conseguisse controlar a Fox nem o próprio Ailes, ele convidou Ailes para acompanhá-lo em um encontro com Obama, então candidato democrata, quando o dono da Fox ficou sentado, passivamente, ouvindo Obama repreender Ailes por todo seu racismo. Ailes guardava um forte ressentimento contra ambos por causa do episódio.

Laura Ingraham vinha de uma era ideológica dos anos 1980 e 1990, surgindo entre a nova geração de personalidades da mídia conservadora. Murdoch, que tendia a formar opiniões inabaláveis, via Laura como uma mulher republicana de pensamento profundo e considerava sua contratação pela Fox como a de uma voz que ele apreciaria e parte de seu novo e determinado envolvimento com a emissora após a saída de Ailes, demonstrando que ele estava no comando.

Murdoch talvez até tenha conseguido, em grande parte, ignorar a dominação da sua própria emissora pela nova direita, mas Laura, que ganhava a vida como apresentadora de rádio conservadora, precisava acompanhar. Mas ela acabava sempre ficando para trás. A lacuna entre o conservadorismo das décadas de 1980 e 1990 e aquele que floresceu após a Guerra do Iraque, o colapso financeiro e a presidência de Donald Trump era apenas um pouco menor do que a divisão básica entre liberais e conservadores, sendo praticamente mundos antagônicos entre si. De fato, muitos dos principais protagonistas da onda anterior tinham assumido uma posição contrária a Trump, e alguns até passaram a votar nos democratas. Permanecer no jogo de direita exigia um nível de reinvenção, capacidade teatral e até mesmo um esforço para manter o equilíbrio e a saúde mental (demonstrado pelo exemplo de Dinesh D'Souza, ex-namorado de Laura, que também vinha de Dartmouth, cujas posições e provocações políticas extremas resultaram em uma condenação criminal e no indulto de Donald Trump). Mesmo antes da ida inesperada para o horário nobre, a carreira de Laura no rádio estava minguando, seu conservadorismo parecendo mais amargo e infeliz do que provocador e versátil. Na Fox, ela recebeu a oportunidade de se tornar o para-raios, mas, por mais que tentasse, quase sempre parecia exausta pelo esforço.

Assim como a do próprio Murdoch, a longa jornada de Laura pela transformação radical da política conservadora, começando em Ronald Reagan e uma nova classe de pessoas inteligentes, formadas pelas melhores faculdades do país, passando pela ascensão de empreendedores e artistas da direita até o novo centro separatista, racista, nativista e populista, a deixou estranhamente fora da marca (e a Fox conseguia monitorar isso muito bem, fazendo um acompanhamento dos índices de audiência, minuto a minuto, o que, por duas décadas turbulentas, manteve a Fox notadamente fiel à própria marca).

A marca era a chave. A Fox era mais poderosa do que qualquer emissora já tinha sido. Ou se aceitava isso, como Lachlan Murdoch, reconhecendo que aquilo não era algo que pudesse ser alterado, mudado ou redirecionado, por isso não adiantava nem tentar; ou a alternativa seria destruí-la, como no aparente entendimento de James Murdoch; ou, como Tucker Carlson, abraçar totalmente o conceito — e o poder seria todo seu. Embora tudo isso pudesse parecer óbvio, era espantoso como ainda havia algumas pessoas que se recusavam a encarar os fatos.

O próprio Murdoch certamente parecia pensar assim, dando a impressão de que considerava a Fox um lugar de diálogo animado com inclinação conservadora, ou, pelo menos, de que ele havia decidido que isso era o que a Fox poderia razoavelmente ser. Ele parecia sempre se perguntar por que não havia "mais vozes" no ar, ou um número maior de programas mais sérios (ou pelo menos *alguns*). Perguntava-se por que não convidavam Mitt Romney* mais vezes.

Chegava a ser ridículo como a própria família Murdoch e seu caráter cultural eram contra a marca Fox, algo que só podia ser considerado fora da realidade, mesmo que fosse um fator crucial. Mais ambicioso do que poderia admitir (ele poderia resvalar para resmungos sobre "ambientalistas" e "elitistas"), Murdoch assistira aos filhos se tornarem gestores corporativos e socialites ricas e internacionais. Ou seja, o extremo oposto da sensatez da Fox e sua esperada destituição das elites e de sua ordem social liberal.

Agora, de Londres, do topo do grupo social de celebridades e mídia, Elisabeth Murdoch teve uma ideia audaciosa e, para qualquer um que já tivesse assistido à Fox News, desconcertante.

Para uma programadora talentosa como Elisabeth Murdoch, a fraqueza de Laura Ingraham no seu horário parecia uma nova oportunidade. A filha do chefe via isso através de uma lente convencional: na televisão, os melhores índices de audiência estão sempre no horizonte. Tente algo novo e veja se funciona — talvez funcione; o que tinham a perder? Liz era boa nisso. Em 2002, ela trouxe o programa britânico *Pop Idol* para o pai, que foi reformulado para a Fox Broadcasting Network (que precisa ser diferenciada do canal Fox News devido a décadas de confusão de marca) como *American Idol* e, depois de quinze temporadas na Fox, se tornou um dos programas de maior sucesso de todos os tempos.

Agora, Elisabeth via possibilidades ali, na Fox News, que poderiam aumentar a audiência *e* resolver os outros problemas para o pai e para os interesses maiores de Murdoch. "Podemos fazer a Fox trabalhar para nós, em vez de nós trabalharmos por ela", disse, diagnosticando o problema de forma bastante precisa, embora demonstrasse uma confiança excessiva em relação à solução.

Na Inglaterra, durante os muitos meses da pandemia de covid-19, Murdoch adquirira o hábito de visitar os negócios de Londres, aqueles outrora *grandiosos*, mas agora minguados. Com o fechamento do *News of the World*, o principal culpado pelo caso das escutas telefônicas, com a saída do filho James fugindo

---

* Ex-governador de Massachusetts e candidato presidencial do Partido Republicano em 2012. (N. T.)

da cidade, com a separação dos jornais do restante do seu império, e com a diminuição da sua própria influência política — uma sombra do que já tinha sido um dia —, os negócios de Londres, principalmente o *Sun*, o *Times* e o *Sunday Times*, tinham se tornado um tanto marginais. O *Sun*, antes a principal engrenagem de dinheiro do império, agora dava prejuízo, assim como o *Times* e o *Sunday Times*. A Sky não era mais dele, tendo sido vendida para a Comcast em 2018. Os negócios no Reino Unido eram compostos de antigos funcionários de Murdoch que, usando uma infraestrutura tecnológica antiquada, estavam resignados a uma corporação em declínio. Não ficou claro o quanto Murdoch entendia isso e se ele realmente ainda se via como alguém capaz de impor sua visão ao mundo midiático britânico. De qualquer forma, preso em Londres, ele se sentia grato por ter um escritório ao qual ir.

A empresa do Reino Unido era administrada por Rebekah Brooks, a ex--editora do *Sun*, que tinha sido sujeitada a meses e meses no banco dos réus no julgamento do caso das escutas telefônicas. Rebekah era uma das pessoas favoritas de Murdoch, e da família como um todo, um dos seus poucos relacionamentos que pareciam transcender os negócios — "como uma terceira filha" era como ele expressava seu apreço, deixando de lado o fato de já ter uma terceira e uma quarta filhas. Ela fizera amizade com Elisabeth logo que chegara a Londres nos anos 1990 e a tinha apresentado a Freud. Também fora uma das fiéis escudeiras de James quando ele assumira a administração das operações internacionais da empresa. Depois de ser absolvida de qualquer culpa no caso das escutas, foi recontratada por Murdoch e, em seguida, ganhou o cargo mais importante de Londres. Continuou profundamente envolvida com a família Murdoch e muito ligada nas oportunidades que poderia ter. Havia deixado a aliança com James, exilado da empresa, trocando-a por uma com Lachlan, cujas capacidades de liderança precisavam de muito apoio, como todos sabiam.

E Rupert também precisava de apoio, ou, pelo menos, de distração.

Enquanto os jornais que dirigia afundavam economicamente e se tornavam cada vez mais irrelevantes socialmente, era lógico que Rebekah Brooks estava pensando na televisão. Só que, obviamente, a empresa, outrora dominante na televisão do Reino Unido, não tinha mais uma presença. Além disso, o mercado televisivo do Reino Unido não era fluido nem flexível nem próspero. Mas não dê atenção a isso, o mundo agora era do streaming. A ideia de Rebekah para salvar os negócios, recebida com entusiasmo por Murdoch, era um canal de notícias por streaming que seria mais semelhante à Fox do que qualquer outro noticiário do Reino Unido, mas não *tão* parecido assim; em outras palavras, exatamente a proposição que Murdoch e sua família gostariam de ver na Fox News dos Estados Unidos (ou seja, que a Fox não fosse a Fox).

Com base em muitas promessas de recursos para continuar no poder, David Rhodes — o ex-braço direito de Ailes que foi trabalhar para a mídia tradicional para dirigir a CBS News, e que James tentara atrair de volta à Fox a fim de tornar a emissora menos Fox — se mudara com a mulher e os dois filhos em idade escolar para Londres com o propósito de administrar esse negócio. Ah, a longa história de Murdoch com iniciativas digitais — desde a Delphi, um dos primeiros provedores de serviços de internet (ISPs), passando por um diretório da web pré-Google, e pelo Daily, um aplicativo para tablet, até o MySpace (na época, a maior rede social prestes a ser superada pelo Facebook) — foi um caminho que levou quase exclusivamente ao fracasso. E nesse caso não foi diferente. Meses depois de ter começado, o canal de streaming britânico de Murdoch foi abandonado.

O fracasso se deveu ao próprio Murdoch, que decidiu tomar todo o projeto para si e, depois, pareceu incapaz de tomar decisões ou seguir os planos. Na verdade, ele nunca aparentou compreender de fato como o mundo do streaming era diferente do de emissora de TV a cabo. O constrangimento dele agora era diferente de antes, pois, aos 91 anos, além do erro, havia um elemento de pena também, o que levou a um esforço conjunto por parte de seu círculo mais próximo para resolver os problemas e ajudá-lo a preservar a imagem.

Liz Murdoch e Rebekah Brooks criaram juntas uma forma de recomeçar: chamar o amigo Piers Morgan.

A imprensa sensacionalista e dos tabloides de Murdoch, no cenário britânico e no australiano, é populista, baseada em dramas e conflitos, escândalo (sexual), crime e sangue, esporte e celebridades, tendo Morgan entre os principais profissionais do ramo.

Morgan, 55 anos, tinha uma das carreiras mais dramáticas e bem-sucedidas no jornalismo sensacionalista do Reino Unido com uma história de furos jornalísticos, brigas, processos judiciais e questões controversas em relação às finanças pessoais. Um protegido de Murdoch primeiro no *Sun* e depois como editor do *News of the World*, que, em uma breve traição a Murdoch, passou para o *Daily Mirror*, onde caiu por causa de um escândalo quando ele mesmo publicou, sem saber, fotografias falsas sobre supostas atrocidades cometidas por britânicos durante a Guerra do Iraque. Depois disso, ele escreveu alguns best-sellers, foi sócio de Matthew Freud por um tempo em vários projetos de mídia, trabalhou como colunista na *GQ* britânica com entrevistas de celebridades mordazes e inevitavelmente inovadoras, e finalmente se reinventou como apresentador de televisão e depois como participante do programa *Celebrity Apprentice* de Donald Trump. Em 2011, substituiu Larry King como apresentador do horário nobre da CNN. O sotaque inglês e o gosto pelo sensacionalismo, combinados com a visão que os britânicos têm dos estadunidenses como pessoas psicóticas (defender o controle de armas se tornou uma das principais questões de Morgan), o tornaram um verdadeiro enigma para o público dos Estados Unidos, e os baixos índices de audiência o tiraram do ar em 2014. Mas ele logo depois voltou para uma posição de destaque na televisão do Reino Unido como o apresentador do programa *Good Morning Britain*, da ITV, onde gerava polêmicas diárias e batalhas que atraíam ótimos índices de audiência. Em 2021, expressando um profundo desprezo por Meghan Markle e seu rompimento com a família real, ele saiu do estúdio durante uma transmissão ao vivo quando foi acusado de racismo.

Não muito depois, suas amigas Elisabeth e Rebekah perceberam uma oportunidade. O plano era que Morgam se tornasse a atração principal do serviço de streaming ressuscitado, o TalkTV, o que não era um trabalho invejável (na verdade, ninguém queria a posição; uma longa negociação com Andrew Neil, um entrevistador da BBC com inclinação conservadora e conhecido por suas entrevistas de impacto, já havia fracassado anteriormente). Mas elas tornaram o pacote mais atraente, incluindo a transmissão do programa na Fox Nation, a rede digital da Fox, que, até aquele momento, não estava se saindo bem. Contudo, a verdadeira cereja do bolo, além de um monte de dinheiro, era a promessa discreta de que Morgan substituiria Laura Ingraham no horário nobre da Fox News. Além de resolver o problema imediato do esforço malsucedido para ter uma atração na área de streaming, ao colocá-lo no mundo da Fox, ele talvez pudesse ser o cavalo de troia para levar a Fox de volta à verdadeira consciência sensacionalista que, na verdade, ela nunca teve. Ao fazer isso, a pacificadora Liz tinha a esperança de conseguir ajudar a encontrar um ponto de conciliação entre os irmãos. Em outras palavras, Laura Ingraham, que não conseguia atender às demandas da marca Fox, poderia ser substituída por alguém que era a favor do controle de armas e defensor da pró-escolha; ou seja, o completo oposto da Fox.

Ali também havia um curioso esforço para não se dar atenção à Fox como ela realmente era — como se Murdoch e *sua* história no jornalismo fossem uma marca maior. Elisabeth Murdoch, que morava no Reino Unido havia quase trinta anos, parecia não se preocupar com o fato de que o conservadorismo de Morgan — um tipo britânico de conservadorismo — era como uma língua estrangeira, incompreensível no léxico da Fox.

Para começar, quando o programa dele debutou no novo serviço de streaming — certamente demonstrando a capacidade de Elisabeth Murdoch de fazer as coisas acontecerem no império do pai —, ele conseguiu uma entrevista com Donald Trump e o confrontou com o absurdo de suas declarações acerca de uma suposta fraude nas eleições, fazendo com que Trump saísse do estúdio, para grande satisfação de Rupert Murdoch, mesmo que ninguém mais na Fox tenha gostado disso.

Como parte de sua entrada forçada no mundo da Fox, ele foi promovido por meio de uma série de entrevistas em diversos programas da Fox, incluindo o de Hannity e o de Carlson (mas não o de Laura). Em todos os casos, ele foi recebido com incredulidade. "Aonde diabos Rupert que chegar com isso?" era a pergunta que parecia pipocar em balõezinhos de pensamento sobre a cabeça das pessoas. Na verdade, não era bem raiva que as pessoas estavam sentindo de que a administração pudesse estar seguindo para uma nova direção, ou que algum executivo (nesse caso, a filha do dono mesmo) pudesse não conhecer as nuances do negócio, mas algo muito mais incompreensível do que isso. Não havia simplesmente nenhum ponto de convergência, interseção, espaço mútuo ou possibilidade, mesmo se todos os poderes do mundo entrassem em ação, de a Fox viver no mesmo mundo que Piers Morgan, a ponto de ninguém na Fox se preocupar de fato com aquilo, não importando todo aval que ele tinha do alto escalão. Piers Morgan era apenas o idiota que obedecia a ordens de alguém (da irmã), e não valia a pena perder tempo pensando nele.

Acontece que, para não passar despercebido — e o *Daily Mail*, muito satisfeito de mostrar as vulnerabilidades de Murdoch, se certificou de que ninguém deixaria de perceber —, lá estava o patriarca, de terno branco, sapatos de veludo vermelho, sendo conduzido através dos jardins da igreja pela filha.

De fato, aonde aquilo ia parar? E quem estava conduzindo as coisas?

Outono

16. Lachlan

Em jogo

Em 15 de setembro de 2022, Anne Kantor, de 86 anos, uma das principais filantropas da Austrália e apoiadora frequente de causas de esquerda, faleceu depois de vários meses doente. Seu irmão, Rupert Murdoch, tolerante com todas as irmãs "socialistas", mas também amoroso e leal, não conseguiu ir ao funeral. Por quase quarenta anos, Murdoch dependera do voto das três irmãs e da mãe enquanto expandia a empresa do pai. Foi só em 1991 que finalmente começou a comprar a parte delas, jogando pesado — a mãe chorando à mesa de reuniões — e provocando em si um sentimento permanente de culpa, o qual acabou servindo, de alguma forma, como um elo para unir ainda mais a família mais famosa da Austrália. O fato de o único irmão não comparecer ao funeral da irmã (ele e Janet Calvert-Jones eram os únicos irmãos que restavam, já que a outra irmã, Helen Handbury, tinha morrido aos 75 anos em 2004) foi algo que chamou a atenção imediata das fileiras permanentes de sentinelas da família Murdoch na Austrália. Só poderia haver uma explicação razoável para tal ausência.

A explicação era aquilo que coloca tudo por terra, aquilo que deixa tudo de cabeça para baixo, a realidade em preto e branco — e um lembrete para colocar tudo que for necessário no lugar e se proteger da tempestade prestes a chegar antes que seja tarde demais.

A morte iminente de Murdoch é algo esperado não apenas por ser óbvia, mas também pela preocupação central em redações jornalísticas por todo o mundo, ansiosas para saber o próprio destino e também para ter notícias em primeira mão. E ele quase morreu em muitas ocasiões, pelo menos de acordo com a rede informal de monitoramento de óbitos. Houve o diagnóstico de câncer de próstata; houve a vez em que foi atingido pelo mastro de um dos barcos da família; houve o incidente, quando estava cavalgando com Elisabeth e caiu do cavalo, e pareceu que não conseguiriam ressuscitá-lo; houve o diagnóstico de covid-19, que o fez ser hospitalizado no início do verão. A rede informal de monitoramento de óbitos está em alerta máximo por causa da idade, porque a maioria das redações jornalísticas pertencem *a ele* e também porque é isso que os jornalistas fazem, vigiam a vida dos poderosos, e ninguém mais poderoso do que o "dono deles".

Murdoch planejara ir ao funeral da irmã. Tentara ir, na verdade. O avião estava na pista, pronto para levá-lo. Mas ele simplesmente não conseguiu embarcar. E, com isso, houve uma atualização coletiva dos arquivos de obituário de Murdoch em todo o mundo — imagine o som dos teclados a pleno vapor —, para deixá-lo pronto para ser publicado.

A maioria das empresas de capital aberto — ou as que realmente funcionam como empresas de capital aberto — tem uma verdadeira obsessão por questões sucessórias, contando com comitês permanentes de diretoria cuja função é lidar com quaisquer eventos que possam tolher a capacidade do CEO de desempenhar seu trabalho. Mas não o tipo de empresa de capital aberto de Murdoch. Ele é tratado mais como o papa ou um juiz da Suprema Corte ou qualquer outra posição — não existem muitas do tipo — em que uma pessoa pode continuar, a seu critério, independentemente de questões de saúde ou relativas às faculdades mentais. Contudo, ao contrário do Vaticano ou da Suprema Corte, onde a fofoca interna pelo menos tenta acompanhar a realidade, esse tipo de fofoca, entre as pessoas no mundo de Murdoch que *realmente* sabem de alguma coisa — um grupo muito pequeno —, é, na melhor das hipóteses, cautelosa. A morte, sim, isso seria notícia. Declínio era algo que não se discutia abertamente.

Dizer que haveria uma desorganização corporativa depois dele seria insuficiente para descrever a verdadeira enxurrada de questões fundamentais para qualquer negócio: liderança dividida; conflitos gerenciais de longa data ainda não resolvidos; a inevitabilidade de venda de importantes ativos (quem realmente ia querer manter todos aqueles jornais que davam prejuízo?); e uma estrutura sobrecarregada de holdings sustentada única e exclusivamente pela estatura e pelo legado pessoal de Murdoch. E quem teria de lidar com toda a situação eram os quatro irmãos, cada qual com as próprias rivalidades pessoais e ideológicas, dois que não se falavam — uma divisão tão profunda agora que dificilmente seria superada — e todos tão ricos que nem mesmo um raciocínio puramente econômico seria capaz de uni-los (e aquele probleminha de dois contra dois sem um mecanismo de desempate previsto). A morte com certeza provocaria uma enxurrada de problemas, mas e quanto ao agora? Com a falta de rumo... com as incertezas... com aquele vácuo?

No meio de outubro, a News Corp e a Fox Corp, duas empresas de capital aberto que constituíam o pilar das empresas da família Murdoch, anunciaram que estavam considerando uma proposta para se juntarem mais uma vez, nove anos depois de terem se separado, o que, em tese, daria para Lachlan Murdoch um controle sobre todo o portfólio das empresas de Rupert, consolidando sua posição agora, sob o controle do pai, enquanto aquilo ainda era possível.

A separação dolorosa de suas empresas — dolorosa para o próprio Murdoch, e para ninguém mais — ocorreu depois do escândalo das escutas telefônicas em 2011. A própria equipe de gestão executiva, com o apoio dos principais acionistas e dos próprios filhos, usaram a oportunidade da desgraça ocorrida com os jornais de Murdoch para proteger os ativos muito maiores e mais lucrativos da parte de entretenimento do fedor amargo e embolorado dos jornais impressos e, mais importante, do crescimento baixo e dos mercados minguantes.

No novo plano, todos os negócios de mídia impressa — os 70% de todo o mercado de jornais australianos impressos que ele controlava; o *Sun*, o mais importante jornal em circulação no Reino Unido, e o *Times* e o *Sunday Times*, dois dos seus jornais "de qualidade" na região; o *Wall Street Journal* e suas operações Dow Jones, além do *New York Post*, nos Estados Unidos; e a HarperCollins, a gigante do mercado editorial de livros nos Estados Unidos e Reino Unido — foram reunidos para formar uma empresa de capital aberto separada sob o nome de News Corp. Os negócios voltados para entretenimento — cinema, emissoras de TV, canais de TV a cabo, licenciamento de programação esportiva, seus investimentos no Hulu, o serviço de streaming — formaram outra empresa de capital aberto que recebeu o nome de Twenty-First Century Fox. Depois de separadas, a única coisa que essas empresas tinham em comum era o fato de que a família Murdoch manteve o controle acionário de ambas.

Um modelo aqui, tanto para ter separado as empresas e agora estar contemplando a ideia de uni-las novamente, foi o das empresas da família Redstone, que, em 2006, se dividiram para formar a Viacom, a grande companhia de TV a cabo e cinema, e a CBS, a emissora de televisão. Na época da divisão, a emissora comum parecia ter um crescimento irremediavelmente menor do que o da TV a cabo. No entanto, quando foram unidas novamente em 2019, a indústria da mídia já considerava ambos os negócios como praticamente indistinguíveis e, juntos, eles representavam a "escala" da indústria tão desejada e buscada com agressividade: sinergia, influência adicional, redução de custos.

No entanto, esse dificilmente era o argumento a ser aplicado às empresas da família Murdoch. A indústria de jornais impressos e a de entretenimento eram diferentes demais entre si para oferecer escala e eficiência. Realmente, os jornais só tinham se tornado ainda mais indesejáveis e uma antítese em relação à grande mídia desde que as empresas de Murdoch se separaram. A proposta para a Fox Corporation era, na verdade, "Ei, que ótima ideia, vamos comprar uma empresa de jornais!". Na prática, cada entidade talvez fosse penalizar a outra: os jornais, que davam prejuízo, afetariam os lucros da Fox; o processo ainda não concluído da Dominion (e o da Smartmatic, e outros que logo seguiriam) junto com a mácula da Fox News seriam extremamente negativos para a News Corp.

O anúncio de que as duas empresas estavam mutuamente explorando a recomposição sugeria um alto nível de contato entre os principais gestores dos dois lados. Isso só era verdade em tese. Para ser mais exato, era uma análise entre pai e filho, e possivelmente mais unilateral, com Lachlan apresentando sua visão estratégica para a aprovação menos do que atenta do pai.

O interesse de Murdoch aqui era bem claro e parecia ser apenas sentimental: unir as duas empresas novamente, o que seria a cura de uma ferida antiga. Além disso, os jornais voltariam a ter o apoio dos negócios mais saudáveis no setor de mídia. Outro ponto positivo era que isso dificultaria que os filhos destruíssem seu legado no setor de jornais impressos depois da sua morte (fodam-se eles). Murdoch não estava pensando nos acionistas, mas sim nos próprios sentimentos.

Havia outra questão também: a lealdade sentimental de Murdoch para com Rebekah Brooks. Com as mudanças radicais nas suas empresas ao longo da última década, poucos dos seus funcionários leais permaneceram. No entanto, o estilo histórico de Murdoch era o de gerenciar por meio de pessoas com as quais ele se sentia confortável, e precisava de pessoas que conseguiam interpretar o que ele queria. Rebekah Brooks permanecera com ele por mais de três décadas e era um dos relacionamentos corporativos mais longos que ele tinha.

Com 54 anos no outono de 2022, ela vinha de uma área mais provinciana da Inglaterra e, sem muita educação formal, começou a trabalhar no *News of the World* quando ainda era adolescente. Aos 32, era a editora do jornal. Depois, conquistou a vaga de editora do *Sun*, a principal bandeira de Murdoch no Reino Unido. Ela se casou com o astro da TV britânica Ross Kemp, um relacionamento que logo começou a ser um assunto para a imprensa sensacionalista, incluindo manchetes de uma noite na prisão em 2005 com acusações de que ela o teria agredido. O próprio Murdoch entrou em cena para oferecer apoio público à sua editora depois da prisão. (Ela se casou com o treinador de cavalos de corrida Charlie Brooks em 2009.) Murdoch costumava usar o apelido "Larrikin",* que era o tipo de defesa que ele gostava de usar para os jornalistas.

Do *Sun*, ela foi promovida a CEO de todos os jornais britânicos de Murdoch, reportando-se diretamente a James, o presidente de todos os empreendimentos europeus de Murdoch, que trabalhava na sede de Londres, tornando-se o braço direito dele e uma parceira eficaz de negócios. Em 2011, tirando um pouco do foco sobre James, ela se tornou o rosto da empresa para lidar com o escândalo das escutas telefônicas, e foi obrigada a se desligar da empresa (recebendo um pagamento de 15 milhões de dólares) e a enfrentar um julgamento de seis meses (durante o qual veio a público a informação de que ela tinha um caso de longa data com o outro réu, Andy Coulson, editor do *News of the World* e posteriormente secretário de imprensa do primeiro-ministro David Cameron). Quando foi absolvida, Murdoch a contratou imediatamente como CEO dos jornais de Londres.

Um fato curioso é que, além do papel de bajuladora da família, Rebekah Brooks tinha uma notável ausência de sucesso corporativo. Apesar de não se ter provas de nenhum comportamento criminoso por parte dela, o caso das escutas telefônicas aconteceu sob sua administração, custando à empresa a

---

* *"Lurrikint"* é uma gíria australiana que descreve alguém brincalhão, irreverente e travesso de maneira leve e inofensiva. (N. T.)

perda de um jornal e a posse da Sky. Além disso, sob sua administração, o *Sun*, um dos jornais que davam lucro no império de Murdoch, e o *Sun Times*, o irmão lucrativo do *Times*, que só dava prejuízo, foram para o vermelho (claro que jornais impressos eram um mau negócio, mas o concorrente mais direto do *Sun*, o *Daily Mail*, continuava dando lucros). No entanto, agora Brooks tinha se aliado a Lachlan Murdoch, tornando-se uma forte defensora da re-composição. Nesse cenário, ela tiraria de cena o atual chefe e CEO da News Corp, Robert Thomson, e assumiria o cargo de CEO de Lachlan Murdoch na nova empresa recomposta.

Muitas coisas da empresa foram feitas de forma frequente e inexplicável para beneficiá-la, e o mesmo aconteceu com esse plano de recomposição. Era relevante o fato de que sua amizade de longa data com Elisabeth Murdoch (apesar dos altos e baixos) logo seria muito valiosa para Lachlan Murdoch. Também estava bem claro que aquela mudança de direção na empresa era um tipo de gestão sentimental, quando os mais próximos e os mais queridos finalmente colheriam os frutos.

Quanto a Lachlan, ele também tinha interesses pessoais e de negócios na recomposição corporativa. O plano mais amplo seria fazer a fusão das duas entidades e retirar a nova empresa resultante da bolsa de valores nos Estados Unidos e recolocá-la na bolsa da Austrália, como era antes. Isso certamente fazia sentido para Lachlan, porque a família dele *morava* na Austrália. O que não fazia sentido é que ele estava à frente de uma empresa quase totalmente baseada nos Estados Unidos a partir de uma casa que ficava a muitos fusos horários de distância (ou, inversamente, passando tempo demais longe da família, e em um estado constante de jet lag). No entanto, uma empresa com sede na Austrália pelo menos facilitaria a explicação de ter um CEO morando lá. Lachlan também acreditava que as regras corporativas australianas lhe da-riam mais vantagem em uma briga com os irmãos pelo controle do que as do estado de Delaware, onde era o endereço corporativo da Fox.

Lachlan era muito amigo de Jamie Packer (alguns diriam inclusive que era seu único amigo). Por duas gerações, a família Packer, com empreendimentos na área de jornais impressos e televisão, foi concorrente importante da família Murdoch. Rupert Murdoch e Kerry Packer, pai de Jamie, eram os magnatas australianos, cada qual tendo herdado dos pais empresas na área de mídia. Rupert, por temperamento, era mais contido, focado e concentrado nos resultados e orientado para os negócios internacionais. Kerry Packer, por sua vez, era um fanfarrão e apostador (gastando milhões de dólares em cassinos por todo o mundo), mantendo a identidade dos negócios na Austrália. Os dois homens e as duas empresas tinham suas batalhas corporativas e nas ruas. O pessoal de Murdoch e o de Packer entraram em uma briga pela compra de uma gráfica (Murdoch naturalmente tinha fotógrafos lá para registrar a briga e publicá-la na primeira página). Foi um golpe duro para Murdoch quando seu filho, Lachlan, exilado da empresa do pai, entrara em diversos negócios não muito bem-sucedidos com Jamie Packer. Em anos mais recentes, e desde a morte do pai em 2005, Jamie Packer vendera parte dos negócios de mídia da família, redirecionando os investimentos, de forma bastante lucrativa, para negócios de aposta — especificamente no Crown Resorts Limited, um dos maiores grupos de cassino da Austrália. Lachlan agora estava compartilhando sua intenção de fazer algo parecido. De maneira indireta, em uma justificativa para a recomposição, a empresa possuiria ativos relacionados a jogos na Austrália, o que poderia funcionar como um impulso inicial para o plano. Mas, para poder usar tais ativos, Lachlan teria que ter o controle da News Corp. Além disso, nesse plano, essa seria a forma de lidar com a Fox, usando seus grandes lucros para investir em ativos do setor de jogos de aposta, o que, por sua vez, geraria lucros grandes o suficiente para que a Fox não fosse mais a parte vital da empresa. *Voilà!*

O fracasso em resolver o processo da Dominion com um acordo e o anúncio de unir as empresas Murdoch pareciam quase a mesma coisa: algo não apenas confuso, mas desprovido de qualquer sentido lógico de previsão nos negócios ou até mesmo da supervisão de adultos. Os grandes acionistas institucionais de ambas as empresas estavam alarmados com um plano que só levava em conta os interesses pessoais da família Murdoch.

Mas, em uma segunda avaliação, eles começaram a sentir que poderia haver uma oportunidade ali.

Murdoch tinha uma história longa e impressionante de agir, em muitos casos, de forma que muitos adultos provavelmente não agiriam. Aquilo incluía se mudar para Londres e, depois, para os Estados Unidos, e abrir uma quarta emissora de TV. Tudo isso foi, de certo modo, quixotesco. Mas Murdoch podia fazer essas mudanças, apesar dos acionistas céticos, porque ele sempre se certificou de ser detentor das ações com direito de voto. Aquela era a natureza fundamental de um Murdoch: a decisão era sempre dele, não importava que fosse incompreensível ou mesmo economicamente imprudente (ele mantivera vivos o *New York Post*, o *Australian* e o *Times* de Londres por décadas, absorvendo os dolorosos prejuízos).

No entanto, recompor as duas empresas exigiria uma aprovação por maioria de *todos* os acionistas, não apenas os votantes. Pela primeira vez, os acionistas sem direito de voto — compreensivos, mas nem sempre felizes, por saber que tinham que acompanhar os desejos de Murdoch — poderiam opinar. O que então parecera ser uma negociação nada econômica em torno de interesses pessoais de Murdoch agora estava sujeita a uma votação de pessoas que *só* tinham interesses econômicos.

A questão principal não era para onde a votação iria, mas por que alguém teria pensado em uma proposta que obviamente ia perder.

Mas foi o que fizeram. Aquilo exigia que cada uma das empresas contratasse banqueiros e constituísse um comitê de diretores independentes para analisar a proposta e fazer uma recomendação sobre os benefícios econômicos da composição. Todos os envolvidos naquele processo com altos custos de tempo e dinheiro logo entenderiam que, como não havia nenhuma vantagem econômica — alguns cortes de custos com a junção das duas empresas; nenhuma nova oportunidade clara na relação editorial e de vídeo —, as chances de alguém ter condições de recomendar tal negócio eram praticamente nulas. E se houvesse qualquer dúvida — e não havia —, analistas externos começaram a dar um peso à tolice do plano. Da mesma forma, fundos que controlavam grandes blocos de ações sem direito a voto deixaram bem claro que seriam contra tal negociação.

Em outras palavras: aquilo era um total absurdo.

O homem de 91 anos de idade, ainda oficialmente no comando, era incapaz de analisar qualquer realidade diferente daquela que ele sempre controlara, e agora agia, diante do fracasso (e da humilhação), com base em um reflexo de que nenhum conselho seria capaz de dissuadi-lo (e com certeza alguém teria dado tal conselho, se ele pedisse). Ou ele simplesmente não estava prestando atenção. Ou tinha encontrado algum tipo de paz filosófica e estava deixando o filho e herdeiro se enforcar e, dessa forma, aprender uma lição valiosa (mesmo uma que poderia resultar na sua morte corporativa). Ou o herdeiro se adiantou, tentando espremer as últimas gotas de autoridade da estatura do pai em uma tentativa desesperada de garantir ao máximo o próprio futuro.

Onde estavam os consultores para dizer "é suicídio tentar fazer uma coisa dessas"? Aqui talvez seja possível enxergar os últimos dias de uma presença de Murdoch: uma incapacidade institucional entre os executivos, advogados e membros da diretoria da empresa, mesmo compreendendo o desfecho inevitável, de desafiar a ilusão de que Murdoch estava realmente no comando.

Nesse ínterim, James se opunha publicamente ao negócio. Isso constituía uma oportunidade para ele oferecer aos investidores e analistas — ou seja, às pessoas fora da empresa — sua visão particular do que estava acontecendo internamente na empresa, que se baseava totalmente na premissa de confiar nos instintos e na sagacidade de Murdoch. Atenção: não se podia mais confiar nele. Ou porque os instintos ali estavam falhando ou porque os instintos *não* eram os de uma das mentes mais celebradas da nossa era, mesmo que embotada pela idade, mas a de um filho mimado que nunca demonstrara nenhum tino comercial.

O precedente que começou a se estabelecer era que os acionistas de Murdoch, que nunca tinham se comportado como acionistas antes, agora tinham que tomar uma decisão sobre o destino das empresas. Ou seja: Lachlan Murdoch não ia ter passe livre, nem o benefício da dúvida.

A reprovação dos acionistas em relação à primeira grande iniciativa corporativa de Lachlan era o menor dos problemas. A proposta de unir as empresas claramente sugeria que era necessário abrir um novo valor para os acionistas. Se essa fusão não era o caminho, qual seria? O que mais eles pensavam em fazer? Se manter os ativos não era a melhor estratégia, então aquilo poderia muito bem estimular a abordagem oposta: vender.

A questão então se tornou: o que deveria ser vendido? Será que as partes valiam mais que o todo? Qual era o valor independente do *Wall Street Journal*? E da HarperCollins? E, se os ativos da família estavam sendo avaliados, qual era o valor da Fox?

De uma forma surpreendente, inesperada (para alguns) e em certo sentido bem desastrosa, Lachlan Murdoch talvez tenha colocado a própria empresa em jogo.

17. Rupert

Apaixonado

Um Murdoch solitário depois do divórcio com Jerry Hall, anunciado em junho e finalizado em agosto, continuava indo de avião para seu novo rancho em Montana. Tentava convencer as pessoas a irem com ele, mas ninguém queria. Em outubro, Boris Johnson saiu do escritório e pegou um avião até lá para discutir alguns negócios com as ações de Murdoch — e Murdoch cobriu os custos da viagem. Ficar indo e voltando era uma atividade inquietante e às vezes trabalhosa, cujo foco certamente não era resolver o problema mais premente que a empresa enfrentava: o que fazer em relação à Dominion?

No mínimo, a vida romântica de Murdoch era confusa, trocando de mulher aos oitenta e tantos anos, e agora, aos 91, em busca do amor de novo. Mesmo com duas esposas bem mais jovens, uma que havia sido estagiária na sua empresa e outra uma antiga modelo famosa — além das duas esposas antes delas —, quase ninguém o via como um homem que considerava mulheres um ponto central de preocupação na sua vida. Ele poderia ser facilmente visto como alguém sem necessidades físicas ou emocionais. Com certeza não ficava correndo atrás de mulheres. Não era esse tipo de executivo de mídia. Na verdade, mal conversava com mulheres. Deparar-se com Murdoch em um elevador com uma mulher — pior, uma mulher mais jovem — era uma cena de um constrangimento paralisante.

No entanto, tudo desmoronava quando ele não tinha uma mulher.

Durante o último ano de casamento com Wendi Deng, quando ela estava cada vez mais ausente, e no ano seguinte, antes de conhecer Jerry Hall, os filhos acreditavam que o declínio cognitivo dele estava evidente. E isso foi parte do motivo de terem concordado com o papel de gestão conjunta em 2014. Mas o casamento com Jerry o renovou. Na verdade, o casamento terminou em parte porque Jerry não desempenhava mais o seu papel de forma adequada, ou pelo menos da forma que Elisabeth achava que o ajudava a seguir adiante.

A química básica da vida romântica dele girava em torno da proximidade e do distanciamento da sua parceira, que, geralmente, cuidava de tudo relativo a ele: a agenda, o estilo de roupas, a dieta, as vitaminas e medicamentos e os detalhes da casa e da vida social. Jerry Hall sentia que seu objetivo central era preparar ovos fritos para ele no café da manhã. Embora aquele talvez parecesse um relacionamento superficial e até mesmo uma transação de negócios, com uma pequena conexão com sua vida emocional, sem aquela presença que o prendesse ao mundo real e às coisas do dia a dia, ele parecia uma alma perdida, como se estivesse se esvaindo, mergulhando na depressão e se dissociando de tudo. Era assustador de ver.

No verão de 2022, aos 91 anos, depois da separação de Jerry, e enfrentando, logo depois, um caso grave de covid-19 (Jerry fora muito cuidadosa em proteger o marido, que estava no grupo de altíssimo risco), ele se encontrava em um estado que provocou uma nova discussão sobre seu "status", como dizia Lachlan. Os comentários "bem", "ótimo" e "com mente afiada" foram substituídos por "ele consegue?".

Essa era uma pergunta ampla, mas também específica. Ele consegue lidar com a Dominion?

Meses antes, o processo da Dominion talvez fosse considerado apenas uma despesa operacional, mas agora havia se tornado uma bomba-relógio, com o destino de muita gente da Fox dependendo disso. Os oponentes tinham conversado com um mediador, mas a Dominion, ganhando cada vez mais confiança em relação à sua posição, se recusou a fazer uma nova oferta e acrescentou um novo ultimato sobre a "correção". Isso parecia sugerir uma espécie de acordo de consentimento, quase do tipo que o Ministério da Justiça poderia impor a uma empresa para resolver acusações criminais. A Fox poderia até mesmo ser obrigada a aceitar a presença de terceiros para monitorar como eram suas operações — um esquadrão da verdade externo. As partes do processo não chegaram a um acordo. Sem isso, seguiram para a fase de investigação e depoimentos. As pessoas mais importantes da Fox, fossem apresentadores ou administradores, já tinham sido interrogadas ou estavam para ser interrogadas pelos advogados da Dominion. Murdoch teria sua vez.

Isso por si só já era uma crise. De que forma, no estado atual, ele poderia se sentar durante horas e horas de questionamentos detalhados e hostis?

No entanto, não havia como evitar. Talvez porque, àquela altura, só ele fosse capaz de colocar um ponto-final naquilo.

Internamente, enquanto o processo de depoimentos continuava, o clima era um misto de incredulidade e fúria. Todos os principais apresentadores da emissora tiveram conversas por e-mail expostas, que expressavam o ceticismo óbvio em relação às alegações da campanha de Trump de que a Dominion fazia parte de uma conspiração para fraudar as eleições e, de forma mais generalizada, que não tinham nenhuma dúvida em relação à legalidade do processo eleitoral. As alegações de Trump eram uma piada, as pessoas que inventaram aquilo em nome dele eram dementes, todos entendiam isso. Ainda assim, diante das câmeras, as principais vozes da Fox alimentaram as suspeitas em relação à Dominion e à legitimidade da eleição. Eles foram pegos. Eram culpados pela difamação da Dominion. Testemunhar só faria com que os culpados parecessem ainda mais culpados. Todos foram pegos com as calças na mão. Agora era uma questão de encontrar quem levaria a culpa.

"É cada um por si. E por que a Fox não está nos defendendo? Porque são idiotas ou porque são mercenários?", disse Carlson, bastante preocupado, a um amigo.

Uma pessoa que visitou Murdoch no rancho de Montana o encontrou totalmente relutante em sequer considerar qualquer posição que pudesse colocar a Fox como culpada de alguma coisa, mesmo que tal culpa fosse muito evidente. O visitante achou que Murdoch estava fora da realidade. O processo da Dominion tinha se tornado, de alguma forma, um ataque contra ele e sua longa carreira. Parecia zangado e preso à lógica desesperada e absurda da empresa de que a emissora só tinha exibido opiniões interessantes de políticos importantes.

"Por que você não faz o acordo?", perguntou o visitante.

O questionamento provocou um discurso colérico e difícil de acompanhar, mas demonstrando que Murdoch sentia que estava sozinho contra todo mundo que queria que ele entrasse em acordo. No entanto, se ninguém mais estava disposto, ele mesmo defenderia a liberdade de expressão. E, de qualquer forma, a Fox não tinha culpa de nada. A culpa era de Donald Trump. O visitante saiu de lá tentando entender como o que já havia sido uma notável mentalidade analítica e fria tinha se tornado aquela confusão de pensamentos.

A solidão pareceu se fundir com o desprezo que sentia por Trump, que tinha guiado a audiência da Fox e obrigado, desse modo, a emissora a segui-lo. Então, tudo aquilo era culpa de Trump, que tinha perdido a eleição. No entanto, ao se recusar a aceitar a derrota e posteriormente criar uma campanha para convencer sua base de eleitores — os espectadores da Fox que estavam dispostos a acreditar em qualquer coisa que ele dissesse — de que ele, na verdade, tinha vencido, Trump colocara a emissora em uma posição insustentável. Estão vendo? É tudo culpa de Trump! Assim como Trump não conseguia abandonar o assunto da eleição roubada, Murdoch continuava batendo furiosamente na tecla de que Trump e suas alegações tinham prejudicado a Fox e o próprio Murdoch. Um confidente próximo do patriarca — que conversava com ele no mínimo uma vez por semana, que era o máximo de contato que ele tinha com pessoas de fora da família ou do grupo seleto de executivos — descreveu a obsessão de Murdoch por Trump como algo que poderia ser considerado um "estado inicial de demência". Murdoch não conseguia mudar de assunto; ele sempre voltava à questão, uma conversa depois da outra, como se a anterior não tivesse acabado. E sua defesa era constante e raivosa.

A presença de Murdoch em um tribunal mais virtual do que presencial, àquela altura, era preocupante.

A apreensão com Murdoch pareceu recair muitas vezes sobre as esposas dos amigos, os bilionários e poderosos do seu círculo social. A mulher de Henry Kissinger, Nancy, por exemplo, ficava de olho na vida pessoal de Murdoch, como todos sabiam. Nas semanas seguintes à separação com Jerry Hall, a rede informal, mas dedicada, de esposas começou a entrar em ação para animá-lo.

Para os filhos e executivos, era tanto uma maravilha como uma inevitabilidade que ele encontrasse alguém no mercado. No decorrer do verão, os amigos de Murdoch organizaram vários eventos para mantê-lo ocupado e para que conhecesse pessoas novas (mulheres). Um dos solteiros mais ricos do mundo é sempre um bom partido (mesmo que fosse tão velho — um dos mais velhos do mundo).

Murdoch é resistente em situações sociais, sem o menor traquejo para conversas leves. Costuma ficar particularmente travado na presença de mulheres, e o semblante carrancudo não ajuda muito. Mas ele é inesperadamente receptivo a qualquer mulher que esteja disposta a assumir o controle, demonstrando até certa obediência quando alguma o procurava e começava a conversar com ele.

Ann Lesley Smith, uma viúva rica da Califórnia, de 66 anos, foi a uma pequena "degustação de vinhos" no vinhedo de Murdoch em Bel-Air no verão. Ela mesma já tinha tido um vinhedo e também era dona de negócios no setor de mídia, com estações de rádio e canais de TV, tudo herdado do segundo marido, o ex-astro de música country Chester Smith, com quem ela se casara quando tinha 47 anos e ele 74, deixando-a viúva quatro anos depois.

Vinho, mídia, sua experiência com homens velhos e ricos, a disposição para atrair Murdoch e o fato de não ter filhos — Murdoch já estava exausto dos dele e dos de Jerry Hall — os tornaram imediatamente compatíveis.

Assim como Wendi Deng e Jerry Hall, Lesley também era impulsiva e despreocupada. Até sua forma de rir se parecia com a das ex-mulheres. E assim como as duas anteriores, ela tratava Murdoch com um ar de diversão e flerte. Todas as três o tratavam de um jeito que não combinava com o valor nem com a seriedade dele, o que provocava a reprovação da família e dos amigos.

As pessoas que apresentavam essas mulheres para ele em geral sentiam que tinham cometido um erro. Realmente, durante toda sua vida, as pessoas mais próximas sentiam que ele tinha escolhido a mulher errada. A mãe e as irmãs achavam isso em relação às duas primeiras esposas; os filhos achavam isso em relação a Wendi, a terceira; e os casamenteiros do seu círculo achavam o mesmo em relação a Jerry Hall e agora a Lesley Smith.

Não importava. Jerry Hall declarou que Rupert se casou com todas as mulheres com quem teve relações e que as pedia em casamento no segundo encontro. O romance dele com Lesley decolou.

Se ele ficava deprimido sem uma mulher e sem conseguir se concentrar nos negócios, ficava exultante no início de um novo romance. E agora, as pessoas consideravam toda aquela felicidade o motivo de ele não conseguir se concentrar e de não ter resolvido a questão da Dominion.

A vida pessoal dele tinha se tornado uma desculpa aceitável para esse desvio.

A verdade era que já havia anos que estava ficando cada vez mais difícil de conseguir que Murdoch tomasse decisões claras ou fazê-lo se envolver nos negócios ou seguir com os planos. Algumas pessoas atribuíam a venda de boa parte do império para a Disney como o início dessa fase.

De forma mais central, isso incluía uma falta de vontade ou de capacidade para esclarecer uma estrutura de gestão que, com a ausência constante de Lachlan, parecia não ter ninguém no comando. Os funcionários achavam que Lachlan dera a Viet Dinh, que tinha o cargo de diretor jurídico e de políticas internas da Fox Corporation, a responsabilidade do dia a dia das operações, mas, se esse fosse o caso, ele se escondia muito bem (um correspondente de longa data da Fox, em uma discussão no outono de 2022 sobre políticas internas da empresa, nunca tinha nem ouvido falar de Viet Dinh). O papel de Dinh poderia tê-lo colocado à frente do processo da Dominion, mas ele parecia ignorar essa responsabilidade. Em um desdobramento bastante peculiar, ele não tinha conseguido registrar sua licença de advogado na Califórnia, onde a maior parte das atividades legais da empresa aconteciam. Dessa forma, o privilégio de muitas de suas comunicações relacionadas ao processo, como diretor jurídico e principal advogado da empresa, acabou ficando comprometido. Dentro da própria emissora, todos acreditavam que a CEO Suzanne Scott — com seu papel administrativo mais claro do que o de liderança — ainda estava prestes a perder o emprego. E parecia que só não tinha perdido ainda, mesmo depois de tantos meses, porque não havia ninguém com poder suficiente de liderança para demiti-la. Em outras palavras, parecia que não havia ninguém para dar a palavra final ou fazer um plano estratégico, a não ser, por padrão, o próprio Murdoch, que, deprimido sem uma mulher e depois exultante por estar quase conseguindo uma nova esposa, estava ainda menos presente do que o filho.

A organização de Murdoch sempre fora tão bem-sucedida porque ele próprio era o ponto de contato e a pessoa que tomava as decisões finais, com poder de passar por cima da burocracia interna e das precauções comuns, assumindo pessoalmente cada risco que corria. Aquela estrutura continuou existindo, mas cada vez mais sem a atenção de Murdoch. Desse modo, o caso da Dominion ganhou uma proporção ainda maior, e, a cada dia que passava, a necessidade de entrar em um acordo se tornava mais e mais premente, mas era uma decisão que só o próprio Murdoch poderia tomar.

Carlson, bastante alarmado, confrontou Viet Dinh, que não demonstrou qualquer preocupação e lhe disse não haver com o que se preocupar, repetindo o que tinha se tornado sua saída de emergência em caso de perda: eles levariam o caso à Suprema Corte, se isso fosse necessário. Mesmo que, naquela altura, praticamente todos os danos do processo — descobertas devastadoras, depoimentos humilhantes, toneladas de publicidade prejudicial, culpas internas e uma inevitável e humilhante condenação multibilionária — já tivessem ocorrido.

Depois das eleições de 8 de novembro de 2022, quando, como por um milagre, a onda republicana não conseguiu se materializar, Donald Trump parecia ter sido colocado em um limbo de incertezas. Muitos dos candidatos que apoiava foram humilhados nas urnas, e um dos seus grandes oponentes e aposta de Murdoch, Ron DeSantis, ganhou mais destaque com um resultado avassalador. Lachlan Murdoch começou a falar para as pessoas que iam se concentrar na questão da Dominion e resolver tudo. No entanto, depois das eleições, Murdoch pareceu concentrar sua nova e obsessiva energia em punir Trump em vez de resolver o caso da Dominion. A Dominion não era o problema, mas sim Trump.

Quando o tempo começou a esfriar, Murdoch partiu para St. Barts, acompanhado por Lesley, e não por Jerry, com os amigos percebendo que as certezas e lamentações da nova mulher simplesmente substituíam as da anterior — embora Jerry tivesse uma posição política mais à esquerda e Lesley bem mais à direita.

18. O único canal

Os 110 milhões de Ben Shapiro

Quando Sean Hannity e Ainsley Earhardt não estavam na propriedade de Hannity em Centre Island, Oyster Bay, estavam no condomínio em Palm Beach, próximo de Mar-a-Lago. Trump lhes oferecera título de sócios de Mar-a-Lago, mas Hannity ficou irritado ao sentir que tinha sido atraído (ou ludibriado) para ser apenas mais um entre os muitos políticos republicanos e bilionários que migraram para a Flórida a fim de formar a corte diária do ex-presidente. No entanto, se ele precisasse se realocar, realocar seu programa de horário nobre e os horários extras de rádio, Mar-a-Lago era bem mais próximo do número 1211 da Sixth Avenue, onde fica a sede da Fox News. À medida que Trump ficava cada vez mais indignado e colérico em relação à Fox, Hannity parecia se juntar a ele — tipo, o que diabos estava acontecendo lá e quem estava no comando? Ao mesmo tempo que a Dominion talvez aceitasse a cabeça dele como moeda de troca, e Murdoch talvez considerasse entregá-la, Hannity, com sua grande fortuna (ele tinha reforçado sua segurança em Oyster Bay) e sua relação tão próxima e cara com o ex-presidente, e talvez futuro presidente, parecia existir em outro mundo. A Fox, que o abrigara por quase 26 anos, parecia ser problema de outra pessoa.

A família unida da Fox, uma situação anômala em canais jornalísticos de TV, um produto da exclusividade de direita e do controle patriarcal (e predatório) de Ailes, tinha se tornado cada vez mais um conjunto de centros de negócios separados. A Fox era apenas uma marca para abrigar pessoas com o mesmo tipo de mentalidade; só que essa mentalidade não era mais tão semelhante assim. Estava ficando cada vez mais claro que eles só estavam juntos pela pressuposição de que a Fox não poderia ser desfeita.

Em Palm Beach, um pouco antes do Natal, alguém, expressando preocupação, perguntou a Ainsley sobre o processo da Dominion, e ela retrucou: "Isso ainda está rolando?".

Isso parecia indicar que Ainsley estava desligada da realidade, mas também que o principal casal da Fox não fazia mais parte do aparato da emissora, sendo apenas celebridades totalmente alheias às preocupações da comunidade em que viviam. Ficaram grandes demais para se importar.

A crítica liberal da Fox como força do mal, possivelmente ultrapassando até mesmo o próprio Trump, transformou a emissora em um sistema altamente hierarquizado tão eficiente na promulgação das próprias visões quanto na proteção dos próprios interesses como nenhuma outra organização política já o fora. E isso era verdade, pois, durante os vinte anos em que Ailes ficou à frente de tudo, ele conseguiu, com foco obsessivo, beligerância única e pagando muito bem, guiar o gado. No entanto, nos seis anos após sua demissão, a Fox se voltou para um comportamento muito mais dentro do padrão visto nos canais jornalísticos de TV: um modelo de hostilidade interpessoal virulenta, mundos paralelos e intransponíveis de astros e pessoas comuns, executivos temerosos, proprietários distantes e feudos em guerra. Era como todas as operações jornalísticas de TV, entre os lugares mais infelizes de se trabalhar na face da Terra. Com a pandemia de covid-19 e a subsequente criação de estúdios em casa, com mundos separados para cada astro da Fox e o desaparecimento prático de um centro comum de sobreposição e consideração, qualquer ideia de coerência de marca e interesse compartilhado, e até mesmo ideologia, tornou-se sensivelmente mais frágil.

Carlson e a família chegaram à Flórida depois de terem passado o inverno em Boca Grande e de encerrada a temporada de caça de faisões na região do Maine. Ele, o esportista almofadinha (uma característica que compartilhava com os filhos de Trump), contou para os amigos que estava encantado com os dois mais maravilhosos e excepcionais cães de caça que ele já tinha tido. Mas agora ele e a mulher estavam avaliando os prejuízos causados pelo furacão Ian, que atingira a costa oeste da Flórida no outono com uma violência histórica. A casa dos Carlson, bem próximo à praia, não tinha seguro — "seguro é coisa de maricas", disse Carlson para sua mulher incrédula. Enquanto moraram em seu mundinho isolado no Maine, tinham dado pouca atenção ao seu mundinho isolado na Flórida. Na verdade, embora o furacão tenha deixado uma trilha de destruição por toda Boca Grande, apenas a sauna da casa de Carlson foi atingida ("não conte isso para as pessoas...", sua esposa o aconselhou). Assim como Ainsley, Carlson não sabia bem o que estava acontecendo na sede da Fox, a não ser pela inferência óbvia de que não havia ninguém no lugar do piloto. Ele deveria se preocupar? Diferentemente de Hannity, Carlson não tinha centenas de milhões de dólares, na verdade, era risível o quanto estava longe disso. Na nova economia da televisão... ele ainda era um assalariado, mesmo que seu salário fosse exorbitante. Então, ele adotou uma abordagem direta para lidar com sua necessidade e sua insegurança.

Ele fez um teste. Foi para Los Angeles, certificando-se de estar lá quando sabia que Lachlan e Viet Dinh estariam juntos no escritório da Fox em um terreno que agora era de propriedade da Disney. (Por que ele precisou ir para Los Angeles para se encontrar com os dois principais executivos da empresa, cuja atividade empresarial era sediada em Nova York, era outra questão não resolvida da época em que a Fox ainda era uma empresa de entretenimento e também porque, para Lachlan, Los Angeles era mais conveniente por ser mais próxima da Austrália.) Carlson ofereceu algo irrecusável para eles. O líder de audiência da emissora — na verdade, o líder de audiência de todos os canais jornalísticos de TV a cabo — tinha mais dois anos do contrato de quatro anos. Não era incomum que já começassem a conversar sobre a renovação do contrato com um aumento considerável de salário — um aumento de 50% não seria de estranhar para alguém como Carlson, que trazia tantas vantagens e era necessário para a emissora. Mas ele fez uma proposta que seria muito mais atraente: se eles renovassem o seu contrato por oito anos, em vez dos quatro anos usuais, ele renovaria com os termos do contrato vigente. No novo mundo da TV a cabo, no mundo incerto e estranho da Fox News, Carlson estava trocando um grande bônus por segurança.

Lachlan e Viet Dinh disseram que não estavam interessados.

Como teste, aquilo lhe deu algumas informações importantes.

A emissora não estava disposta a seguir o mesmo curso no futuro. Isso provavelmente se devia ao fato de que ninguém sabia ao certo o que esse futuro reservava — novamente batendo nessa tecla —, já que o patriarca não deixava suas intenções claras. Aos 91 anos, planejar o futuro não parecia algo tão urgente.

Carlson era o líder de audiência, gerando aproximadamente 80 milhões de dólares por ano (e custando para a Fox menos de 20 milhões por ano). A questão é que, a cada dia que passava, eles o achavam mais irritante, e talvez até racista — apesar de Murdoch o considerar "o mais inteligente da emissora". Mas o demitiriam por isso?

Além do mais, eles ainda tinham as cartas da Dominion e não sabiam como iam jogá-las. Quanto teriam que pagar para sacrificar alguém? *Mas Carlson?*

Ou talvez não houvesse razão para se preocupar em estender o contrato de Carlson porque a gestão acreditava, com aquele tipo de arrogância que lhes permitia desconsiderar tanto o caso da Dominion quanto Donald Trump, com o estado do setor de TV a cabo e com o momento agitado dos conservadores, que a Fox dominava o mercado, e que nem Carlson nem ninguém teria outro lugar para ir. A Newsmax e a OAN, emissoras jornalísticas conservadoras de TV a cabo, detinham uma pequena fração da audiência da Fox. E elas também estavam sendo processadas pela Dominion por causa da cobertura das eleições. Embora fosse uma questão complicada para a Fox, a Dominion era uma ameaça maior para os concorrentes. Tanto a Newsmax quanto a OAN poderiam ir à falência por causa dos processos da Dominion. Grandes operadoras de TV a cabo, vendo a publicidade negativa da Newsmax e da OAN e poucas vantagens com a audiência pequena, já as estavam abandonando — ao passo que a Fox era grande demais para ser abandonada. Então, a Fox não tinha motivo para regatear com os apresentadores — eles estavam presos.

Ou talvez houvesse alguma coisa ainda mais sinistra refletida no estranho comportamento da Fox em relação aos seus lucrativos astros de direita.

Foi uma transição suave das tramas conspiratórias apresentadas na programação diária da Fox — aquela ópera da hipocrisia liberal e da elite, planos secretos e bandeiras falsas — que fez com que usassem aquela mentalidade como uma forma de decifrar todas as coisas estranhas que estavam acontecendo na emissora. (Murdoch talvez considerasse Carlson uma pessoa esquisita, mas Carlson, por sua vez, andava fazendo ligações diárias para amigos e apoiadores, parecendo cada vez mais consternado: "Cada dia que passa, as coisas ficam mais estranhas por aqui".)

O motivo que talvez explicasse por que aquilo estava acontecendo — o processo da Dominion continuava, claramente não havia ninguém no comando, as mensagens eram confusas e os contratos estavam parados — se transformou, de forma bem natural, na desconfiança de que alguém estava *permitindo* que tudo aquilo acontecesse. Mas quem?

Em 2019, Murdoch tinha selecionado pessoalmente para a diretoria da Fox Corporation Paul Ryan, ex-presidente da Câmara dos Deputados e ex-candidato à vice-presidência dos Estados Unidos na fatídica campanha de Romney em 2012, que fugira de Washington na administração Trump. Talvez mais do que qualquer liberal, Paul Ryan era o inimigo número um da base do movimento MAGA de Donald Trump. Sua posição meio vilanesca só não era tão grande porque seu tipo — membro da classe política profissional, concentrado em questões fiscais, alinhado politicamente com os republicanos — estava bem fora de moda. No entanto, apesar de ser o dono da Fox, o temperamento político do próprio Murdoch parecia se refletir bem no de Paul Ryan. O ex-presidente da Câmara dos Deputados agora era, na interpretação conspiratória, a nova lança para formar uma quinta-coluna corporativa dentro da emissora. A política republicana, depois das eleições intermediárias, estava chegando a um ponto crítico da sua existência, e, na imaginação conspiratória, as forças dominantes da Fox — Paul Ryan, a lança — tinham se comprometido em um juramento para não permitir que Trump vencesse de novo.

Claro que, como acontece com todas as teorias da conspiração, essa se apoiava na suposição de que, de fato, existiam forças dominantes controlando as coisas. As pessoas que realmente estão trabalhando com atenção e diligência para, em conjunto, ajustar as alavancas de controle.

Os detalhes da teoria da conspiração fizeram com que Murdoch se sentisse cada vez mais frustrado em relação a Lachlan, e que se reaproximasse, com estímulo de Elisabeth, de James. Trabalhando em conjunto com Paul Ryan, representando o establishment da política da qual James tanto queria fazer parte, James estava determinado a mostrar ao pai que era agora ou nunca, que aquele era o momento de agir, que a reeleição de Donald Trump e o fim dos Estados Unidos seriam culpa deles se a Fox não passasse por uma reformulação. *Não seja um velho tolo — o seu legado está em risco!* E se a direção da emissora não conseguisse mudar isso, se o vodu estranho de extrema direita do movimento

MAGA de Donald Trump se fortalecesse mais (e aquelas novas personalidades políticas, Marjorie Taylor Greene e Lauren Boebert, que pareciam superar até mesmo Trump em nível de loucura da crise política, na opinião de Murdoch), era melhor deixar o caso da Dominion explodir e acabar com tudo!

De quem foi a autoria dessa trama tão arrumada (se é que uma teoria da conspiração pudesse contar apenas com um autor)? Steve Bannon, aquele fiel seguidor de Trump que espalhava tantas das teorias mais úteis e versáteis da direita, e que nunca tinha visto nenhuma história política sombria da qual Paul Ryan não fizesse parte.

Além da coerência duvidosa ou da excentricidade das muitas conspirações intricadas e estimulantes criadas por Bannon — fosse essa ou qualquer outra —, a antipatia que nutria por Murdoch era real. Não era apenas uma antipatia natural entre um elitista essencial e o garoto-propaganda populista, nem entre um conservador tradicional e um direitista anárquico, mas entre o magnata bem-sucedido da mídia conservadora e um aspirante a magnata da mídia conservadora. A Breitbart, a plataforma de notícias de Bannon até 2016, liderou o avanço de Trump como uma forma de desafiar a Fox. E, depois da saída de Ailes da Fox, os dois chegaram a conversar sobre a criação de uma nova organização de mídia conservadora.

Uma das muitas áreas de atrito entre Bannon e Trump era que Trump continuara maravilhado com Murdoch nos dias iniciais do seu governo. "Uma necessidade patética pela aprovação de um velhote que claramente considera Trump um ser desprezível e sem classe", declarou Bannon, enojado. Na opinião de Bannon, Murdoch talvez fosse obrigado a tolerar Trump, mas com certeza aproveitaria qualquer chance de ferrar com ele. (E Bannon estava certo.) Para muitas celebridades da Fox, mais notadamente Hannity, Bannon se tornou a voz da serpente sobre as verdadeiras intenções de Murdoch e seus filhos. A importância da Fox para Trump não era relevante, Bannon identificou corretamente Murdoch como o poderoso do grupo que os trumpistas mais odiavam, a velha guarda, os republicanos de meia-tigela.

Havia, porém, outro elemento que ajudou a tornar os rumores sobre forças sombrias do establishment conservador dentro da Fox ainda mais convincentes: ele estava ganhando dinheiro com essas teorias da conspiração! Bannon descobriu um público para o seu podcast/transmissão ao vivo *War Room*, que cada vez mais contestava diretamente a singularidade da Fox.

Internamente, aquele era um dos mitos mais potentes da Fox. Fama, influência, grandes contratos, vendas de livros, convites para discursos e expansões de marca da direita fluíam exclusivamente a partir da plataforma Fox. (Curiosamente, esse era um mito bastante parecido com o defendido pelo *New York Times*, com inclinação à esquerda, que defendia ser o peso institucional da Fox que distinguia as pessoas e a influência que tinham, e que, sem a emissora, elas não eram nada.) E, de fato, a audiência — uma demografia mais velha e rural — ficava ligada à televisão tradicional, e havia poucas maneiras diferentes de se atingir esse público.

O *War Room* de Bannon, organizado de forma flexível, com pouca produção, desconsiderando preocupações profissionais que poderiam ser dispendiosas (um "importante disseminador de desinformação", segundo o *New York Times*), foi lançado no início da pandemia como parte de seu amplo portfólio para se manter no centro das notícias conservadoras. (Isso incluía seu projeto de construção do muro, que o levou a ser processado; sua recusa em depor sobre o 6 de janeiro, que resultou em uma acusação de desacato e subsequente condenação; e seu esforço para começar uma rede conservadora de mídias sociais com o dissidente bilionário chinês Miles Kwok, conhecido como Guo Wengui/Ho Wan Kwok/Miles Guo, que também seria indiciado.) Bannon, que considerava Trump com tanto ceticismo, e até mesmo desdém, quanto a maioria das pessoas que o conheciam bem, concentrou seu *War Room* depois da derrota de 2020 em uma defesa inusitada de praticamente todas as teorias absurdas de fraudes na eleição (até mesmo apoiando Rudy Giuliani, a quem, por anos, acusara de senilidade e embriaguez constante), e depois como defensor dos grupos mais violentos do 6 de janeiro. Isso atraiu uma audiência dedicada que colocou Bannon no topo da lista dos podcasts, gerando mais influência (e atenção) do que já tivera desde seu breve período na Casa Branca, além de uma renda substancial e constante quase pela primeira vez na sua carreira irregular. Em outras palavras, o segredo do sucesso certo da transmissão de conteúdo conservador não se resumia à plataforma da Fox. Também era, como todos compreendiam, a plataforma de Trump — talvez principalmente isso.

E, então, como uma indicação ainda maior de que o centro da Fox — e de todos os canais de TV a cabo — talvez não estivesse se sustentando, apareceu Ben Shapiro, o jovem empresário e artista da mídia conservadora. Seu sucesso em várias plataformas era um fenômeno notável e irritante. Um seguidor de Bannon na Breitbart (com quem cortaria relações no futuro), esse advogado de 39 anos formado em Harvard e judeu ortodoxo encontrou uma audiência jovem e abastada — algo bastante singular na mídia conservadora — e estava buscando possíveis investidores e patrocinadores.

No fim de 2022, o maior empreendimento de Ben Shapiro, que se aproveitava do Facebook e era composto de podcast, streaming, distribuição de conteúdo, newsletters, palestras e aparentemente qualquer meio de comunicação ainda desconhecido — recrutando outras pessoas para sua "plataforma" —, começou a distribuir materiais que incluíam seus dados financeiros para buscar novos investimentos e executivos para a empresa em rápido crescimento. O número de Ben Shapiro, 110 milhões de dólares por ano, foi uma notícia que se espalhou rapidamente pelo mundo da mídia conservadora.

Ali estava uma prova — não era? — de que poderia existir uma vida conservadora lucrativa fora da Fox. Se isso fosse verdade, o que poderia significar para as vozes cativas da Fox?

O mundo da Fox, o poder da Fox, o efeito da Fox, o peso da Fox nos Estados Unidos do século XXI tinham acontecido por causa do monopólio que tinha sobre a mente dos conservadores. Ela era dona da audiência, pois a audiência não tinha outro lugar para ir. Além disso, a Fox mantinha seu público em parte porque era formado por espectadores que não tinham se adaptado muito às novas tecnologias, mas isso não era muito alardeado. Eram espectadores mais velhos, que ficaram para trás na nova era da mídia; a atenção deles era focada, não diversificada. Era bem verdade que isso tornava a voz da Fox assombrosamente poderosa para sua audiência, exatamente como a TV aberta detivera a atenção ininterrupta de seus telespectadores nos seus tempos áureos. Mas... os espectadores eram velhos. E havia um mundo inteiro formado por pessoas mais jovens, mais modernas e ligadas em tecnologia.

A mídia conservadora estava prestes a se dividir? Ou seria possível ganhar mais (muito mais) dinheiro fora da Fox do que dentro dela?

19. James

As irmãs

Os advogados da Dominion queriam o depoimento de James Murdoch (e também o de Liz). James argumentou que não teve nenhum papel no período dos eventos que faziam parte do processo, o que era tecnicamente verdade. Não que ele não quisesse *ajudar* a Dominion; a vitória deles aumentaria a chance da vitória final de *James*. Aquilo era bem a sua cara: cheio de sentimentos de justiça e vingança, querendo ver o pai e o irmão serem condenados publicamente. No entanto, ele estava agora empregando uma estratégia diferente, algo mais *diplomático*, uma característica que não lhe era familiar.

Na divisão entre andares da empresa, a equipe do andar inferior considerava James alguém que havia se desvinculado totalmente do negócio. Não era o que ele tinha feito? Com seus 2 bilhões de dólares, seu senso de justiça e de olho na maioria das ações com direito de voto, ele era a pessoa que mais se esforçava para desestabilizar a vida das pessoas na Fox. E era justamente nele que ninguém pensava.

"Ele se afastou totalmente da empresa", disse Hannity sobre os pontos de vista liberais de James. "O que *ele* pode fazer?"

James Murdoch via seu futuro político dentro da própria família (e, como ele era bastante arrogante, via o futuro do país da mesma forma) sendo formado por duas eleitoras: suas irmãs mais velhas Prue e Liz. A capacidade de James de transformar a Fox de uma força política de reação e ilusão para uma "força do bem" dependia das irmãs. Quando o pai morresse — e a contagem regressiva para o aniversário de 92 anos já tinha começado —, o voto das duas poderia decidir qual dos irmãos ficaria com o controle dos negócios de Murdoch. Na verdade, se restasse algum negócio no fim das contas. Claro que as irmãs também poderiam ser eleitoras de Lachlan se *ele* quisesse se manter no controle.

Familiares, funcionários (advogados, banqueiros, curadores) de Murdoch e executivos de alto escalão da empresa imaginavam que a dinâmica interna colocaria um irmão contra o outro, com as irmãs escolhendo entre os dois. As duas tinham de escolher — se as opções continuassem sendo entre os homens — entre o "pateta" e o "esquentadinho", como costumava ser expresso em termos familiares e ácidos, que podiam ou não conter uma dose de afeto.

Não havia dúvidas sobre como Lachlan era confuso e indeciso nos negócios, dependendo sempre das opiniões do pai. Assim como não havia como disfarçar o temperamento difícil de James, suas certezas declaradas e a incapacidade de colaborar harmoniosamente com os outros.

Murdoch, apesar de sua preferência pelos filhos homens, reconhecera algumas vezes a possibilidade de Liz assumir o papel de liderança. No início, tivera muitas esperanças em relação ao potencial dela para os negócios, e ainda ficava chateado por ela ter deixado de trabalhar com ele. Em outros momentos, especulara se Liz, a única dos filhos que de fato conseguiu ganhar dinheiro de forma independente dele (embora nada no mundo da mídia fosse mesmo independente dele), poderia comprar a parte dos irmãos e assumir tudo. Mas então Murdoch dava para trás e voltava para a decisão mais simples entre um filho ou outro. Afinal de contas, ele próprio tinha sido herdeiro dos negócios mesmo com três irmãs. De qualquer modo, essa era a suposição predominante durante a maior parte dos últimos 25 anos: um dos garotos.

O complicado era que não estava nas mãos do pai tomar uma decisão unilateral para apontar um dos dois filhos, ou qualquer outra pessoa, como seu sucessor. Estava de mãos atadas em relação a isso. Essa decisão — o caminho do futuro — seria tomada em uma votação entre quatro pessoas.

O curioso, ou talvez cruel, era que o acordo para a formação do fundo negociado no seu divórcio com Anna não oferecia nenhum mecanismo de desempate. Mas a suposição era de que não haveria empate porque Prue (a irmã avessa a conflitos, desapegada, que não se importava, ou seja, a irmã que era uma boa pessoa) acabaria sendo o terceiro voto. Prue, com 65 anos e três filhos, morava na Austrália, assim como Lachlan. Com seus 2 bilhões de dólares no bolso, ela sempre evitara participar dos negócios do pai, parecendo não ter temperamento nem vontade de competir com os outros irmãos ou de discutir com o pai. Talvez, como resultado, ela era a que tinha o relacionamento mais tranquilo com ele, embora durante a infância tenha sido difícil. Quando ela tinha nove anos, o pai deixara a mãe para se casar com a segunda mulher, Anna, e logo começou uma nova família, mudando-se primeiro para Londres e depois para Nova York, deixando Prue para trás. Seguiram-se anos em que a mãe dela teve dificuldades e que o relacionamento de Prue com a madrasta não era dos melhores (ela fora morar com o pai, a madrasta e os novos irmãos por um período bem infeliz). Agora, porém, com a própria família, maturidade, distância, dinheiro e anos de terapia, ela talvez fosse o membro mais justo e tolerante da família, colocando-se acima das disputas. Estava longe de ser ingênua nos negócios. Além de ter a própria fortuna, com seus próprios advogados e gestores, seu primeiro marido foi Crispin Odey, um dos mais famosos, e por vezes mais ricos, investidores de fundos de hedge do Reino Unido (e frequentemente acusado de assédio sexual). Ela parecia ter feito uma avaliação pessoal ponderada de que não teria muitos benefícios em se envolver ativamente nas disputas internas dos negócios da família. Contra sua vontade, o pai recrutou seu segundo marido, Alasdair MacLeod, para trabalhar na empresa por um tempo, mas aquilo terminou em um atrito mais ou menos normal (os agregados da família Murdoch não ganhavam proteções especiais) e MacLeod passou a atuar no agronegócio; além disso, nenhum dos filhos dela, todos adultos, entrou para a empresa (ainda não existe uma quarta geração de herdeiros de Murdoch). Sobrecarregada com o voto, o raciocínio lógico da família — que nunca havia sido testado — era de que Prue se uniria à coalisão formada por dois dos irmãos.

Se isso fosse verdade, então, a pessoa mais importante para James só podia ser Liz.

O futuro político dos Estados Unidos, o modelo democrático, a constituição dos Estados Unidos, a última esperança para os homens estavam nas mãos dela... Bem, nas mãos *dele*, na verdade, mas James primeiro precisava que Liz o colocasse no lugar certo. No entanto, nessa campanha para conquistar o voto das irmãs, ele estava tentando controlar seu senso de grandiosidade natural, sua inclinação por verdades absolutas e seus acessos de raiva quando alguém o contradizia. Acreditava que tudo estava a seu favor. Mas aquilo tudo era muito importante para a democracia (e para sua própria carreira) para que permitisse que sua certeza se desviasse. Mesmo acreditando que tinha os votos das irmãs, ele sabia que tinha de mostrar que o jovem esquentadinho agora poderia ser uma pessoa madura de cinquenta anos.

Não era tão fácil. A história de padrões familiares e emocionais tinha sido talhada em pedra: a inacessibilidade do pai, a personalidade crítica da mãe, a ausência e o distanciamento de Prue, a rebeldia de Liz, o mau humor de Lachlan, e as certezas inflexíveis e irritadiças de James.

Nos seus diários, Alastair Campbell, secretário de imprensa de Tony Blair e conselheiro próximo, descreve, em tom bastante chocado, um James de 29 anos repreendendo o pai em público durante uma conversa de Blair com o magnata nos anos 1990, desprezando-o publicamente como alguém que "só abria a porra da boca para falar bobagem".

As reuniões de diretoria sempre eram palco das críticas que James fazia ao pai e ao irmão. Na Sky, quando era CEO, com pouca paciência para consenso e colaboração, James se cercou de um grupo de puxa-sacos que queriam se parecer com ele e se vestir como ele (magro, em forma, branco, usando ternos escuros e camisas brancas com o botão do colarinho desabotoado — o look de Kendall Roy, de *Succession*, antes que Kendall Roy fosse criado). Prue o descrevia como um robô com TOC, demonstrando insensibilidade nos seus julgamentos e no seu perfeccionismo. As pessoas notaram que um dos empresários que James parecia mais admirar era Elon Musk, o modelo de intolerância e superioridade corporativa implacável. (Rupert Murdoch também era fã de Musk.) Em 2017, logo depois de James deixar a empresa da família, Musk o colocou na diretoria da Tesla.

Como parte do seu esforço de criar uma nova persona, James seguiu o manual de instruções de Musk, contratando, inclusive, sua conselheira estratégica de transformação de imagem, a consultora de mídia Juleanna Glover, residente em Washington. Conhecendo todo mundo que deveria no governo e na mídia, ela estava entre as pessoas mais influentes do establishment, e começou a mencionar a perspicácia e a seriedade liberal e corporativa de James entre seus círculos. Aquela transformação de imagem estava sendo feita para as irmãs, para mostrar a elas que ele tinha oficialmente abandonado a prática de falar impulsivamente e que conseguia controlar as emoções. Mas também tinha o propósito de prepará-lo para quando reassumisse um papel público como um homem de negócios sério e politicamente moderado. O clube corporativo de bilionários com modo de pensar semelhante era onde James queria se encaixar. O processo para isso era ficar fora dos jornais, controlar as reações viscerais e não entrar no drama público da sucessão. Ele só precisava esperar o momento certo.

A postura pública era ignorar a Fox. Ele não estava envolvido. Não tinha parte nisso. Era um investidor sério buscando os próprios interesses, ou seja, investimentos sociais e ambientalmente sustentáveis. Era um Murdoch apenas no nome. Ao mesmo tempo, na esfera privada, dedicava grande parte de sua energia emocional em atividades confidenciais de agitação destinadas a minar o curso público de Murdoch. Talvez isso fosse um sinal de maturidade. Ele não estava gritando aos quatro ventos; estava agindo nos bastidores; era um jogo interno. O pai e o irmão, com algumas interpretações críticas, eram os estranhos com aquele apego ao legado de Murdoch e à Fox. Ele era o Murdoch tecnocrata que entendia a realidade fria dos negócios e os interesses do establishment.

A falácia ou a fissura nesse modelo do novo James era que ele parecia realmente querer administrar a Fox. Mas por que faria isso? Por que qualquer pessoa que não queria que a Fox fosse a Fox ia querer administrá-la? Poderia existir uma resposta mais irracional e emocional do que desejar administrar a Fox News como um liberal?

A lógica de James era a Sky News no Reino Unido. Era isso que sempre afirmava, de forma exasperada, quando alguém lhe perguntava como ele reformularia a emissora. A Sky News, sobre a qual tivera o controle direto por quatro anos e cujo sucesso ele colocava na sua lista de realizações, funcionava sob as regras de imparcialidade de mídia do governo britânico, mas, ao mesmo tempo, conseguia ser dinâmica, assertiva, visualmente atraente e carismática, em forte contraste com a abordagem mais tradicional, e até mesmo circunspecta, da BBC. Mas por que lhe perguntavam o que faria com a Fox? Ele já tinha feito aquilo antes, não tinha? A forma de se fazer noticiários populares sem provocação política e mentiras deslavadas era óbvia. A resposta fundamental de como ele diferenciaria drasticamente sua Fox dos sonhos da CNN ou de outros jornais básicos, que ganhavam uma fração mínima dos negócios da Fox, era novamente irritação por não ter ficado claro para todo mundo que ele sabia o que fazer.

Por quase uma geração, o ideal semelhante de notícias televisivas tem sido um sonho geralmente melancólico e pouco bem-sucedido para a maioria dos programadores que não trabalhavam na Fox. E a cada ano esse sonho ficava mais distante. Apenas fatos ou "notícias diretas" simplesmente não eram a mensagem dos meios de comunicação — pelo menos não havia um modelo de sucesso para isso. A CNN, na sua última encarnação corporativa combinando a WarnerMedia e a Discovery, declarou que voltaria para o modelo de notícias diretas, ou mais diretas, e viu seus índices de audiência caírem, enfrentando uma perda de 25% da receita. (A Discovery era administrada por David Zaslav. Ailes tinha sido demitido da NBC, o que o levou à Fox, por causa de um comentário antissemita sobre Zaslav, que também trabalhava na NBC na época.)

James se controlava para não dizer o óbvio, que a Fox, para ser melhor, teria de estar disposta a abrir mão de 1 bilhão de dólares ou mais em receitas. Era uma estimativa modesta dos custos da transformação que planejava, mas ele insistia (de forma esquentada) que poderia transformar a Fox em uma "força do bem" e, ao mesmo tempo, mantê-la como uma máquina de dinheiro. Ninguém o veria limitado pela ambivalência do irmão, mesmo que a ideia de uma Fox como uma força do bem e continuando muito lucrativa fosse claramente ridícula.

É por isso que o argumento constante de Elisabeth, divorciada da política da emissora e concentrada totalmente na realidade dos negócios e em como obter o valor, estava, na visão de alguns dos conselheiros de Murdoch, tanto corroendo o apoio do patriarca a Lachlan, que claramente não tinha um plano, quanto minando qualquer chance remota que James pudesse ter de conquistar o pai.

No seu papel de filha participativa e protetora do lendário pai (na sua metamorfose de alguém mal-humorado, irritadiço, reclamão e desdenhoso para um ser lendário), a socialite britânica, com seus mais de 2 bilhões de dólares, mãe de filhos adultos, transformada de filha rebelde e desobediente em uma conselheira de negócios perspicaz e reconciliatória, ainda era vista como alguém que se alinhava com James. Mas ela não tinha excluído Lachlan totalmente.

Quase como um ruído de fundo, ela continuava demonstrando sua opinião de que a indústria estava testemunhando a morte lenta da TV a cabo ou pelo menos o valor do setor, mesmo que, quando acontecesse, parecesse algo repentino. Esqueçam questões políticas; eles estavam falando da transformação da mídia e do futuro da tecnologia. O longo domínio da Fox estava por um fio. Não havia nenhum cenário razoável no qual esse domínio não seria reduzido e depois destruído. Mesmo que a emissora conseguisse manter sua hegemonia no setor de TV a cabo, esta seria terrivelmente limitada. Elisabeth desdenhava da crença que muitos operadores de mídia ainda tinham de que era possível reverter isso, principalmente no caso da Fox. A Fox Nation, uma estratégia de distribuição digital e serviço de assinatura por streaming, tinha sido um fracasso. Desde o lançamento, em 2018, ocorreram várias disputas dentro da emissora para se livrar daquilo. Então... de novo, o que os impedia de vender? Murdoch, porém, desconsiderou esse argumento, fazendo literalmente um gesto com a mão para indicar que não queria ouvir, o que era diferente de discordar ou rejeitar diretamente a ideia. Ele ainda pensava no apoio que estava dando a Lachlan e na sua própria necessidade de continuar relevante no jogo, mas isso não significava que não pudesse controlar as perdas a qualquer momento e decidir sair. Elisabeth comparava isso à forma como os casamentos do pai terminavam: geralmente do dia para a noite. Qualquer um que convivesse com Murdoch entendia que a possibilidade de que um dia ele acordasse e decidisse vender a Fox era uma possibilidade real.

O argumento de venda também tinha o potencial de colocar Elisabeth contra James.

O destino da Fox não precisava ser um irmão ou outro. Em vez disso, a probabilidade de que a irmã liberal se alinhasse com o irmão liberal, o desfecho esperado por todos, poderia sofrer uma reviravolta. Liz, trazendo Prue consigo, poderia se alinhar com o irmão não liberal, ou atraí-lo para si, em um acordo para se livrar da emissora (ou seja, torná-la o problema de outra pessoa). Essa poderia ser uma opção melhor para Lachlan em vez da humilhação de ver sua posição ser arrancada pelos irmãos; e isso lhe daria ainda o prêmio de consolação de continuar na direção da empresa de jornais impressos com todos os seus jornais australianos (certamente um trabalho que mais ninguém da família queria).

Para James, porém, vender a Fox era uma solução que não resolvia o problema mais amplo: a Fox era um monstro fora de controle, uma força ameaçadora contra a razão e a probidade institucional. De nada adiantaria se livrar dela, soltá-la no mundo. O método provável seria aumentar a dívida para que a empresa pudesse comprar a participação e o controle de Murdoch, mas isso só obrigaria a emissora a se curvar ainda mais para sua audiência mais dedicada e reacionária. Se os Murdoch apenas se livrassem do problema, tudo ficaria muito pior para o mundo todo. Sem mencionar que eles carregariam a culpa histórica por isso.

James tinha se tornado um defensor do nome Murdoch, protegendo tudo pelo que a família tinha trabalhado. Não bastava salvar a si, a família e a marca Murdoch da Fox. Ele tinha que salvar a nação. Seu caso de transformação de caráter de herdeiro talvez fosse ainda mais dramático do que a transformação da irmã desafiadora e rebelde em matriarca, cuidadora e voz da razão. Ele tinha passado por uma série de fases distintas. O empreendedor moderno, de vanguarda e culturalmente talentoso (na sua cabeça), lançando suas primeiras apostas em uma empresa de música e uma empresa pontocom (ambas sem sucesso, mas isso não importa); o gestor de mídia frio, meticuloso e disciplinado pós-MBA (mas sem MBA), administrando a Sky e as operações internacionais de Murdoch (não importa que isso tenha sido um fracasso depois do escândalo das escutas telefônicas); depois CEO em conjunto da Fox, um magnata frustrado, com credenciais visionárias (ele acreditava), mais feliz quando estava se associando a outros magnatas (acreditando que, com a venda de boa parte da Fox para a Disney, entraria oficialmente para o primeiro escalão de executivos como CEO da Disney); e, finalmente, agora... Fora dos negócios da família, distante dos seus interesses, com sua própria e vasta fortuna segura e sem muita coisa para fazer, ele se via, por direito do seu nome e dos 2 bilhões de dólares, como uma pessoa de destino indignado e justo.

Para evitar parecer que tinha mudado completamente suas convicções e se tornado um esquerdista radical — do tipo de Hollywood ou de Bernie Sanders,* como seu pai parecia acreditar —, em outubro de 2022 ele organizou um evento na sua mansão na Sixty-Ninth Street para levantar fundos para Joe Biden. Ele havia se tornado uma pessoa proeminente no Partido Democrata. De certa forma, sua transformação foi ainda mais drástica do que teria sido se ele se tornasse um ideólogo dedicado. A carreira inteira do pai tinha sido

---

* Bernie Sanders é do Partido Democrata e se destaca por suas posições progressistas em questões como taxação mais elevada para grandes fortunas e a defesa de um sistema amplo de saúde pública. (N. T.)

uma expressão de desconfiança, ressentimento, desdém, insegurança e, sem dúvida, concorrência em relação aos liberais internos. O filho desertor tinha se juntado oficialmente a esse grupo, e sido muito bem recebido por todos.

Um dos principais inimigos desse novo grupo de ricos e bem conectados, que estavam sempre se esbarrando pelas instituições financeiras em Nova York e nos círculos políticos do Partido Democrata em Washington, era obviamente a Fox. Não era mais possível restaurar a nação outrora liberal até que o problema da Fox fosse resolvido. E ninguém sabia como fazer isso porque a Fox era boa demais no que fazia, e ganhava muito dinheiro fazendo isso, e era totalmente imune ao desprezo social e vergonha comercial. Desse modo, apenas seus donos poderiam resolver a questão por força de vontade e por decreto. Rupert Murdoch, apesar das esposas liberais e das repreensões dos colegas corporativos e aliados do establishment conservador, até aquele momento não tinha sido capaz, ou não tivera disposição para tal, e ninguém sabia onde seu outro filho estava com a cabeça... Então, tudo que restava era James.

O que devemos fazer em relação à Fox? A resposta à qual a grande e boa elite liberal chegou foi James Murdoch, filantropo, doador e bilionário amigo.

Ele estava recebendo um chamado.

Em 1907, J. P. Morgan se adiantou e aplicou os próprios fundos em um empreendimento arriscado para acalmar o pânico que varria os mercados financeiros. James Murdoch conseguia se ver desempenhando o mesmo papel. Ele era um titã da mídia (mesmo que um sem nenhum portfólio no momento) pronto para se colocar (junto com os acionistas da Fox) na linha de fogo pelo bem do país.

Suas irmãs lhe dariam essa chance? Ele estava confiante que sim.

Se ao menos o pai morresse logo. Ele não queria que o pai morresse, é claro. Por outro lado, acreditava que o pai já muito, muito velhinho *ia* morrer logo. Cada dia que o pai não morria e a Fox, sem ser reformada, permanecia no ar era mais um dia do fim do mundo dos democratas (tudo bem passar por um pouco de atrito, mas não um atrito constante e intenso que *ia* corroendo gradualmente tudo a seu redor).

Ele não poderia abordar essa questão da morte com as irmãs. Principalmente porque Liz, como parte do desenvolvimento da nova imagem do pai como um personagem histórico, parecia celebrar cada dia que ele vivia a mais (sem se importar com a paciência que isso exigia).

O objetivo de James agora era simplesmente não dizer nada de errado. Ele se sentia frustrado e irritado que o destino da nação dependesse do seu bom comportamento, e que seu próprio destino estivesse em suspenso — como sempre foi em toda sua carreira — pela presença constante e pesada do pai.

Inverno de 2023

20. Rupert

Morra, Trump, morra

Rupert e Lachlan tinham uma videoconferência com Suzanne Scott na maioria das manhãs. Por um lado, isso poderia indicar que ela era parte do círculo íntimo, uma confidente e um instrumento. Por outro lado, talvez fosse um sinal da impaciência que tinham com ela, que simplesmente não entregava o que eles queriam e, dessa forma, a intimidação insistente era necessária. Poderia ser pior, considerando o momento crítico: Dominion, Donald Trump e a vasta confusão interna da emissora. Ela poderia ser o bode expiatório deles, como todos esperavam. Mas, francamente, era difícil saber aonde aqueles chefes queriam chegar.

Na verdade, tudo dependia do que Murdoch queria ou não queria. Não importava que, aos 91 anos, aquilo estava cada vez menos claro, menos organizado e fizesse menos sentido. Todos ainda esperavam a palavra dele — sem ela, ou sem uma interpretação precisa do que seria, aquilo significava... Bem, aquela era a questão, ninguém sabia o que aquilo significava. Mas ninguém podia admitir isso.

O círculo íntimo de Murdoch nos seus setenta anos de carreira tinha sido formado pelos intérpretes mais bem-sucedidos, homens — exceto por algumas poucas mulheres favoritas — que o observavam com atenção suficiente para acreditar que o entendiam e que, convencidos (ou *quase* convencidos) da inteligência única e previdente de Murdoch, se sentiam confiantes o bastante para dizer "ele quer", "ele pensa", "ele sente", mas nunca cometiam o erro nem davam a impressão de que eram eles falando e não Murdoch (assim que alguém começasse a se ver como um dos "caras de Rupert", a pessoa não durava mais muito tempo). Ainda que fossem eles falando, nem mesmo isso ficava claro. Aquele era seu grande feito, convencer as pessoas de que ele sabia o que queria, e de que o trabalho delas, a prioridade máxima, era descobrir o que era. Esse era o grande feito da pessoa: saber o que ele queria, interpretar as ordens dele, mesmo que não fossem claras — com uma urgência sobrenatural na sua falta de clareza. Qualquer um que quisesse trabalhar com ele precisava desenvolver um sexto sentido. (O grande dom de Ailes por muito tempo foi conseguir, de forma quase incessante, convencer Murdoch de que ele queria o que Murdoch queria.)

Mas o que Rupert Murdoch não queria de jeito nenhum no início de 2023 — e isso estava bem claro — era Trump. De todos os implacáveis inimigos de Trump, Murdoch tinha se tornado o mais exaltado e incontrolável. Seu comportamento relativamente calmo do início da presidência de Trump, quando dizia, com um suspiro, que ele não passava da "porra de um idiota", tinha se transformado em um discurso de ódio e recriminação. A morte de Trump era o maior desejo de Murdoch: "Estaríamos muito melhor se...", "Isso tudo se resolveria se...", "Como ele ainda está vivo? Como?", "Você já o viu? Viu como ele é? O que ele come?".

Assim como boa parte do establishment republicano — e isso parecia incluir qualquer um na política republicana que não fizesse parte do establishment de Trump —, Murdoch tinha se convencido de que Trump estava, finalmente, vulnerável. Que sua influência sobre a base e sobre os políticos republicanos havia enfraquecido o suficiente, e que tinha chegado o momento de eliminá-lo de uma vez por todas. Essa tinha sido a visão operacional de Murdoch durante sua longa vida de influência política — sem dúvida maior do que a de qualquer outra pessoa. Em todas as principais eleições na Austrália, no Reino Unido e nos Estados Unidos desde os anos 1970 ele tentou colocar o dedo na balança (só em anos mais recentes que sua atenção se desviou um pouco). Nos três países, não havia nenhum político relevante no decorrer dessas décadas sobre o qual Murdoch não tivesse uma opinião detalhada, ou não soubesse informações comprometedoras a respeito — ou pelo menos ele acreditava que tinha (era uma forma de conseguir favores com ele, deixar implícito que poderia haver algum relatório secreto nos arquivos; Ailes sempre usava essa estratégia; e os jornais londrinos estavam justamente no negócio de informações comprometedoras). No decorrer da longa carreira, ele acompanhara cuidadosamente os candidatos em potencial, sobretudo os republicanos. Aquele era seu verdadeiro talento, ser um chefão do partido (do tipo que ficava em salas enfumaçadas) ou um colunista político. (Jann Wenner, fundador e editor da *Rolling Stone*, certa vez elogiou uma coluna política publicada no tabloide *Star*, de propriedade de Murdoch, pela astúcia política incomum. Murdoch admitiu que tinha escrito a coluna.) Em 2015, ele e Ailes consideraram o então governador de Nova Jersey, Chris Christie, uma séria ameaça a Jeb Bush, o favorito seguro e razoável, e, juntos, decidiram — com prazer juvenil — que jogariam duro contra Christie. (Nas palavras de Ailes: "Rupert e eu estamos acabando com o gorducho".) Apesar disso, Trump, desde sua ascensão, no início de 2016, e durante toda sua presidência, permaneceu intocado pelos ataques, grunhidos, olhares furiosos e pela ampla variedade de outras imprecações não verbais de Murdoch, que parecia incapaz de fazer qualquer coisa contra Trump. Um império construído de acordo com seus sinais estava se provando incapaz de detectá-los. Era como se Murdoch não existisse.

Agora as coisas seriam diferentes.

Os líderes e seguidores do jornalismo liberal sempre expressaram profundo desagrado diante da interferência de donos do jornal no conteúdo editorial de uma redação. A tal da separação moral e clássica de Igreja e Estado. No caso da Fox, porém, os liberais ficaram chocados com a total ausência de interferência de Murdoch. Os pecados que a Fox cometeu eram os pecados de Murdoch. O fato de que ele parecia impotente para interferir, de que talvez nem soubesse como interferir no decorrer da maior parte da presidência de Trump ou de que a aprovação militante da audiência da Fox o impedia de interferir era um paradoxo estranho do jornalismo. O jornalismo da Fox e o entusiasmo dos espectadores eram bem mais fortes do que sua agenda pessoal e corporativa. Claro que, como proprietário, ele estava ganhando rios de dinheiro, o que talvez tivesse alguma coisa a ver com a evidente passividade. Mas agora, com Murdoch comprometido com a causa "Trump nunca mais", parecia entrar em jogo um verdadeiro teste para ver quem era mais forte: o dono ou a redação.

Ou melhor: o dono ou os espectadores.

Eis a difícil constatação: em um daqueles inesperados e anômalos desenvolvimentos do jornalismo, a audiência realmente tinha o poder de decisão.

O jornalismo respeitável sempre colocava o peso moral na audiência: sua primeira lealdade era para com os leitores. Na realidade, isso sempre significou uma mistura do que os leitores desejam — o que costuma ser vago — e do que eles conseguem tolerar, com a crença de que a audiência pode ser habilmente (ou ingenuamente) guiada. Na Fox, pelo menos durante a presidência de Trump, a audiência deixou bem claro o que queria: o máximo de Trump possível. Desde o início, o conceito da Fox tinha sido destacar aqueles que não tinham voz na mídia. E eles foram bem-sucedidos a ponto de os sem voz passarem a ditar o que a emissora mostrava. Com seus 25 anos de propaganda, a Fox criou uma audiência militante e leal à mensagem — e essa mensagem não podia ser facilmente desafiada. A maior parte das provas da Dominion — consideradas absurdas pela grande massa de jornalistas liberais — foi que a redação da Fox estava totalmente ligada ao que a audiência queria ouvir, e estava disposta a dar tudo que eles quisessem.

Era possível argumentar que a mídia estava seguindo por esse caminho. Ali estava o resultado natural da seleção e segmentação de público: cada audiência agora era eficientemente definida pelo que desejava. Isso era ruim? A redação de notícias se reportava à sua audiência: ela detinha tanto poder que nem mesmo o poderoso dono da emissora conseguia interferir — e estamos falando do maior e mais poderoso dono de mídia que já existiu no mundo.

Bem, ele poderia tentar.

Para revisar: por quase 25 anos de Fox, Murdoch se manteve longe do que poderia ser justamente considerado sua criação mais lucrativa e influente: seu canal de notícias 24 horas por dia. Ele era um cara do jornal impresso, não da TV; nunca tinha produzido um programa televisivo, quase nunca aparecia na sala de controle; tinha dado plenos poderes a um homem para controlar todos os aspectos da emissora e o seu produto e depois o eliminou e não o substituiu. Sem uma liderança clara, a emissora seguia de acordo com a resposta da audiência, que tinha a influência extraordinária de um único criador de notícias: um showman carismático e descontrolado, um homem capaz de aumentar a audiência e que também era o presidente. Mas agora, a alguns meses do seu aniversário de 92 anos, o dono ausente queria mudar tudo aquilo e assumir novamente o controle.

Suzanne Scott era a desafortunada intermediária entre os desejos do dono e a independência da emissora, sua independência *incrivelmente lucrativa*.

Sim, a antipatia que Murdoch desenvolvera por Trump era evidente. Ao mesmo tempo, porém, não havia como mudar suas expectativas como dono do canal de notícias líder de audiência no país, trazendo 2 bilhões de dólares para o resultado final. Assim como James, e no seu pensamento mágico de como transformar o colosso em uma "força do bem", Murdoch também não estava pronto para admitir que seu impulso mais forte, uma determinação que estava o mais próximo possível de um imperativo moral que esse empresário praticamente sem moral já chegou, poderia lhe custar bilhões de dólares. Ele parecia emocionalmente incapaz de resolver essa contradição. Teve a coragem de não buscar dinheiro, investindo em empreendimentos quixotescos alimentados pelo ego — o New York Post sendo o maior exemplo. No entanto, perder o dinheiro que vinha sendo tão bem-sucedido em ganhar não era algo aceitável para ele, mesmo que quisesse, com grande fervor moral, outra coisa.

Ficou na mão de Suzanne Scott lidar com essas duas ideias contraditórias. Murdoch declarava seus desejos menos como orientações e decisões e mais como resmungos que, então, precisavam ser traduzidos em uma prescrição.

Em termos de Trump, tudo parecia claro: além de ser "bundão", "idiota", "burro", "lunático", alguém que "não estava nem aí para merda nenhuma", que não tinha "nenhum plano", que "só quer dinheiro" e "a porra de um louco", ele também era um "perdedor", um dos piores xingamentos que Murdoch poderia fazer. Trump não podia ganhar. Aqui estava a verdadeira política de Murdoch: não existe nada a se ganhar de um perdedor. Contra um presidente em exercício, com todo o Partido Democrata unido contra ele e com uma mensagem marginalizada e uma bagunça organizacional, sem mencionar certas acusações iminentes, o fim era óbvio: "perdedor". Sem alternativas, Murdoch, desconsiderando ou negando dúvidas práticas, tinha um substituto em Ron DeSantis. Ele era, porém, como Murdoch costuma dizer, um "profissional", exatamente a alcunha que DeSantis estava tentando evitar, e do que os espectadores da Fox fugiriam. Realmente, tudo que DeSantis tinha de semelhante a Trump, todo o seu esforço para se parecer com Trump, Murdoch jogou fora. Ele não era assim, só estava fazendo aquilo porque era estrategicamente necessário, mas ele era um republicano da Flórida, como Jeb Bush.

Ao mesmo tempo, apesar dos momentos em que sua atenção vagava, a acuidade de Murdoch com números continuou afiada e compartimentalizada. O que quer que pudesse estar acontecendo por que motivo fosse, ele parecia sempre estar atualizado em relação aos relatórios internos e concentrado em qualquer indicação de queda, por menor que fosse. E fazia isso com impaciência, amargura, desagrado e uma profunda falta de compreensão em relação a como se poderia permitir que uma coisa daquelas acontecesse. Números ruins eram culpa *sua*. Você só tinha um trabalho a fazer, que era trazer bons números. A mensagem era clara: ele poderia desprezar Trump, mas a Fox precisava se manter dominante no cenário dos canais de noticiário, mantendo e aumentando sua participação no mercado.

Havia ali outra característica do pensamento de Murdoch, que talvez tivesse a ver com Trump ou com a avaliação de Murdoch — subconsciente ou não — do potencial conflito entre números altos e enterrar Trump. Ou com estar no comando da Fox quando não queria estar. Ele ficava de muito mau humor quando precisava se concentrar nos negócios da Fox — muito possivelmente porque tinha uma mulher atenciosa esperando por ele. Para um homem que não se comunicava bem, ser capaz de ler as nuances das suas alterações de humor era importante. Durante muitos anos, seus executivos explicavam essas alterações como os efeitos do jet lag em um homem com tantas milhas aéreas acumuladas por ano (geralmente se alternando entre Austrália, Europa e Estados Unidos — usando voos comerciais até o fim dos anos 1980). Nos dias de mau humor, ele parecia se irritar com todas as sugestões e opiniões; talvez não tivesse uma visão clara por si mesmo, mas não queria ouvir as de ninguém. Eis seu estado de espírito constante: irritado, irascível, agitado e inquieto. Quase tudo que via na Fox — e não estava claro o que estava vendo, nem com que regularidade — parecia irritá-lo. Mas talvez, acima de qualquer coisa, estava abertamente frustrado com o filho. Ele o interrompia; o xingava; parecia ter um total descaso por tudo que Lachlan pudesse dizer.

Será que o filho o tinha feito chegar ao limite?

Do mesmo modo que ele já tinha chegado ao limite com James por causa da sua postura de sabe-tudo, porque interrompia as outras pessoas que estavam falando ou humilhava todo mundo, porque suas opiniões políticas tinham se tornado mais importantes que as do pai ou porque Murdoch simplesmente não confiava na maioria das certezas empresariais de James, ele agora parecia ter chegado ao limite com Lachlan. Por causa da sua desconexão, da ausência de ponto de vista, porque todos o influenciavam de alguma forma, porque ele só cumpria o que esperavam dele, um filho diligente, mas sem a menor ideia de como ser um CEO. De qualquer forma, com tantos problemas nos negócios, Lachlan não oferecia nenhuma solução (não que seu pai necessariamente fosse querer escutá-las).

Seis anos antes, quando Rupert tinha 86, considerando, mesmo sem comentar, a própria mortalidade e a profunda insatisfação com os dois filhos como futuros líderes do seu império colossal, ele vendeu uma boa parte de tudo. Mas ali estava ele, agora, a poucas semanas de completar 92 anos e ainda sozinho com os vastos negócios que lhe restavam, tentando descobrir o que fazer.

Talvez Liz estivesse certa.

O lugar mais familiar para lhe servir de refúgio era o grande tabuleiro de xadrez de mídia da sua cabeça. Aquilo colocava todos os problemas imediatos em perspectiva — eles não importavam contra as realidades do domínio da indústria, do desenvolvimento tecnológico nem de tendências de capital. Era um lugar confortável, porque ele já estava ali, naquele tabuleiro de xadrez, havia tanto tempo, que conhecia muito bem não apenas o ritmo e as jogadas, mas também os jogadores. Se ele se animasse com alguma coisa — o tipo de animação possível para um homem de 92 anos sendo algo relativo —, era com um senso de que o jogo talvez estivesse novamente progredindo. Um senso de que a concorrência estava tentando resolver os próprios problemas incontroláveis. Um senso de que uma nova dança de cadeiras tinha começado — e era necessário conseguir uma cadeira antes que a música parasse.

No centro crítico havia a questão existencial do que fazer em relação à televisão, considerando as alterações tecnológicas que mudavam o comportamento e os modelos de negócios a ponto de ficarem irreconhecíveis. Aquele concorrente confiável de Murdoch, John Malone, tinha acumulado um grande poder televisivo com a combinação da WarnerMedia e da Discovery. No entanto, em uma sucessão rápida, ele parecia pronto para vender para um poder ainda maior: provavelmente a Comcast. O negócio da televisão talvez tenha se tornado um duopólio da Disney-Comcast. John Malone e Brian Roberts, o presidente da Comcast, com certeza estavam tendo esses pensamentos, o que significava que Murdoch, mesmo com o pé na cova, deveria estar pensando o mesmo — ele não ia querer ser o último homem que tinha apenas um único canal de TV a cabo!

No fim das contas, e estando perto do fim, a Fox era sua última jogada histórica em uma vida de jogadas que mudaram a forma das coisas.

Ocorre que, no meio do caminho, no início de 2023, ele estava olhando para outra temporada de eleições presidenciais — com uma grande probabilidade de que aquela seria sua última.

Ele realmente não falava com mais ninguém na emissora além do filho, de Viet Dinh e de Suzanne Scott. E preferiria falar apenas com o filho, já que não gostava muito de Suzanne. Mas não confiava que o filho estivesse dando a mensagem certa para Suzanne. Na verdade, o filho também não gostava de falar com ela. Em geral, Lachlan deixava isso a cargo de Viet Dinh, que era, como o *New York Times* descrevia, uma pessoa sempre "pronta para um drinque no almoço". Então era Murdoch, mesmo com suas longas pausas e distrações, seus resmungos, suas frases inconclusas e suas declarações enigmáticas e soltas, que estava, mais ou menos, definindo a agenda.

A linha principal, e o máximo que Suzanne tinha conseguido tirar dos resmungos confusos de Murdoch, era: *Trump ruim, Trump perdedor*. A partir disso, ela definia a programação do dia. Mas a própria Suzanne também não conversava com muita gente. Na verdade, das três ou quatro pessoas para quem ela comunicava *Trump ruim, Trump perdedor*, ela podia esperar que, caso a audiência caísse, a interpretação deles poderia levar a culpa. De modo semelhante, essas três ou quatro pessoas se comunicavam com os produtores de forma que, se houvesse uma queda da audiência, seria culpa de cada programa individual e de seus astros.

Trump ruim, Trump perdedor, e a profunda e duradoura aversão do patriarca, eram como uma batata quente.

O resultado imediato disso era uma esperança ilusória e crédula, bastante coerente com os esforços tensos que ocorriam nos círculos republicanos preocupados ou desgastados por Trump, de simpatizar com o governador da Flórida, DeSantis, que não era muito simpático. E havia ainda o esforço de encontrar pretextos para manter Trump fora do ar e, de alguma forma, esconder da audiência apaixonada por ele que o ex-presidente tinha sido banido da Fox News.

Em junho de 2016, Murdoch descera ao segundo andar para dizer a Ailes, com nojo, que Trump era um perdedor e que eles deveriam favorecer Hillary. De certa forma, ali estavam eles de novo. A questão maior era que Murdoch não podia mudar os eventos, mesmo na sua própria emissora de TV. Além disso, entre os dois homens, Murdoch e Trump, e o futuro da Fox News, você talvez não fosse querer necessariamente apostar em Murdoch.

21. Tucker

Será que sim ou será que não?

"Tenho 53 anos", disse Tucker Carlson para um amigo, quase um ano depois da invasão da Ucrânia. No decorrer desse ano, a base republicana mais dedicada ao MAGA (não importa o nome usado, o movimento era uma presença cada vez mais firme e implacável) adotou cada vez mais a opinião dele de que a questão da Ucrânia era uma tolice elitista, um jogo de poder e um ponto de conflito cultural. ("O Putin já me chamou de racista?", perguntou Carlson, em uma inversão estranha da declaração de Muhammad Ali: "Nenhum vietcongue me chamou de crioulo".) Diante dos sentimentos urgentes de Murdoch, os quais Carlson considerava um barômetro preciso do establishment, seus próprios sentimentos ficaram ainda mais fortes, e o ressentimento, maior. "Onde posso depositar minhas energias pelos próximos quinze anos? Sinto que estou com a mente bem aberta."

Isso significa que ele tinha uma visão cada vez mais limitada — e um pouco paranoica — em relação à Fox. Depois de catorze anos de trabalho, estava alinhado à emissora ou contra ela?

Em uma questão de semanas ele exibiria seu maior furo jornalístico, e parecia que ninguém com sobrenome Murdoch ou próximo de alguém da família Murdoch estava feliz com aquilo. A liderança da nova maioria republicana no Congresso, reconhecendo o papel canônico de Carlson no novo partido MAGA, entregou a ele as gravações das câmeras de segurança do Congresso no dia 6 de janeiro, durante os ataques dentro e fora do Capitólio. Enquanto

235

a maioria democrata havia formado um comitê de investigação para construir uma narrativa a fim de determinar o que aconteceu naquele dia, os republicanos estavam permitindo que Carlson o fizesse.

O que quer que Carlson pensasse sobre as ocorrências de 6 de janeiro — e isso incluía uma verdadeira aversão em relação à ralé toda tatuada —, as gravações alimentaram sua constante tendência a adotar uma propagação de ideias inversas (ou seja, uma narrativa diametralmente oposta ao discurso liberal) e uma revisão das mídias liberais. Como a maior parte do argumento dos democratas contra o 6 de janeiro tinha como base horas e horas de gravações em vídeo, Carlson usaria mais gravações para mostrar a história oposta. Na verdade, as duas narrativas estariam corretas, ou pelo menos corretas em relação à história que era possível contar a partir das cenas gravadas. Aquilo era, com um pouco de interpretação crítica, uma questão televisiva e não política. Os noticiários da TV sempre editavam imagens para complementar, reforçar, exagerar ou fabricar a narrativa que queriam contar. Quantas vezes uma imagem pode distorcer a realidade? Nem sempre, mas com alguma frequência. Na cabeça de Carlson, ele não estava apresentando nenhum argumento acusatório, como os democratas, mas sim um ponto mais amplo sobre verdade, justiça e mídia.

E estava recebendo avisos constantes do conhecido "andar de cima" e do "segundo andar" da Fox (uma relação e uma metáfora cada vez mais atenuada, já que Carlson se mantinha bem longe da Fox corporativa em relação ao que estava fazendo e aonde queria chegar com tudo aquilo. Além disso, o "andar de cima" também era em Hollywood, com Viet Dinh, ou na Austrália, com Lachlan, ou com o próprio Rupert, onde quer que estivesse). Murdoch ainda mantinha a reação de choque e horror que todos pareciam compartilhar logo depois do 6 de janeiro. No entanto, para a extrema direita, aquilo tinha se transformado — com a ajuda da Fox — na visão de manifestantes mal compreendidos, provocadores de esquerda e propagandistas liberais. Alguém na emissora tentaria restringir, suavizar ou interferir no programa de Carlson? Aquele talvez fosse um verdadeiro teste para as ordens anti-Trump de Murdoch. Carlson, contando com um maior índice de audiência, apostava que não. Mas ele também estava tentando pensar à frente do xerife.

O xerife poderia ser Murdoch — Carlson imaginava um rei shakespeariano em seus últimos dias, lutando desesperadamente e buscando destruir tudo. Ou poderia ser James. Carlson já tinha desistido de Lachlan continuar no poder, já que ele parecia passar cada vez mais horas do tempo que deveria estar trabalhando nos seus vários barcos. (Uma referência à "caça submarina" apareceu em um documento de descoberta da Dominion e rapidamente virou um meme para a falta de atenção e distração de Lachlan.) James, o aspirante a usurpador, parecia decidido a vencer. Mas Carlson apostava que eles venderiam. E isso talvez fosse bom para Carlson, ser julgado apenas em termos econômicos, mas ele realmente não queria estar em uma posição de depender do mundo de investimentos privados. Estava preparado.

De certa forma, porém, estava preocupado com a possibilidade de nada daquilo acontecer rápido o suficiente.

Ele ainda tinha dois anos de contrato. As eleições ocorreriam nesse período, fazendo com que sua voz ganhasse mais poder e valor. A orientação que estava recebendo era absoluta: não iam demiti-lo. Talvez não estivessem dispostos a estender o contrato por um longo prazo, mas com certeza não estariam dispostos a permitir que ele fosse para uma emissora concorrente no curto prazo.

No entanto, havia um jeito...

Ele queria continuar o que estava fazendo, ou seja, um trabalho que lhe permitia falar sobre todos os idiotas pelos quais nutria um profundo desprezo (e que o desprezavam com igual intensidade). Nem conseguia acreditar que tinha conseguido aquele trabalho que agora convergia estranhamente para uma outra coisa, a qual, até o momento, estava inseguro de admitir que queria. No entanto, era um trabalho que vinha considerando — e até desejando —, mesmo que apenas em pensamento.

Se ele de fato concorresse à presidência, ou ainda que desse os passos para explorar a possibilidade, eles teriam de liberá-lo do contrato. Nenhuma emissora de TV, nem mesmo a Fox, poderia ter um candidato declarado, ou mesmo provável, em sua folha de pagamento, pois isso não era apenas uma questão de percepção, mas também de implicações financeiras de campanha. Ser liberado da Fox talvez fosse, por si só, motivo suficiente para concorrer.

Mas, olhando para o campo e analisando o jogo, era possível ver uma abertura clara para ele, ou pelo menos para alguém como ele.

Algumas semanas antes, os DeSantis foram almoçar com os Carlson. Algumas pessoas na Fox insistiram discretamente que Carlson mantivesse uma mente aberta em relação ao candidato favorito de Murdoch. Certamente, para DeSantis, aquilo era um momento significativo: buscar apoio, compartilhar uma refeição, agir de maneira agradável, fazer média com um possível criador de reis. A estratégia de DeSantis, até onde ele tinha uma, além de realizar o sonho da mídia de uma alternativa a Trump, era fazer um teste para conquistar a base do MAGA, e para isso, ele dependia fortemente da Fox. Conquistar Carlson seria uma parte importante para poder usar a emissora.

Carlson colocou o destino de DeSantis em um grupo focal formado só por uma pessoa: Susie Carlson. O desprezo de Carlson por políticos poderia ser sem limites, mas o desprezo de Susie Carlson era puro. Quando moravam em Washington, ela não se encontrava com políticos. O próprio Carlson podia até conhecer todo mundo e se sujar por causa do trabalho, mas não ela. Ela era o tipo de conservadora no verdadeiro sentido da palavra, como o último soldado japonês na montanha. No seu coração, ainda estavam em 1985, quando o mundo era dos WASPs, e não havia pessoas "rudes, ambiciosas e fraudulentas", nas palavras de Carlson. Ela não fazia ideia do que passava nos noticiários e não tinha o menor interesse em saber. Seu mundo eram os filhos, os cachorros e os livros que estava lendo. Então, os DeSantis tinham que passar no teste de Susie Carlson.

E foram reprovados. Eles foram totalmente incapazes de entender o que estava acontecendo ali — uma mulher refinada, que não trabalhava e que os estava recebendo na casa dela. Por duas horas, Ron DeSantis ficou sentado à mesa falando em voz alta, em um volume adequado para um evento na área externa, sem conseguir cumprir nenhuma regra básica do ritual de conversas ou decoro, recitando uma lista despretensiosa de seus programas, iniciativas e realizações políticas. Impessoal, frio e sem demonstrar outro interesse que não fosse nele mesmo. Os Carlson gostavam de cachorro e tinham quatro spaniels, descendentes dos spaniels que tiveram antes, e que dormiam na cama com eles. DeSantis empurrou o cachorro para debaixo da mesa. Ou tinha chutado o cachorro? O julgamento de Susie foi claro: não queria nunca mais nem ver aquelas pessoas. O marido concordou. Na opinião de Carlson, DeSantis era um "fascista". O sujo falando do esfarrapado. Esqueça Ron DeSantis.

Claro, em termos presidenciais, Trump era uma questão muito mais importante. Carlson se considerava uma das pessoas do pequeno círculo que conhecia Trump bem e que sabia exatamente quem e o que ele era. Esse círculo poderia se resumir a Jared Kushner (que Carlson detestava), Steve Bannon (que a maioria das pessoas detestava) e mais uma meia dúzia que tinha passado a ver Trump, por experiência própria, como uma máquina simples (e muito eficaz). Essa compreensão tirou o véu de mistério e medo e o senso ainda prevalente de que ele tinha algum tipo de poder mágico. Trump se destacava da classe política tradicional por sua abordagem ousada e chamativa em nítido contraste com o comportamento mais convencional de outros políticos com discurso vazio e postura rígida. Mas Trump parecia limitado pela própria incapacidade de fazer qualquer coisa diferente do que sempre fez. Se as opções eram Trump, DeSantis e alguns outros concorrentes esperançosos de construir uma marca, então Carlson era a segunda pessoa mais famosa naquela corrida — com aquele novo elemento X da política, uma personalidade da televisão que poderia realmente se tornar uma alternativa factível para o movimento MAGA.

Tais considerações de Carlson dificilmente eram apenas práticas e estratégicas, eram também existenciais e iam ao cerne da agitação do país. Nos sete anos de fama (ou infâmia) partidária, Carlson sentia (Trump era incapaz de sentir qualquer coisa) que ele próprio, mais que ninguém, tinha incorporado níveis verdadeiramente surreais de insanidade, raiva e maldade tão evidentes que não havia sentido em tentar descrevê-los como algo escondido "por baixo dos panos". Tinha contado a história enquanto ela acontecia, grande parte com a participação de excêntricos no seu programa (ele não estava isento de julgamentos sobre a sanidade deles), mas trazendo algum tipo de verdade: eram guerrilheiros perceptivos, assim como oportunistas (Carlson se tornou um apoiador precoce do apóstata do Partido Democrata, Bobby Kennedy Jr., reconhecendo que ele poderia ser louco, e gostando dele justamente por isso). Ao mesmo tempo, avaliou o poder do establishment e sua vontade organizada de fazer qualquer coisa — *qualquer coisa* — para esmagar o desafio da sua hegemonia intelectual. E como parte bem próxima do mundo dele estavam os Murdoch e o que poderiam fazer a qualquer momento com ele.

Sua ascensão se dera com a força destruidora Fox-Trump, mas estava concluindo que aquilo era uma força do passado e uma parceria desfeita. Seu depoimento no caso da Dominion durou nove horas. Os Murdoch e seus executivos jogaram todos os problemas em cima dele. Você não vai querer trabalhar para pessoas que acredita poderem te prejudicar, declarou ele em tom sombrio. Carlson tinha se transformado no que a Fox exigia que ele fosse, e agora temia ser largado para se defender sozinho. Até onde aquilo tudo ia chegar?

Recentemente, ele tinha visto um programa que girava em torno da morte do bilionário e criminoso sexual Jeffrey Epstein — com a clara ideia de que Epstein, na prisão, foi vítima de forças superiores, individuais ou coletivas, de interesse próprio. Bem, Carlson sentia que poderia acontecer o mesmo com ele. Às vezes, até mesmo esperava por isso.

Parecia que ele considerava a corrida à presidência como mais uma parte da sua crença do próprio e inevitável martírio (assim como uma forma de escapar do contrato). Mas se *realmente* decidisse concorrer, sabia sobre o que seria sua plataforma. Estava pensando muito a respeito. Tendo em mente o que significara para ele a tragédia de Charles Lindbergh — aquele poderoso republicano WASP —, sua plataforma seria a política externa. Um ano depois do atoleiro da Ucrânia, seus pontos de vista tinham ficado ainda mais duros: o establishment da política externa, seguido negligentemente por todo o establishment político, colocava tudo em risco — a ordem funcional do mundo, a estabilidade econômica, assim como o Armagedom. Enfim, aquele era um conflito que só resultaria, sem o envolvimento ativo das tropas da OTAN, na rendição da Ucrânia. *Seja realista!* O que chamava a sua atenção não era apenas o fato de que Zelensky era falso e Putin, sincero (pode acreditar), mas também que os liberais, inclusive o centro republicano efetivo dos liberais, nem sequer estavam realmente discutindo a questão da Ucrânia. O apoio à Ucrânia era apenas um ato esperado de diplomacia e virtude pública. Bem, que se foda tudo! Aquele era o motivo de ele concorrer. Tinha uma mensagem. *Ele* era o candidato antiguerra.

Francamente, isso era difícil de imaginar, não só porque tudo soava tão estranho e irreal ou tão longe de uma abordagem vencedora, mas porque Carlson, à medida que se tornava uma pessoa mais pública, tinha se afastado cada vez mais da vida pública. Sua carreira tinha crescido com a difamação maciça, incansável e quase universal dos liberais, mas aquilo não tinha atingido, bem... sua alma. De certa forma, seu programa noturno de uma hora de duração na Fox era um holograma de um personagem chamado Tucker Carlson, enquanto sua versão da vida real estava ocupada fazendo outras coisas. Desde que vendeu sua casa em Washington, que costumava ser atacada rude e agressivamente pela escória da esquerda, ele, Susie e qualquer um dos quatro filhos que estivesse presente passavam seis meses no seu refúgio em um lago glacial no Maine; aquele era seu reino, com muitos acres e muitas casas, além de uma cabana de caça separada (com a pintura original dos anos 1920), da qual quase nunca saía. Eles ficavam lá até o final da temporada de caça, quando faziam as malas e se mudavam para Boca Grande, seu refúgio na Flórida. Em cada um desses lugares, ele tinha o próprio estúdio fornecido pela Fox. Os Carlson não tinham televisão e mantinham uma vida social com celebridades heterodoxas ou dissidentes, como Russell Brand, Tony Robbins e Mike Tyson (que recentemente combinou com os anfitriões que fumaria maconha durante toda a sua estadia — "adivinha quem vai ficar chapado hoje no seu quarto?", dizia a mensagem de texto que Carlson escreveu para a filha). Esse homem público insistia que tinha uma vida feliz e longe do resto do mundo. Então, por que queria ser presidente?

Porque é o que todo mundo quer. Ou melhor, todos os homens (sim, homens) ambiciosos e vaidosos de uma certa geração, atraídos pelas promessas e pelas interações do poder, irritados com as alegações de qualquer outra pessoa que afirme conhecer as respostas e ser melhor no cargo de presidente.

Mesmo assim, Carlson também achava que era preciso haver um "chamado". E ele ainda estava esperando que essa voz fosse bem clara.

Ao mesmo tempo, ele reconhecia que o chamado de Trump em 2016 — um gesto fútil, uma oportunidade de negócios, o exercício de marca, o contraste óbvio com todo o resto — mudara a natureza espiritual daquilo. A política e a mídia constituíam o mesmo tipo de trabalho, o mesmo tipo de vida. Concorrer à presidência não era diferente de ter um programa de TV — os votos, com um ligeiro ajuste crítico, equivaliam à audiência. Se os democratas ainda tinham alguma fantasia melosa em relação ao processo político e à sociedade civil, os republicanos — como parte de um novo traço de personalidade — tinham jogado toda aquela fantasia fora. Tudo era performance, tudo era mídia. Tudo se resumia a chamar a atenção.

Carlson salvou a carreira e se reinventou tantas vezes quanto qualquer pessoa na televisão. Se Murdoch, no seu último fôlego, estava tentando transformar a Fox na sua própria arma política (diferente da arma política que se tornara por culpa dele), travando uma batalha irritante em nome da política republicana antiga; se ele ia morrer de qualquer jeito, deixando a emissora dividida entre os filhos; se a TV a cabo havia se tornado um animal moribundo; então Carlson, com 53 anos de idade, precisava pensar na sua próxima jogada.

O empreendimento de 100 milhões de dólares de Ben Shapiro era um modelo; assim como o *War Room* de Steve Bannon; e Carlson ouvira falar que Megyn Kelly estava tirando uma grana impressionante do seu acordo com a Sirius Radio. No entanto, ainda não havia nada que chegasse remotamente ao nível que o horário nobre da Fox proporcionava.

Desse modo, a questão não era se Carlson queria ser presidente, mas o que ele poderia ganhar com isso. Ele se tornou um astro porque tinha a plataforma e a astúcia ou a falta de vergonha de chamar a atenção para si mesmo. Se um astro da TV concorresse à presidência usando de forma hábil e desavergonhada a maior plataforma pública do mundo, será que ele não poderia se transformar no maior astro de todos os tempos?

Era um mundo de plataforma.

No decorrer da campanha de 2016, fizeram a Donald Trump aquela pergunta que visava desestabilizar os candidatos: por que exatamente você quer ser presidente? Mas Trump respondeu sem a menor hesitação e sem a menor sombra de dúvida: "Para ser o homem mais famoso do mundo".

Mesmo assim, Carlson estava sofrendo com isso. Se ele concorresse, acreditava que a Fox pudesse apagá-lo totalmente da plataforma por vingança. Seria possível ser um candidato republicano de sucesso sem o apoio evidente ou implícito da Fox? Entre os bastidores de 2024, Trump estava testando o poder da Fox. Deixando de lado seus planos — e também qualquer irritação ou incredulidade que nutrisse em relação a Trump —, Carlson tinha um profundo respeito pela disposição do ex-presidente de enfrentar a emissora. E isso levantava mais uma questão existencial: o que aconteceria com a Fox se Trump, um Trump vingativo, ganhasse as eleições?

Se perguntassem a Carlson por que ele queria ser presidente, sua resposta pelo menos seria sincera, parecida, mas um pouco diferente da de Trump: para poder continuar falando. (Nesse ponto, não era tão diferente de qualquer pessoa que já trabalhou na TV e enfrentava a possibilidade de não trabalhar mais.) Ele via a disputa pela presidência e a presidência em si como parte da maior oportunidade de continuar falando e ter pessoas para ouvi-lo. Havia algo de puro ali: você poderia ascender ou cair única e exclusivamente pelo poder do que você disse. De um ponto de vista conservador, isso carregava um sentido exemplar: a política não deveria ser sobre política acima de tudo — isso, na verdade, servia apenas para mentes tacanhas e para pessoas que só pensavam

242

nos próprios interesses (um grupo que incluía as pessoas que Carlson mais odiava) —, mas sim sobre ideias (mesmo as mais temerárias).

Seis anos antes, ele estava no plantão de fim de semana da Fox, trabalhando nos horários de menos audiência, e tendo de viajar a Nova York para fazer isso. Mas, na época, sem considerar a impressão equivocada de Murdoch de que ele poderia ser uma voz moderada, Carlson tinha entendido, melhor do que ninguém, a nova dinâmica da mídia nos Estados Unidos de Trump. Foi isso que o levou à estratosfera da polarização performática e psíquica, muito além do que a emissora que o fizera queria estar.

Murdoch, ao ouvir os boatos sobre o possível interesse de Carlson em concorrer à presidência, culpou Lachlan, responsabilizando-o por não ser capaz de controlar o campeão de audiência da emissora, o qual, claro, justamente por causa dos índices de audiência, não poderia ser controlado. Murdoch disse para amigos, com descrença, que Lachlan *queria* que Carlson se tornasse presidente: "Meu filho quer seu próprio presidente". Murdoch não conseguia suportar a ideia de talvez ser responsável por outro presidente que representasse conspirações e emoções populistas — ou seja, que representasse a Fox. Então, ele rejeitou a possibilidade (na verdade com quase as mesmas palavras com que rejeitara uma possível candidatura de Trump): "Não vai acontecer".

Enquanto isso, ao considerar a presidência e vê-la como um reflexo tanto do país dividido quanto talvez da divisão de seu próprio estado psicológico, Carlson também a considerava um tipo diferente de fim, o resultado mais extremo do que ele via como a política de soma zero e retaliação: uma cela de prisão. Martírio. Carlson não gostava de Steve Bannon, mas às vezes o admirava e, no geral, o considerava um tipo de gênio maluco, então, diante dos diversos processos contra ele, não conseguia acreditar que ele não fugisse do país. Carlson refletia sobre isso usando um ponto de vista do risco pessoal. "Por que ele não sai daqui?" Só porque ele está "tão envolvido nas próprias merdas". E aqui havia uma história de advertência, tanto para não se envolver demais nos próprios problemas, mas também — de forma bastante contraditória — para entender que, quando você passa a ser odiado por aqueles que têm o peso do sistema a seu lado, a prisão se torna uma possibilidade real. Como segunda pessoa mais odiada no país, Carlson mantinha isso em mente, sempre atentando para o fato de que a pessoa mais odiada no país também poderia acabar lá.

Carlson ficou imaginando quais seriam suas opções nesse caso: fugir, "dar uma de Eric Rudolph"* ou concorrer à presidência.

"Ninguém sai ileso de um canal de noticiários de TV a cabo — mas imagina ser o único cara que conseguiu fugir do campo de prisioneiros de guerra."

---

* Eric Rudolph, responsável por ataques terroristas nos Estados Unidos, usou táticas de sobrevivência na selva para fugir da polícia. Ficou foragido por cinco anos vivendo na Floresta Nacional de Pisgah, onde acabou sendo capturado em 2003.

22. Hannity

Acusação formal

Desde a eleição em 2016, Trump sempre encontrou motivos para não culpar Rupert Murdoch pelos relatos que chegavam aos seus ouvidos sobre como o magnata debochava de suas declarações, nem pelas divergências da Fox. Ele resistira inclusive a jogar a culpa em Murdoch pela decisão de declarar a vitória no Arizona na noite da eleição em 2020. Murdoch continuara firmemente na categoria dos bilionários que ele não desafiava. Talvez fosse um amor não requisitado, mas era amor ainda assim. Mesmo enquanto a Fox azedava em relação a ele, demonstrando uma pressão cada vez maior por DeSantis, Trump dividiu a culpa da seguinte forma: *Fox and Friends*, o programa matinal que já lhe fora fiel e que ele odiava; a ingrata da Laura Ingraham, que estava ferrando com ele; Neil Cavuto da Fox Business, que não era confiável; sua ex-secretária de comunicação Kayleigh McEnany, que precisava ser esmagada; Jesse Waters, que estava a favor de DeSantis; Lachlan, o filho "gay", e uma lista de executivos "asquerosos". Mas agora ele cruzou aquela linha, e decidiu, em conversas não tão privadas, que a culpa era de Murdoch, aquele "merda".

Era Hannity que ficava entre a Fox e Trump naquela guerra declarada. E era Hannity que levava a mensagem para o presidente dos Estados Unidos: os Murdoch não eram melhores do que a CNN.

Hannity sempre zombava dos liberais dizendo que a Fox tinha uma preocupação com a mensagem política planejada e calculada, em vez de ser apenas a contrarresposta óbvia à mensagem planejada e calculada do outro lado. Mas agora aquilo *realmente* era uma mensagem planejada e calculada! As instruções de Suzanne Scott, para todos que aceitavam tais instruções, eram claras: foder com o Trump. E de onde aquelas instruções vinham? Do alto escalão.

Eles estavam conscientemente tentando destruir a verdadeira galinha dos ovos de ouro da emissora (na verdade, da TV a cabo). E o mais ridículo de tudo: *eles* estavam tentando substituí-lo com... *Ron DeSantis*. E como estavam se saindo?

DeSantis agora era praticamente exclusivo da emissora, sua futura candidatura sempre aparecendo na Fox. Em mais de dois meses, desde o início do ano — com certeza marcando o lançamento não oficial da corrida republicana —, os números mostravam que DeSantis não dava audiência e, pior, provocava uma queda sempre que aparecia. E quanto mais ele aparecia na Fox, mais caía nas pesquisas. Hannity entrou no modo "eu avisei" e impôs um limite bem claro entre o grande Hannity e os outros idiotas da Fox. Não era complicado. DeSantis era formal. Um almofadinha. Um político. Todo mundo estava entendendo tudo errado, que os republicanos queriam um trumpismo (na forma de DeSantis) sem o Trump. Era uma loucura. Eles queriam o Trump! De qualquer forma, com o aumento da exposição de DeSantis, ele estava se autodestruindo — e, com ele, a Fox News.

Laura estava sendo pressionada na frente de DeSantis e aquilo estava acabando com ela, que era o cordeiro a ser sacrificado. (Sempre que alguém da Fox fazia críticas a Trump, essa pessoa começava a ser elogiada pelos liberais, o que era um tipo de punição.) Ela ia pagar por aquilo. Ia ter que dar adeus ao horário nobre, pensou Hannity.

Hannity e Trump viram a conspiração de Murdoch. O *Wall Street Journal* e o *New York Post* de Murdoch também estavam perseguindo o presidente.

Só que Hannity estava quieto, esperando, e disse para o presidente fazer o mesmo.

Ele sabia como aquilo ia acabar. O que quer que Murdoch achasse que poderia fazer, a história ia se desenrolar como Hannity imaginava: com a linha de Trump no gráfico de pesquisas eleitorais subindo, subindo e subindo. "É só esperar a grande virada", repetia Hannity. Por mais que Hannity realmente presumisse a acusação do presidente por causa das investigações policiais, ele mal podia esperar que aquilo acontecesse. Aquilo sobrecarregaria tudo. E por mais que estivessem tentando manter Trump fora do ar, ele logo estaria de volta em uma cobertura de 24 horas por dia, sete dias por semana. Era uma coisa que os liberais nunca conseguiram entender (graças a Deus). Quanto mais atenção Trump recebia, quanto mais conflito causava, mais seus números cresciam nas pesquisas — "vai entender", sempre dizia Trump, o gato que comeu o canário —, e mais a Fox o queria na linha de frente. Alguém levaria a culpa por ser o idiota que pensou diferente. Ele estava se referindo a Suzanne Scott, que já tinha morrido e esquecido de deitar.

Hannity era Hannity porque, desde o primeiro dia, ele fora o cara de Trump na Fox. Trump sempre via todos os momentos de crise, fossem elas de verdade ou não, como oportunidades. E, em praticamente todos esses momentos, Trump ia ao programa de Hannity para saborear o momento e a vitória. Não importava que loucura estivesse acontecendo, Trump simplesmente mostrava as coisas como as via, que era sempre Trump no topo do mundo, balançando para a frente e para trás, com a mão entre as pernas. Aquilo tornava Hannity a segunda pessoa mais importante do país — uma piada que ele fazia, mas, é claro, também era verdade (ele se irritava quando as pessoas diziam que Carlson era a segunda pessoa mais importante, atrás apenas de Trump!). E com Trump fora da Casa Branca, ele continuava fazendo a piada: de que aquilo provavelmente o reduziria a um terceiro lugar como pessoa mais importante do país. Aquele era um tipo de *importância* que fez com que ele não desse muita atenção àquela bobagem da Dominion. Aquilo não passava da porra de um showzinho dos liberais.

O segundo andar agora estava tentando ferrar com ele, usando Suzanne Scott como mensageira dos Murdoch. Ela não podia lhe dizer o que fazer com o programa dele, quem poderia receber ou não, o que poderia dizer ou não. Ela não tinha nem o poder nem a coragem, mas podia ser um pé no saco, causando obstruções e atrasos. Na verdade, era tudo que podia fazer. Suzanne não ia ligar para ele, nem ele para ela; então, isso significava que ela poderia criar um monte de orientações erradas e provocar confusões no caminho. O segundo andar talvez não conseguisse dizer não para ele, mas poderia deixar as coisas se arrastarem até dizerem sim. Bem, Hannity estava muito mais preocupado em perder o emprego com Donald Trump do que com a Fox.

Houve várias vezes em que precisou contornar uma situação quando alguém do mundo de Trump entrava em contato para uma possível entrevista por telefone ou mesmo no estúdio. Agora era uma consideração jurídica, dizia o pessoal do segundo andar, com os advogados levantando questões: eles queriam realmente Trump ao vivo na emissora dizendo alguma coisa que pudesse atrapalhar o processo da Dominion? Aquilo era uma grande besteira. Eles não queriam Trump no canal porque ele era o Trump (embora, para dizer a verdade, não desse para prever o que ele ia dizer!).

De qualquer forma, a questão era que Hannity ia colocar o presidente no ar sempre que ele pedisse. Sem dúvida.

Uma acusação estava por vir. Era uma contagem regressiva. Uma acusação federal, outra em Nova York e ainda outra na Geórgia. Ninguém sabia ao certo qual viria primeiro. Mas a primeira seria a maior. A equipe de Trump acreditava que provavelmente seria a de Nova York, o que seria fantástico: nos degraus do tribunal de Nova York, milhares de pessoas, helicópteros sobrevoando. Era O. J. Simpson de novo! Era televisão!

No sábado de manhã, no dia 18 de março, Trump estava no campo de golfe e anunciou que a acusação formal seria feita na terça-feira seguinte. Este era mais um golpe de brilhantismo de Trump, elogiou Hannity: assumir a narrativa da acusação e não deixar um promotor de merda ser o primeiro a fazer o anúncio. Era um daqueles momentos, como a descida da escada rolante na Trump Tower em 2015, anunciou Hannity, que ia entrar para a história de Trump.

O chamado veio de Mar-a-Lago.

Claro que Hannity ia fazer a entrevista — um programa inteiro, obviamente — assim que a acusação saísse.

O segundo andar, ou seja, Suzanne Scott, queria se certificar de quando seria feita a acusação formal. Na terça e na quarta, a acusação ainda não tinha sido feita, e Hannity começou a ficar irritado, principalmente porque não queria seguir o cronograma do segundo andar. Ele seguia o cronograma de Trump.

De qualquer forma, Mar-a-Lago tinha certeza de que logo aconteceria (mesmo que Trump falasse para quem quisesse ouvir que o caso tinha desmoronado — claro!). Mas o que Trump tinha em mente era algo um pouco diferente de apenas ficar esperando pela acusação. Ele estava gerenciando como essa acusação se desenrolaria. O primeiro megacomício da campanha de Trump para 2024 seria realizado em Waco, Texas (um símbolo inquietante da direita), no sábado, um comício com dezenas de milhares de participantes. Então por que não fazer logo a entrevista, a entrevista roteirizada, e já criar uma expectativa em relação à acusação?

O segundo andar ficou furioso. Aquele era Trump usando a Fox para controlar a narrativa da acusação. Eles ficaram na posição que não queriam estar: como parte da máquina de Trump. Hannity também se sentiu um pouco usado. Por outro lado, era obrigado a admirar. Trump já tinha visto uma elevação de quinze pontos nas pesquisas. Estava fazendo o que fazia de melhor: manipular a mídia. Além disso, Trump, em uma guerra praticamente declarada com a Fox (embora não com Hannity), tinha ganhado um round. O segundo andar entrou no modo de crise para dissuadir Hannity de dar tempo de exibição para Trump. Se aquilo fosse necessário, por que não usar apenas um segmento em vez de a hora inteira?

Hannity e Trump estavam juntos naquilo. Tramavam abertamente contra a emissora. Trump estava em forma, debochando e atacando Murdoch, "o velhote", que tinha acabado de anunciar o quinto casamento!

"Por que ele está se casando aos 92 anos? Que porra é essa? Só havia um motivo: provar que ainda era capaz de fazer uma coisa de que todo mundo sabe que ele não é mais capaz. É um casamento de fachada", debochava Trump.

O que Suzanne Scott poderia fazer? Tentaram mantê-lo fora do ar, mas ali estava ele, prestes a ser acusado formalmente e *sendo a notícia*. Uma notícia imensa. E Hannity tinha a entrevista.

Estavam insistindo para que fosse gravada. Não queriam se arriscar a colocar Trump ao vivo. E se ele dissesse alguma coisa sobre a Dominion? E se dissesse alguma coisa sobre os Murdoch?

"Porra, que se dane", disse Trump, entendendo que a Fox ia voltar, de um jeito ou de outro, para os negócios dele. "Vamos gravar."

Hannity saiu do seu apartamento em Palm Beach e seguiu para Mar-a-Lago para a gravação.

Hannity já tinha visto Trump em momentos variados. Às vezes, estava tão mal e com pensamentos (*pensamentos!*) tão confusos que tinham de fornecer as perguntas com antecedência para que pudesse se preparar, e mesmo assim ele ficava falando sem rumo. Mas agora ele estava mais afiado do que nunca. Estava de volta, e com Hannity. Era um recomeço. Hannity mal conseguia acreditar que um recomeço era possível. Ali estava Trump: *Acusações? Só mais uma forma de roubar a eleição... não passa disso, um pouco mais do mesmo. Ron DeSantis, bem, ele estaria trabalhando em uma "pizzaria qualquer" se Trump não o tivesse ajudado a se eleger governador da Flórida.*

Trump estava de volta.

Murdoch assistiu à entrevista antes de ir ao ar, acreditando que Trump tinha aparecido como um bobão, e insistiu que Suzanne fizesse uma cobertura "dura" da conversa.

O que aconteceu no dia seguinte à exibição, com a Fox News fazendo a cobertura do seu próprio evento midiático, talvez tenha sido o tipo de noticiário conservador que Murdoch sempre quis. Realmente, estava bem perto — ou mais perto — do que um noticiário deveria ser, mais remoto, mais desengajado, mais cético. Noticiário das antigas. "Nós deveríamos agir como jornalistas", declarara Suzanne, surpreendendo todo mundo.

Murdoch disse para as pessoas o quanto a Fox tinha colocado Trump "no seu lugar", e como aquilo era um exemplo de como eles não iam mais permitir que Trump "usasse" a Fox. Nos dias que se seguiram, ele repetiu para algumas pessoas: "A Fox é um canal de notícias".

Três dias depois que a entrevista de Hannity foi exibida, no dia 27 de março, Trump foi acusado formalmente em Nova York por Alvin Bragg, o promotor de justiça de Manhattan, por diversas fraudes empresariais. Instantaneamente, na Fox, qualquer dúvida sobre Trump ser ou não o principal assunto em todos os horários se dissipou, e todos os dilemas morais desapareceram no fascínio do momento. O protagonista, o *herói*, estava sendo atacado. Tudo aquilo era maior do que qualquer um — qualquer um na Fox — poderia sonhar.

Trump ligou para Hannity e perguntou se ele achava que ser acusado era maior do que sofrer um impeachment.

A Fox voltou com tudo. Sua mensagem, sua magia com os índices de audiência, tudo estava voltando: a máquina democrata, falsa, conspiratória e perniciosa faria qualquer coisa possível para alterar a realidade e humilhar Donald Trump, contando com todo o sistema judiciário para isso.

O que o pessoal do segundo andar ia fazer a respeito? O que poderiam fazer? Só havia um drama. Não havia mais a corrida das primárias do Partido Republicano; não havia mais a batalha existencial no coração do partido; não havia mais Ron DeSantis; não havia mais Rupert Murdoch e sua política traidora. Por sete anos, a caça às bruxas queria acusá-lo, e tinha conseguido. E provavelmente conseguiria de novo! E de novo!

O que os Murdoch poderiam fazer a respeito daquilo? Tanto eles quanto a emissora estavam na mesma posição de todos que desejavam algum reconhecimento ou legitimidade dentro do Partido Republicano. Até mesmo uma visão ponderada de aguardar os acontecimentos marcaria qualquer um como traidor, e era melhor esquecer a condenação direta de Trump que o próprio Murdoch desejava. A única possibilidade que existia era o total apoio a Trump e a denúncia de seus inimigos corruptos.

Murdoch disse para Suzanne Scott que ele tinha conversado com Mitch McConnell, o líder republicano no Senado, que talvez, ainda mais que o próprio Murdoch, fosse o republicano que mais vilipendiava Trump (apesar de ele também ser o republicano que ajudou a passar a agenda trumpista, na verdade). Murdoch não contou para Suzanne o que McConnell dissera (Murdoch costumava deixar pensamentos inconclusos sem expressar os pontos cruciais), o que, nesse caso, pareceu indicar que não era preciso contar, pois não havia nada que qualquer um dos dois pudesse dizer; não era a primeira vez que estavam de mãos atadas diante dos eventos que envolviam Trump.

Os meses de triangulação de Suzanne — tentando aplacar a raiva de Murdoch, ajudar a começar um novo capítulo republicano e convencer os espectadores sem confrontá-los — envolviam privar Trump da única coisa de que ele realmente precisava para sobreviver: tempo de exibição. Pelo menos a Fox sabia disso, mesmo que a mídia liberal não soubesse. Talvez não fosse uma proibição direta, mas um embargo não oficial. Aquela era a mensagem para os funcionários: mantê-lo à distância, pelo menos até a corrida começar a se intensificar. Nada de antecipação, nem de permitir que ele distorcesse os fatos.

Hannity tinha conseguido furar o bloqueio, e Suzanne estava com raiva por não ter impedido. Mas ela dissera aos Murdoch, pai e filho, em uma teleconferência, que não haveria mais problemas pelo menos até o verão, e que com certeza estariam livres de Trump àquela altura.

No entanto, no dia da acusação formal, com Bret Baier, correspondente político oficial da Fox e uma das pessoas de confiança de Suzanne, curvando-se diante da nova realidade, o cenário foi outro. "Gostaria de colocar a ligação no ar agora", disse Baier enquanto o programa era exibido. "Se o ex-presidente quiser telefonar, nós adoraríamos que dividisse conosco suas reações à notícia esta noite."

Pelas seis horas seguintes, de forma ininterrupta, tudo que se viu na Fox News foram notícias sobre Trump, apenas Trump e nada mais.

23. Julgamento

O acordo

Um jovem branco de barba bem cuidada e jaqueta verde foi dispensado. Logo depois, um homem mais velho, do tipo trabalhador, também foi dispensado, e ambos foram substituídos por jurados negros. Um homem branco de meia-idade foi substituído por uma mulher branca de cabelo curto. Depois, um homem negro forte, usando camisa polo, foi liberado e substituído por uma mulher branca de blusa de moletom e mochila, em seguida liberada e substituída por uma mulher branca de compleição mais pesada.

Era um tribunal moderno, com pé-direito baixo e iluminação desfavorável, telas semelhantes às de um bar esportivo e painéis com efeito de mármore — em vez de mármore de verdade —, além de móveis de escritório e ventilação deficiente. Era como se tudo tivesse sido projetado para remover dali qualquer senso de drama, na Corte Superior em Wilmington, Delaware, com suas leis favoráveis às organizações corporativas. Ainda assim, havia uma tensão demográfica poderosa, uma contagem regressiva.

Outra mulher branca foi liberada e substituída por um homem de etnia racial indeterminada, usando uma jaqueta de corrida impermeável e fluorescente. Ele foi imediatamente substituído por um homem negro também usando jaqueta esportiva. Uma jovem negra foi liberada e substituída por uma hispânica. Outra mulher branca foi liberada e substituída por um homem branco, de uns quarenta e poucos anos e camisa polo, parecendo ter saído diretamente do campo de golfe. Outra mulher negra de meia-idade foi substituída por uma mulher negra mais jovem, que foi rapidamente substituída por uma branca de meia-idade. E, por fim, a branca de cabelo curto foi liberada e substituída por um jovem negro.

No final, o júri do caso *Dominion versus Fox News* foi composto de oito pessoas afro-americanas, uma mulher hispânica, duas mulheres brancas e um homem branco, todos escolhidos em um banco de dados daquela cidade majoritariamente democrata para julgar o que poderia ser descrito como o caso "da emissora de um homem branco".

Os argumentos de abertura, começando com os da acusação, a Dominion Voting Systems, já começaram com atraso de um dia. Estavam marcados para começar às 13h30, logo depois do almoço, e seriam apresentados em um tribunal lotado.

No entanto, o grande número de jornalistas e curiosos (muito mais de jornalistas) que foi até Wilmington, Delaware, para assistir ao julgamento do século, muitos planejando, inclusive, ficar ali pelas seis semanas previstas de duração, foi atraído até lá com alegações falsas. O julgamento nunca aconteceria.

Rupert Murdoch, um mês e dez dias depois do seu aniversário de 92 anos, estava agendado como segunda testemunha do julgamento — os advogados da Fox tinham fracassado em todos os esforços de excluí-lo da lista. Murdoch já tivera de dar um depoimento longo antes, em um desempenho que ele descreveu, de forma mais elegante, como "doloroso", ou, em termos menos educados, como "a porra de uma confusão".

Alguns dias antes do julgamento, organizaram um treino para o testemunho de Murdoch. Na verdade, não era treino, como se esperassem que o desempenho de Murdoch fosse melhorar o suficiente para haver uma chance de limitar os danos de tal testemunho. Da mesma forma, não havia nenhuma circunstância na qual Murdoch, vendo-se lá na véspera do julgamento, estaria satisfeito com as pessoas que não encontraram uma forma de tirá-lo daquela situação.

A catástrofe estava à espreita. Era o momento em que todas as opções se fecham; era o medo e o pânico; era a impotência. De quem era a culpa? Existem duas versões da sessão de treinamento de Murdoch, relatadas por participantes, as quais são conflitantes em relação à longa história desse processo e à total falta de recursos para continuar, uma admissão não apenas de derrota, mas de falta de esperança. Embora cada uma das interpretações da sessão estivesse em total oposição à outra, talvez ambas fossem verdadeiras na compreensão de que era impossível seguir com aquilo.

Em uma versão, Murdoch, durante e depois da sessão, se sentiu totalmente enojado com os advogados. Eles não estavam preparados; falharam em entender qualquer nuance da política; não conseguiam captar a natureza do que a Fox fez, nem sobre qual tipo de jornalismo a empresa dele foi construída com tanto sucesso. Aquilo era culpa de Viet Dinh. Tinha sido dele a ideia de trocar a equipe jurídica em julho do ano anterior depois da decisão que trouxe Murdoch, pessoalmente, para o processo. Eles tinham dispensado o advogado original da Fox, Chip Babcock, de uma grande firma de Houston, para contratar Dan Webb, um advogado de Chicago que defendera o caso de difamação contra a ABC (uma repórter da emissora descrevera um produto de carne como uma "gosma cor-de-rosa", e a ABC fez um acordo para encerrar o caso). Webb, aos 77 anos e corcunda, parecia um velho decrépito — "aquele velho", dizia Murdoch. Eles não poderiam ir a julgamento com aquela equipe. Desse modo, Murdoch finalmente decidiu que o caso precisaria ser resolvido com um acordo.

Na outra versão, o treinamento só poderia ser descrito como trágico, horrendo, fatal. Ainda pior que o depoimento. Ele parecia confuso e desorientado, fora de si, caindo em todo tipo de admissões fatais e desnecessárias. Não era só uma questão de o testemunho dele ser um golpe devastador para todo o caso, mas seria a humilhação de fim de carreira para um homem de 92 anos de idade. Ou eles tentavam entrar em acordo agora ou seriam obrigados a entrar em um acordo por muito mais dinheiro assim que Murdoch saísse do banco de testemunhas.

Claro que não importava qual das versões era verdadeira, as duas tinham o mesmo efeito: não era possível irem a julgamento. Aquilo *nunca* tinha sido possível.

Obviamente, todo mundo *sempre* soube disso, porque empresas de mídia, quando são rés, nunca se colocam em julgamentos por júri, e os requerentes, diante de acordos milionários que podem bater recordes, não se arriscam a ir para o tribunal. Além disso, a Dominion vinha tentando quebrar o recorde de acordo por difamação por mais de um ano. (Tirando a indenização de 1,4 bilhão de dólares contra a Infowars e Alex Jones, que provavelmente nunca será paga aos requerentes, pais de vítimas do tiroteio em Sandy Hook, o valor mais alto em um acordo de difamação foi o da carne cor-de-rosa, que chegou a 177 milhões de dólares.)

Os dois lados trabalharam no fim de semana antes de o julgamento começar. O juiz concordou em adiar o início, previsto para segunda-feira, mas insistiu em continuar na terça com a chegada do júri. Contudo, não começou às 13h30, nem às 14h30. Por volta das quinze horas — tarde demais para apresentarem as declarações de abertura —, a antes fria equipe de defesa e os advogados do requerente demonstravam novos sinais de afabilidade uns com os outros, sem se importar com a agitação no tribunal. O juiz voltou pouco antes das dezesseis horas.

Foi anunciando o acordo, uma conclusão previsível que, de alguma forma, ainda surpreendeu as pessoas que chegaram a ofegar no tribunal ("O que ele disse? O que ele disse? O que foi isso?"). O juiz Davis, com seu ar de diretor de escola, seu cabelo grisalho, seus óculos sem aro e seu rosto longo, timidamente justificou para o júri que, embora a presença deles não fosse mais necessária, na verdade, o fato de estarem todos ali, por si só, já teve um efeito importante.

Ele não precisou mostrar o único homem branco sentado entre os jurados.

O júri era simplesmente um reflexo de todos os furos gritantes da defesa da Fox: o mundo da Fox, com sua lógica, seu comportamento, suas teorias da conspiração, com seu 1% de audiência entre afro-americanos, seus donos bilionários e seus apresentadores que amavam Trump, não tinha a menor chance diante de um júri urbano formado por pessoas de uma cidade predominantemente democrata. Mesmo sem as extensas pistas documentais incriminadoras.

Os requerentes em casos de difamação examinam minuciosamente o conjunto de provas em busca do que precisam: aquela única prova que define a figura responsável, dentro da organização de jornalismo, que pode admitir que sabia que o que foi dito era falso. Um requerente e seus advogados raramente encontram isso com clareza indubitável. No caso *Dominion versus Fox*, havia centenas de provas assim, todas elas óbvias e chocantes. Resumindo tudo à interpretação literal, ou seja, à essência do caso, o que se tinha era uma montanha de provas que mostravam que a ré, apesar de saber a verdade, havia transmitido informações falsas em nome do próprio lucro. E mais ainda: era uma empresa de jornalismo cujo modelo de negócios se baseava em alimentar a audiência com uma visão falsa de mundo.

No entanto, talvez fosse ainda pior para a emissora expor seus astros à humilhação pública, mostrando a grande distância entre o que eles disseram e no que acreditavam. Ao serem colocados como testemunhas, talvez fossem obrigados a admitir a fraude, o que poderia provocar um sério dano na capacidade da emissora de continuar fazendo seu lucrativo trabalho.

Isso sem mencionar que o principal responsável pelos vastos lucros da emissora era um ex-presidente cuja perfídia e equilíbrio mental certamente se tornariam uma questão no julgamento, sendo que esse ex-presidente poderia muito bem se tornar presidente de novo e, nesse caso, jogaria toda aquela merda contra eles.

E um irmão tentando proteger seu patrimônio contra os irmãos, prestes a enfrentar um julgamento que só fortaleceria o caso contra ele.

Mas o ponto principal ali era que nada daquilo precisava ter sido exposto. As circunstâncias eram as mesmas no início e no fim do processo. As decisões judiciais anteriores, extremamente prejudiciais para a emissora, foram tomadas havia quase um ano. Portanto, o fato de estarem ali, prestes a começar um julgamento sem um acordo, dava, de certa forma, uma força muito maior à acusação do que ao processo judicial em si. Ninguém conseguia impedir um trem desgovernado. As consequências financeiras e para a reputação da Fox aumentaram consideravelmente após o juiz determinar a culpabilidade dos Murdoch. Antes disso, eles poderiam muito bem ter resolvido o caso pagando 10% do que acabaram pagando no final.

Diante de um júri, não havia um limite para os danos punitivos. Qual valor um júri de Wilmington faria a Fox pagar por destruir a democracia dos Estados Unidos? Era assim que a questão certamente seria apresentada.

"Trilhões", opinou Carlson, que estava entre as testemunhas iniciais e planejava pegar um avião para Wilmington quase na hora de depor e que foi informado de que seu depoimento poderia durar dois dias.

No fim de semana anterior ao julgamento, a posição da Dominion para um acordo era de 1 bilhão de dólares. A da Fox era de 500 milhões.

A detentora da maioria das ações da Dominion era a Staple Street Capital, uma empresa relativamente pequena de investimento privado que injetara 38 milhões na Dominion em 2018. No decorrer de boa parte do ano anterior, houve certo grau de tensão entre os investidores e o CEO da Dominion, John Poulos, que passara a enxergar aquele processo como lucrativo e justo. E, de fato, a forma como ele tinha avançado com o processo judicial havia resultado em decisões cada vez mais favoráveis, possibilitando que tivessem acesso a uma verdadeira mina de ouro de documentos descobertos, o que confirmava tanto a probabilidade de grandes lucros quanto sua missão de busca por justiça. Só que agora a Staple Street começou a argumentar, ou melhor, a insistir, que tinha chegado a hora de embolsar o dinheiro, o maior montante que conseguissem, em vez de enfrentarem anos e anos de processos e recursos, apesar dos possíveis trilhões.

No fim de semana, Murdoch ainda estava tentando fazer uma última resistência orgulhosa para não ultrapassar os dez dígitos, enquanto a Dominion buscava seu melhor cenário acima de 500 milhões de dólares.

Mesmo assim, nesse ponto, Murdoch ainda era uma incógnita. Sua idade podia tanto significar que ele *não* deveria continuar como também que ele estava sendo irrealista o bastante para fazer exatamente isso (por que outro motivo as coisas tinham chegado tão longe?). E, mesmo considerando que qualquer uma das quantias em discussão seria transformadora para a Staple Street e para a Dominion, a Fox poderia realmente ignorar o desejo de justiça, ou seja, a disposição da Dominion e de seus investidores de adiar o recebimento do pagamento em nome de uma grandeza heroica?

Murdoch sempre citava o número do caso da Infowars-Alex Jones, não querendo ter seu nome associado àquele tipo de loucura. "Não somos a Infowars", repetia sem parar, insistindo no que aparentemente via como uma grande diferença de negócios entre a Fox e essa nova empresa de extrema direita especializada em teorias da conspiração. Murdoch agora colocava a culpa de tudo na troca de advogados determinada por Viet Dinh, que, por sua vez, estava tentando manter a proposta dos 500 milhões de dólares na esperança de que aquela quantia antes inimaginável agora seria uma vitória.

A Dominion, enquanto tentava conseguir mais dinheiro, também continuava pressionando por algum tipo de retratação: um pedido de desculpas, uma admissão, uma demissão. Principalmente se a soma fosse *menor* que 1 bilhão de dólares.

Os advogados da Fox acreditavam que era mais fácil arrancar 1 bilhão de dólares de Murdoch do que algum tipo de demonstração de arrependimento.

Viet Dinh, que agora supervisionava pessoalmente as negociações, trazendo consultores para acordos a fim de resolver o caso que antes ele ignorara de forma tão despreocupada (a necessidade de um acordo era absoluta), também precisava proteger o próprio futuro. Ele sabia que 1 bilhão seria fatal para ele; qualquer coisa menos que isso e ele talvez sobrevivesse.

Os advogados do julgamento, prontos para entrar em ação em Wilmington, foram deixados de fora. As negociações de verdade estavam acontecendo em Nova York entre Viet Dinh — mantendo Lachlan e Murdoch informados — e a Staple Street Capital.

Com Viet Dinh tentando manter os 500 milhões — era o esforço heroico dele —, a cabeça de Hannity voltou às negociações, mas não como uma admissão pública, nem mesmo como parte da negociação. Quinhentos milhões de dólares e a promessa de que veriam certas providências serem tomadas para satisfazê-los. Era como Rupert via as coisas.

Sim... não. Isso só entra na discussão se for feito em público. Então, ainda queremos 1 bilhão.

Qualquer sugestão de que esse poderia ser chamado de um acordo de 1 bilhão de dólares vai ser vetado por Rupert. Ele é assim.

A fama de Rupert Murdoch — de figura intransigente dos bastidores de uma negociação, implacável e nem sempre racional, mas a pessoa com a palavra final —, depois de setenta anos de negociações lendárias, era muito boa, talvez ainda melhor agora, por ter 92 anos e ser ainda menos racional.

Não vamos chegar a 1 bilhão. Mas, sério, não estamos brincando sobre mudanças e... Hannity. Só não pode ser como um quid pro quo, obviamente. Afinal, é o Rupert.

Acordos públicos costumam ter um lado confidencial, mas parecia improvável que qualquer coisa por escrito naquele caso permaneceria confidencial. Também não parecia provável que Murdoch aceitaria qualquer coisa que pudesse indicar que ele fizera uma troca. Mas também não aceitaria pagar 1 bilhão. Para Viet Dinh, a pressão de fazer isso acontecer por menos era do tipo pegar ou largar.

Na segunda-feira, Murdoch ligou para Carlson. A ligação deveria ser para dizer que o acordo era iminente, para aguentar firme, como todas as mensagens que Carlson vinha recebendo desde o fim da semana anterior, mas um Murdoch sério disse que a Dominion queria um zero a mais.

As posições eram as seguintes. A Fox, ou melhor, Murdoch, não arredava o pé da determinação de não chegar a 1 bilhão, mas qualquer coisa abaixo desse valor seria considerada. Já a expectativa da Dominion era de que ainda havia uma margem considerável para ultrapassar os 500 milhões de dólares, com a esperança de que conseguissem suplantar a decisão da Fox de não chegar a 1 bilhão.

Viet Dinh continuava oferecendo a cabeça de Hannity, mas sem nada por escrito. Era uma forma de adoçar o acordo como uma demonstração de boa vontade. Mas Viet Dinh poderia fazer aquilo acontecer. Rupert sempre quis se livrar de Hannity. Nesse ponto, as coisas que eles poderiam ter feito sem esse processo, e talvez ainda fizessem no futuro, se tornaram bastante convenientes, psicológica e tacitamente, para a negociação que estavam fazendo.

Mas nenhum acordo, nenhum reconhecimento real sequer, de que realmente fariam isso, que seria apenas uma decisão que coincidiria com a negociação, fazia com que eles não tivessem obviamente nenhum mecanismo de cobrar o cumprimento da promessa. Aquilo seria apenas um acordo de cavalheiros. *Sério?* Em termos práticos, depois que chegam a um acordo, as partes têm um período, em geral de uma semana, para registrar os detalhes no tribunal. Tecnicamente, um acordo poderia ser desfeito naquele tempo se as condições ou ações previstas não fossem cumpridas. Então, a Fox faria esse gesto, esse evento coincidente, acontecer naquela semana. *Sério.*

No entanto, a oferta de Viet Dinh de reparação e o pedido para *confiarem* que cumpririam a promessa, mantendo o valor em 500 milhões de dólares, ainda eram fracos o suficiente para que os números continuassem subindo. Em algum momento na segunda-feira, o ponto lógico entre 500 milhões e 1 bilhão começou a aparecer no horizonte. A Dominion compreendeu que poderia conseguir uma posição melhor se abrisse mão de algumas centenas de milhões, 300 milhões para ser exato. Além disso, estavam longe o bastante da linha de 1 bilhão de dólares para chegarem a um acordo. Como conseguir isso?

A irritação de Murdoch com Carlson, principalmente em relação à Ucrânia, era equilibrada pelo fato de que Murdoch realmente apreciava a companhia dele, gostava de conversar com ele ao telefone e de ele ter estabelecido uma boa relação com Lachlan. Murdoch até gostava de Carlson na TV, a não ser quando estava falando um monte de merda. Mas mesmo assim ele se saía bem. Não acreditava que Tucker Carlson era um racista de verdade, mas sabia que ele realmente poderia ser um idiota. Mas Murdoch estava cada vez mais irritado com os relatos de que Carlson talvez concorresse à presidência. Parecia um absurdo sem tamanho, equivalente a Trump concorrer à presidência. Era uma total falta de respeito para com a própria política, a coisa que Murdoch mais respeitava. Ele estava puto com Lachlan por não conseguir controlar o apresentador. Entretanto, gostava de Tucker. Gostava muito mais dele do que de Hannity, a quem realmente detestava. Mas havia também um consenso de que as questões que ele levantava eram maiores do que o seu valor, mesmo que seu valor fosse enorme. Na Fox, em geral, uma posição reacionária costumava ser vista como uma posição reacionária de Tucker. Sem ele, talvez conseguissem baixar um pouco a temperatura das coisas. Uns 20% ou 30%? Talvez mais? Esse era o raciocínio de Murdoch: o quanto ele conseguiria acalmar as coisas e, ao mesmo tempo, permitir que a Fox continuasse sendo a Fox?

A cabeça de Hannity tinha sido ofertada em uma bandeja para adoçar o acordo. Carlson, o líder de audiência, o rosto cada vez mais radical da nova direita demagógica, era ainda mais doce.

Ele não vai chegar a 1 bilhão. Não mesmo. Não vai acontecer. Estamos falando de Rupert. Você sabe como ele é. Rupert e dinheiro, e é isso. Aqui estamos nós.

Setecentos e oitenta e cinco milhões de dólares. *É isso.* O maior valor de um acordo por difamação já feito fora o de Alex Jones e da Infowars — *e Jones não tem a grana para pagar, mas nós temos.*

E embora não tenhamos como deixar documentado, pois ele não vai conseguir conviver com isso, entendemos o que vocês querem, e essas coisas vão acontecer. E vocês não precisam confiar em nós. Vamos fazer isso acontecer no fim da semana. Vocês vão ver.

Vocês conseguem viver com isso? Com 785 milhões de dólares e a cabeça de Carlson?

24. Tucker

A última ceia

Em 1998, quando Rupert Murdoch anunciou o fim do seu segundo casamento, desestabilizando seu mundo, ele fez isso por meio de Liz Smith, uma colunista do *New York Post*. Depois disso, passou a usar o *Post* para selecionar e minimizar os cada vez mais dramáticos eventos da sua vida pessoal. No dia 20 de março de 2022, menos de um mês antes do julgamento da Dominion, e pouco mais de seis meses depois de conhecer Ann Lesley Smith, ele usou novamente uma colunista do *Post* de longa data, Cindy Adams (Liz Smith falecera em 2017) para anunciar seu noivado, aos 92 anos, com Ann Lesley, para o desalento dos amigos e principalmente dos filhos, que achavam que aquilo tinha vindo do nada. O anúncio foi feito como se ele estivesse com pressa para tentar provar alguma coisa publicamente, ou, ainda mais desconcertante, que era Ann Lesley — cuja minibio dizia "ex-auxiliar odontológica de 66 anos que se tornou apresentadora conservadora de rádio" — que estava tentando provar alguma coisa ao prendê-lo a ela.

É uma avaliação modesta dizer que quase todo mundo próximo a Murdoch — seus filhos, executivos, o círculo de ex-executivos que ainda tinham contato com ele, e o pequeno grupo de bilionários e celebridades, inclusive os Kissinger, com quem mantinha contato — estava preocupado. E, para alguns, havia muito mais motivos para isso.

O declínio não é binário, mas é inevitável. Ali estava um homem riquíssimo, acionista controlador e principal executivo de duas empresas de capital aberto.

Seu rosto público não marcava muitas diferenças entre 92, 82 e 72 anos. Ele não interagia diretamente com muita gente dentro das empresas e costumava se manter longe da vista dos funcionários; mesmo assim, as pessoas enfatizavam os pontos nos quais sua acuidade permanecia consistente e minimizavam todo o resto. Suas falhas de memória, fragilidade física, lapsos de atenção, déficit auditivo e declínio geral da função executiva ainda eram, de alguma forma, racionalizados em termos do seu prestígio; afinal, ele era Rupert Murdoch. E, sim, tinha dias bons e dias ruins, mas, em geral, os bons sobrepujavam os ruins. Porém, ninguém lhe dava o mesmo benefício da dúvida na vida pessoal. Ali ele *também* era Rupert Murdoch, e seu histórico de relacionamentos românticos dificilmente era bom: dois casamentos terminaram antes de completar oito anos. E não era muito provável que isso fosse melhorar agora que tinha 92 anos.

Por que, na verdade, ele *precisava* se casar era a pergunta mais básica em relação a um homem que, em geral, pedia a mulher em casamento no segundo encontro.

Para os filhos, esse possível quinto casamento constituía uma ruptura com um novo status quo que tinha sido conquistado com dificuldade: seus últimos anos, por mais que limitados, deveriam ser deles. Não importava que fossem irascíveis uns com os outros, pelo menos não haveria uma esposa para interferir em suas vontades e seus interesses. Com todo o enorme drama familiar como pano de fundo, tudo que não queriam era mais um elemento surpresa. Não é injusto que uma viúva de 66 anos de um homem muito mais velho que ela, com uma aparente história de contratempos e litígio (uma briga judicial com os filhos do marido pela herança), que tinha conseguido chamar a atenção e atrair o magnata mais famoso do mundo, fosse vista como alguém muito habilidosa.

Era uma mulher marcante, franca e autoconfiante. Dominava uma conversa e era enfática nos seus pontos de vista. Em geral, pontos de vista polarizados, bem do tipo da Fox. O governo está fazendo isso, você não sabia? Um misterioso "eles" aparecia nas suas análises do mundo moderno. Por exemplo, em um almoço em St. Barts, ela contou para um amigo de Murdoch que, além do polo Norte, existe um oásis tropical, um paraíso luxuoso criado por engenharia genética e protegido por forças secretas de segurança, e ela conhecia um casal cujo jatinho particular chegou perto demais de lá e... bem, eles foram derrubados (nessa história, os filhos do casal estavam em um jato particular separado que conseguiu escapar. Era assim que ela sabia!).

Elisabeth Murdoch, que o ajudara durante o casamento com Jerry Hall e durante a separação, agiu de forma paciente, pragmática e estratégica nas conversas com o pai feliz, concluindo que ele não sabia praticamente nada sobre a futura esposa.

O que surgiu, para sua surpresa, foi o pouco-caso que ele fez por ela ser evangélica. "Ela é meio exagerada nesse lance de Jesus", reconheceu ele posteriormente.

O movimento conservador moderno e grande parte da audiência da Fox foram construídos sobre o fervor carismático e os valores sociais retrógrados da justiça religiosa. Murdoch, porém, como um presbiteriano e, junto com seus filhos, distante do catolicismo da mãe, não nutria apenas uma antipatia ideológica, mas também um desprezo por esse mundo de classe baixa. A família, incluindo o próprio Murdoch, era totalmente internacionalista nesse ponto, adotando a perspectiva orientada à ascensão social de que os Estados Unidos, com seu cristianismo fundamentalista não institucionalizado, tinham um problema. A capacidade repentina de Murdoch de fazer vista grossa ao que antes o teria deixado horrorizado era apenas outro sinal de que ele tinha perdido parte importante das suas capacidades mentais.

De qualquer forma, ali estava um ponto útil, e Elisabeth continuou voltando ao assunto, pedindo mais detalhes, tentando não deixar o pai passar pano para aquilo.

Outra coisa que Murdoch disse para os filhos e amigos, sem nenhuma preocupação aparente e, na verdade, como se fosse uma característica fortuita — mas que levantava outros sinais de alerta —, era que a noiva era uma grande fã de Tucker Carlson.

Desse modo, no dia 31 de março, a pedido da noiva, o chefe de Carlson, sabendo que ele estaria em Los Angeles, o convidou para jantar no seu vinhedo em Bel-Air.

Para Carlson, aquele foi um convite inesperado, mas tranquilizador. O julgamento da Dominion começaria em pouco mais de duas semanas e Carlson era uma das primeiras testemunhas. Ele sabia que seus e-mails, incluídos como prova, tinham causado preocupação entre os executivos da Fox (aquilo era algo relativo, pois havia e-mails preocupantes de todos os lados da empresa). Sabia que Murdoch não estava satisfeito com seus vídeos de 6 de janeiro e que continuava sendo contra suas visões em relação à Ucrânia. Ainda assim, eles sempre pareceram se dar bem, com Murdoch ávido pelas fofocas políticas que Carlson tinha. Carlson gostava de Murdoch, ou pelo menos o considerava uma pessoa fascinante. Murdoch podia ser um animal selvagem, mas também era muito educado: recebia bem os convidados e parecia gostar de ouvir tudo que a pessoa tinha a dizer (não eram muitos os bilionários que realmente escutavam alguém). De qualquer forma, apesar de todas as outras questões, Carlson nutria um enorme respeito pelas vastas conquistas de Murdoch, e acreditava que esse respeito era mútuo. A fala de abertura de Carlson era uma das poucas coisas que Murdoch assistia com confiança na Fox, sempre elogiando o "estilo" do apresentador, quando havia alguém assistindo com ele.

No vinhedo, havia só os três e o cachorro de Murdoch. Uma noite social e alegre. Os drinques foram servidos na sala de estar. Mas desde o início houve uma nota discordante.

"Acho que vou desmaiar", disse Ann Lesley, assim que foi apresentada a Carlson, enquanto retorcia as mãos.

O arrebatamento dela não diminuiu. Carlson era um astro da TV e estava acostumado com reações exageradas, mas aquilo estava indo longe demais. Considerando que aquela era a futura esposa do chefe, aquilo tornou tudo significativamente mais constrangedor, sem que Carlson conseguisse se desvencilhar do que rapidamente estava indo além do encantamento básico de estar diante de uma celebridade.

A conversa sobre política em geral era continuamente interrompida pelos elogios melosos que Ann Lesley fazia a Carlson em momentos aleatórios.

Murdoch, totalmente pró-vacina, começou a questionar Carlson, querendo saber se ele ainda mantinha a posição louca sobre o assunto, só para que Ann Lesley saísse em defesa de Carlson para expressar sua incredulidade de que alguém — nesse caso, Murdoch — poderia defender a "injeção da morte".

Quando o jantar foi servido, Ann Lesley pousou a mão sobre a de Carlson e declarou: "Acho que você é um profeta de Deus".

"Uma mulher obviamente sábia", respondeu Carlson, tentando levar tudo na brincadeira.

"Não, estou falando sério", insistiu ela, afirmando que poderia provar. Ela se levantou da mesa e voltou com uma Bíblia.

Começou a ler passagens que tinha deixado marcadas como presságios da chegada de Carlson ao mundo, com seu propósito cristão e a mensagem que traria para a humanidade.

Carlson achou aquilo tudo uma loucura, mas, por outro lado, o casal parecia bem apaixonado e a noite estava alegre.

Ele ficou em Los Angeles até domingo para entrevistar Elon Musk e pegou um avião de volta para a Flórida naquela noite.

Na manhã de segunda-feira, Murdoch ligou para dizer o quanto tinha apreciado a visita de Carlson para o jantar e como a noiva tinha gostado dele e se divertido, repetindo, com uma nota de diversão, que ela achava Tucker um profeta de Deus. Murdoch queria se certificar de que Carlson estaria disponível para ir ao casamento no verão. Havia também outro motivo para a ligação de Murdoch. O repórter Evan Gershkovich, do *Wall Street Journal*, tinha sido preso na Rússia por oficiais de segurança do Estado e tudo indicava que seria acusado de espionagem. Murdoch queria a ajuda de Carlson para tirá-lo de lá, e a implicação do pedido deixou Carlson desconcertado.

"Você sabe que eu não sou amigo de Putin, não sabe?", disse Carlson para Murdoch.

Mesmo assim, Murdoch pediu para ele usar *qualquer* influência que poderia ter. Carlson prometeu dedicar um segmento do programa à prisão de Gershkovich assim que possível.

Mais ou menos uma hora depois da ligação de Murdoch, o jornalista Gabriel Sherman, que às vezes escrevia para a *Vanity Fair*, mandou uma mensagem para Carlson.

Sherman era o autor do livro *The Loudest Voice in the Room*, uma biografia particularmente crítica de Roger Ailes, para a qual alguns dos filhos de Murdoch serviram como fonte.

Na mensagem, Sherman disse que tinha informações quentes de que o noivado tinha acabado.

"Posso afirmar com toda certeza de que isso não é verdade", respondeu Carlson, que tinha acabado de falar com Murdoch minutos antes, e ele confirmara os planos de casamento.

Sherman, então, descreveu de forma precisa os detalhes do jantar de Carlson na noite de sexta-feira, com Murdoch e Ann Lesley, principalmente a parte religiosa.

Carlson, que ainda não tinha contado os detalhes sobre o jantar para ninguém, nem mesmo para sua família, ligou para Sherman, concluindo que a descrição do jantar só poderia ter vindo de alguém da família Murdoch, provavelmente Elisabeth, e que com certeza ela tinha ouvido tudo pelo pai. Carlson imaginou que Sherman talvez estivesse escrevendo algum artigo sobre Ann Lesley Smith e que estava tentando conseguir algum comentário de Carlson. Certamente, todo aquele lance de fim de noivado não passava de uma jogada do jornalista. Carlson respondeu que aquilo era bobagem.

No entanto, mais tarde naquele mesmo dia, a *Vanity Fair* publicou uma reportagem bastante precisa escrita por Sherman sobre como as duas semanas de noivado tinham terminado, provavelmente em algum ponto entre o feliz jantar na noite de sexta-feira e a manhã de segunda-feira, e talvez até em algum ponto no curto intervalo entre a ligação de Murdoch para Carlson e a mensagem de texto do jornalista para ele.

Dentre todos os motivos pelos quais aquilo poderia parecer preocupante, Carlson se concentrou no julgamento da Dominion, que começaria dali a duas semanas. Por meses a fio, o foco no julgamento, ou melhor, a falta de foco, parecia peculiarmente desalinhado com tudo que estava em jogo. Agora, às vésperas do julgamento, um noivado rompido de forma estranha e desconcertante por Murdoch, o principal executivo e quem de fato tomava todas as decisões, parecia ser uma distração especialmente tensa e, também, uma indicação de que talvez não fosse Murdoch que estivesse tomando todas as próprias decisões.

Nos dias que se seguiram, Murdoch conversou várias vezes com Carlson sobre o julgamento (o jantar e o noivado rompido não foram mencionados). Carlson ouvira rumores de que estavam se esforçando para chegar a um acordo, mas Murdoch parecia resignado a continuar com o julgamento, recusando-se terminantemente a pagar 1 bilhão de dólares, um pensamento constante dele.

Quatro dias antes do julgamento, Carlson conversou com Viet Dinh, tentando entender melhor a estratégia e sentir o nível de confiança da equipe. Viet Dinh, que Carlson desconfiava de que estivesse bebendo, contou para ele que já estava resignado em ser o bode expiatório. "Tudo bem para mim", disse ele, estoicamente. Mas Carlson entendeu que Viet estava de olho em um pagamento alto da empresa, se o pior acontecesse.

Na segunda-feira, 17 de abril, o dia em que o júri seria selecionado e as declarações de abertura seriam feitas, antes que o pedido de adiamento de um dia fosse acatado, Murdoch disse para Carlson que a Dominion ainda mantinha a exigência na casa do bilhão.

Na terça-feira, a Fox tinha um avião pronto na pista particular do aeroporto não muito longe de Boca Grande, esperando para levar Carlson a Delaware para o seu testemunho, que deveria começar na manhã de quarta-feira. Pouco antes das quatro horas da tarde, ele foi notificado que haviam chegado a um acordo. Não precisaria pegar o avião. Tudo tinha se resolvido.

Os protocolos gerais da Fox News, que se baseavam na crença de que "quem não está do nosso lado está contra nós", significavam que uma demissão notável costumava ser antecedida por uma série de vazamentos e reportagens, de modo que, quando a demissão chegasse, não fosse uma total surpresa para a audiência. Houve muitos casos dramáticos desse tipo. Isso também prepara o terreno para argumentar "causa", a razão legal para não pagar o restante de um contrato. De qualquer forma, ser demitido da Fox nunca era uma total surpresa. A responsável pelas relações públicas da Fox, Irena Briganti, a "fera gorda" de Ailes, tinha um manual prático sobre como difamar qualquer pessoa prestes a sair da emissora (por escolha própria ou não).

Ocorre que, naquele caso, não houve nenhum prelúdio. Irena e sua equipe só ficaram sabendo do que estava prestes a acontecer às cinco horas daquela manhã de segunda-feira, 24 de abril, seis dias depois do acordo.

Às onze horas da manhã, assim que Carlson tinha começado a trabalhar no conteúdo do programa para a noite, Suzanne Scott ligou. Depois de um pouco de conversa fiada, ela disse: "Olha, acho que é melhor seguirmos caminhos diferentes agora".

"Como assim?", perguntou um Carlson surpreso.

"Vamos tirar você do ar."

"Por quê?", perguntou Carlson, tão perplexo que conseguiu manter a calma. "Por quanto tempo?"

"Você não entendeu. É uma decisão permanente."

"Você está me demitindo?"

"Não, mas vamos tirar você do ar."

Agora, mais preocupado, Carlson disse: "Houve algum tipo de acusação contra mim?". Uma ex-funcionária da Fox acusou a emissora e o programa de Carlson de sexismo e assédio, mas reconheceu que nunca tinha conhecido Carlson pessoalmente. "Você está dizendo que eu violei o meu contrato?"

267

"Não vamos entrar em detalhes neste momento. Mas gostaríamos que a declaração reconhecesse que a decisão da sua saída foi de comum acordo."

"Primeiro você precisa me contar com o que estou concordando."

"Só estamos concordando que você não vai mais fazer seus programas. Você pode concordar com isso?"

"Suzanne, por que não damos um passo para trás por um momento para ver realmente no que podemos concordar. Nós obviamente não queremos uma guerra."

"Com certeza não queremos. Mas o anúncio precisa ser imediato."

"Quando?"

"Imediatamente. Então, se não formos entrar em um acordo, é melhor encerrarmos a ligação."

"Está bem."

O anúncio foi feito menos de um minuto depois, sem dar nenhuma explicação do porquê o astro e líder de audiência tinha sido tirado do ar — nem para o público, nem para Carlson e seus advogados, nem para ninguém dentro da Fox. O e-mail funcional de Carlson foi desativado e um segurança escolhido pela emissora encaixotou os pertences dele. Como uma demonstração de como Carlson tinha se tornado um fenômeno político nos Estados Unidos e com a ausência de qualquer explicação razoável, sua saída abrupta da emissora figurou entre as principais notícias do país durante as duas semanas seguintes, com uma cobertura maior do que qualquer outra notícia política, social, empresarial ou internacional na mídia dos Estados Unidos.

Alguns dias depois, enquanto Carlson e a família estavam arrumando a mudança para passar o verão no Maine, Murdoch ligou para agradecer Carlson pelos catorze anos na emissora e por toda a sua contribuição para o sucesso que tiveram juntos. "Eu só gostaria que pudéssemos continuar amigos", disse Murdoch. "Espero que a gente consiga."

25. O talento

Carlson e Trump

Quatro horas depois que Carlson foi demitido, Elon ligou.

Quase simultaneamente, Trump, que conduzira suas campanhas políticas, bem como seu governo, em grande parte por meio da Fox News, estava finalizando sua mudança para a CNN.

A principal preocupação de qualquer monopólio é como continuar com o monopólio.

A Fox News começou como um canal criado para competir com a CNN, que na época era a única gigante dos canais de noticiário da TV a cabo. Ela não só foi bem-sucedida naquela guerra de audiências, como também rachou o mercado de notícias — e, em termos gerais, toda a cultura do país — entre a audiência conservadora hegemônica e todo o resto. Seu domínio sobre essa repentina contracultura de autoidentificação atingiu um nível de prevalência midiática geracional e de poder cultural visto raríssimas vezes na história. Talvez nos anos 1960, com o *TV Guide* conquistando a maior parte da audiência televisiva (uma audiência maior do que cada emissora em si) e, mais recentemente, com o Facebook dominando as redes sociais (mas apenas por alguns anos). Aqui vemos a influência e o controle de um canal que não apenas resulta em lucros sem precedentes, mas que muda (ou dita) o comportamento e a cultura. É um fenômeno de uma só voz (o Facebook tinha uma multiplicidade de vozes, é claro, mas fazia uma curadoria e as selecionava com base em dados para criar um efeito notavelmente consistente).

O único objetivo de Ailes era proteger o que tinha construído, dominando a audiência de cada horário, controlando a mensagem da Fox, atacando os inimigos da emissora, usando o poder da marca e do alcance horizontal de mídia da empresa de Murdoch para conseguir o máximo de influência na indústria e, de forma única, transformar um dos dois principais partidos políticos em seu porta-voz (e, não menos importante, tornar a Fox News uma alternativa de carreira bem lucrativa para políticos republicanos), ou seja, basicamente, seu pau-mandado.

A significância de Ailes praticamente desapareceu sob a nuvem do seu sadismo e fetichismo sexual e por causa dos esforços determinados de Murdoch de apagá-lo da história da Fox. Desse modo, as pessoas podem se esquecer de que sua saída de cena, e com ela seu poder autocrático na Fox, é quase tão importante quanto seu surgimento.

"Filho da puta do Donald", ruminava Ailes, duas semanas antes da sua morte, falando sobre seu amigo, o presidente inesperado, e prevendo o novo problema da Fox. "Ele já está na TV há catorze anos. O presidente dos Estados Unidos é um astro da TV. Você faz ideia do que isso significa? Regan era um ex-astro que queria ser político. Acredite quando eu digo: Donald não quer ser político, é um astro. Ele não vai fazer a mínima ideia de como governar, nem vai se importar, mas sabe exatamente o que fazer na porra da TV. Conhece sua audiência. Sério, ele conhece a boa televisão de um jeito que nenhum político conhece. Rupert está fodido de pai e mãe se acredita que vai ser capaz de controlar isso."

Ele nem tentou. Sem nenhuma habilidade básica para TV, por vinte anos mantendo uma distância cuidadosa da Fox News e, depois, tendo de ficar entre os dois filhos competindo pelo trabalho na Fox, ele realmente não estava em uma posição em que isso seria possível. Quando Ailes morreu, a Casa Branca de Trump entrava em contato todos os dias, quase que hora a hora, com os produtores e apresentadores dos programas diurnos e do horário nobre da Fox, com o próprio Trump dedicando horas do dia para coordenar a própria cobertura. Havia uma linha direta eficaz com Bill Shine, o braço direito número dois de Ailes, que passara a ser o chefe. Um ano depois, Shine foi para a Casa Branca como diretor de comunicações, mantendo sua linha aberta com a sala de controle da Fox. O principal preceito do monopólio de Ailes era: a Fox lidera, os políticos seguem. Mas isso ruiu com Trump na Casa Branca, e Trump foi muito eficaz em assumir o controle da audiência do canal de notícias.

Trump manteve uma influência inabalável na emissora durante todo seu governo, e sua narrativa absurda sobre fraude eleitoral apoiada pela Fox custou quase 1 bilhão de dólares à emissora (com a perspectiva de 1 bilhão adicionais ou mais em futuros processos). E agora, a sombria perspectiva de uma nova e aterrorizante campanha de retorno transformou Rupert Murdoch, com um pouco de atraso e menos dinheiro, em um dos seus principais inimigos. Em um esforço final dos seus setenta anos de domínio midiático, um Murdoch agitado gastava toda a energia que conseguira no ano anterior para tentar acabar com Trump, e, na medida do possível, remendar seu passado. Ao mesmo tempo, se recusava a reconhecer que o legado precisava de remendos. Além disso, em uma contradição que ele também não reconhecia, esperava que todo mundo mantivesse o domínio e a audiência da Fox.

Mais do que os percalços jurídicos que Trump enfrentava, os esforços de Murdoch para manter o ex-presidente fora do ar pareciam ser a verdadeira e atual crise da campanha incipiente de Trump: ter seu canal direto com seus principais apoiadores arrancado dele. Só que isso levantou uma questão existencial tanto para a Fox quanto para Trump: quem era maior? O monopólio da Fox, financiado com o desejo (e a vontade) do homem mais poderoso da história da mídia, ou o ex-presidente e celebridade televisiva que tinha se tornado o homem mais famoso do planeta?

Trump fez sua ligação para a CNN.

Trump, a máquina simples, quase sempre faz o contra-ataque mais óbvio e característico. A Fox controlava o próprio mundo, e a política conservadora precisava trabalhar dentro daquele mundo, que era o ecossistema de Ailes e o poder do monopólio. Trump, porém, com sua referência contínua de que a verdadeira fama é maior do que qualquer coisa, não se incomodou com isso. Então, sim, o entendimento dele era de que obviamente a CNN estaria disposta a colocar de lado os anos que o rotulou como Gólgota da democracia e criminoso comum e a esquecer todos os esforços de Trump para diminuí-la, se isso significasse aumentar a própria fortuna. (A emissora justificaria isso estritamente como uma escolha jornalística, mas o que vale a pena ser publicado e o que é lucrativo são, idealmente, a mesma coisa.)

O debate público de Trump no dia 11 de maio, menos de três semanas depois da demissão de Carlson — com os espectadores da Fox essencialmente ligados na CNN — tinha sido originalmente marcado para às 21 horas, a fim de evitar concorrer com os altos índices de audiência do apresentador. Trump iria contra a Fox, porém, em um ponto sutil, mas importante, relacionado com o crescente poder individual dentro da Fox, não iria contra Carlson, que ainda estava na emissora quando tudo foi organizado com a CNN; ele ia desafiar Hannity. Aquilo provocou muita agitação do lado de Hannity, e houve protestos por parte de Suzanne Scott: *É isso que vai acontecer, vocês vão ver, vocês vão ver! Nós estamos contra o Trump.* Foi só depois da demissão de Carlson que a equipe de Trump avisou a CNN que seria necessário mudar o horário do debate para as vinte horas, e a emissora não teve muita opção, a não ser aceitar. Sem o campeão de audiência Carlson para atrapalhar, Trump poderia fazer uma cortesia a Hannity para lembrá-lo de quem ele dependia. (Então, Hannity implorou a Trump para não permitir que o debate invadisse seu horário, quando, na verdade, ele tinha uma entrevista com Mike Pence!)

"Está vendo", disse um membro próximo da equipe de Trump com um sarcasmo debochado, "ninguém pode dizer que não valeu a pena para Sean Hannity ficar puxando o saco do presidente em horário nobre."

Em uma única tacada, Trump transformara a CNN no seu instrumento e lhe dera os recursos necessários para concorrer com a Fox. Ele mostrou que tinha o astro remanescente da Fox no bolso. E deu à Fox uma demonstração de como seriam os dezoito meses de guerrilha de sua campanha. A Fox poderia muito bem se tornar outro azarão republicano contra quem Trump tinha que concorrer. (Não por acaso, o peso de Trump desestabilizou a CNN no exato momento em que ameaçava desestabilizar a Fox: o debate público foi a causa direta da demissão do chefe da CNN, Chris Licht, algumas semanas depois.)

Nos dias seguintes ao debate de Donald Trump na CNN, em uma reviravolta de nova humildade irônica, Murdoch disse para amigos que jamais teria permitido que Trump fizesse aquilo na sua gestão — sendo que o desempenho no debate público na CNN foi um resumo singular dos seus muitos anos de *gaslighting* e falta de vergonha que a Fox lhe permitia. Nesse meio-tempo, a campanha de Trump estava em negociações com todas as outras emissoras para participar da programação de horário nobre (inclusive com a Fox).

Em questão de semanas, a Fox perdeu seus dois pilares de audiência: tanto um Tucker Carlson exclusivo quanto um Donald Trump praticamente exclusivo. Em uma entrevista gravada com Bret Baier no início do verão, Trump atacou

Murdoch de forma despreocupada, mas os comentários foram cortados antes de serem exibidos no programa.

A posição oficial da Fox, tanto internamente quanto para os anunciantes, e para a mídia e a indústria em geral, era de que já tinha perdido grandes astros antes e, além do curto prazo, os impactos foram mínimos.

A emissora era protegida pelo próprio monopólio.

Aquele sistema monopolista, o sistema de Ailes, com sua força bruta e sua implacável capacidade de execução, entrou em ação no dia seguinte à demissão de Carlson. Irena Briganti organizou uma força-tarefa com a missão de vender uma história com várias camadas para explicar o motivo da demissão. Em suma: perfídia geral, baixeza moral, opiniões bizarras. Aquele foi seu exílio formal do único lugar que existia para ele.

Sem ter sido avisada da demissão de Carlson e sem ter tido tempo de construir um caso com desenvolvimento lento que pudesse fazer com que o desfecho parecesse inevitável, e sem saber o motivo verdadeiro da demissão, Irena partiu para o ataque de forma chocante. (Para ela também era uma questão pessoal. A Fox, ou seja, a própria Irena, passou para o *Wall Street Journal*, um jornal do mesmo grupo da Fox, trechos de e-mails comprometedores de Carlson, incluindo o fato de que ele chamava uma executiva mais velha da Fox de "piranha", dando a entender que ele se referia à Suzanne, praticamente a única executiva da Fox, quando, na verdade, ele estava se referindo à própria Irena, fato que ela omitiu de forma bastante conveniente.) Breves informações de bastidores da emissora mencionavam um mundo sombrio ao redor de Carlson que em breve seria revelado.

Não muito tempo depois da demissão, Carlson escreveu para seus antigos patrões:

Prezados Rupert, Lachlan, Viet e Suzanne: acabei de ser informado por dois repórteres que a Fox está tentando cavar uma história de algum tipo de comportamento sexual inapropriado da minha parte em relação à equipe, incluindo a colaboradora Jessica Tarlov, com quem eu supostamente tive um caso. O departamento de relações públicas da Fox está dizendo aos jornalistas que eu cometi "atos impróprios" e demonstrei "comportamento problemático", e que detalhes "extensos" de "outras acusações" em breve virão a público. Tudo isso é mentira, como vocês bem sabem. Como um homem com casamento feliz e pai de quatro filhos, sinto-me profundamente ameaçado. Não fiz nenhuma declaração pública em relação à Fox News desde que tiraram meu programa do ar, e espero nunca ter que fazer isso. Mas isso é demais. E desnecessário. Sempre fui muito grato à Fox e a vocês quatro. Não deve ser difícil acabar com isso de forma amigável. É o que devemos fazer. Gostaria de pedir que vocês deem um fim imediato nisso antes que as coisas se agravem e acabem afetando todo mundo. Muito obrigado.

O próprio Murdoch assegurou a Carlson de que não havia nenhum esforço naquela direção e que ele não toleraria se houvesse.

Um aspecto irônico das campanhas de Irena contra a própria equipe da Fox, não se limitando a Carlson, é que ela usava o *New York Times* para isso. Ou seja, a animosidade do *New York Times* contra a Fox o tornava um veículo estranhamente perfeito para que a Fox pudesse prejudicar a própria equipe. A voz de Irena tinha sido identificada na série de três reportagens do *New York Times* contra Carlson um ano antes de sua demissão. Isso ficaria evidente na descrição do *New York Times* sobre a péssima estratégia jurídica que a Fox teve para lidar com o caso da Dominion, com Viet Dinh levando a culpa (quase uma indicação de que os Murdoch planejavam se livrar dele ou que a própria Irena Briganti estivesse planejando, ou os dois).

Embora a Fox negasse qualquer vazamento de informações sobre a demissão de Carlson, ou que sequer houvesse um caso contra ele, as notícias vendidas para a mídia liberal nas semanas seguintes à retirada do programa dele do ar constituíam um caso contra a própria Fox. A emissora poderia ter visões brancas, chauvinistas, nativistas e de natureza conspiratória, levando isso a um nível que quase ninguém poderia ter imaginado, mas Carlson era isso e *muito mais*, diziam em um discurso que só podia ser considerado uma piada de mau gosto. Carlson, nos seus seis anos no horário nobre, tinha se transformado na Fox muito mais do que a própria Fox, e a emissora estava usando isso de forma eficaz contra ele.

O segredo não escrito de que Carlson tinha sido derrubado por causa do acordo com a Dominion estava tão bem guardado no alto escalão da Fox que ele simplesmente deixou de existir, com Murdoch dizendo que o acordo era obra de Viet Dinh. Sem poder admitir tal segredo, a Fox agora precisava encontrar uma justificativa para explicar a simetria não intencional ao aceitar efetivamente o argumento dos liberais contra ela. Ele foi mandado embora porque... ofendeu o *New York Times*!

Aquilo seria difícil de explicar para os espectadores. Por outro lado, eles nem estavam tentando. De certa forma, quem estava fazendo mais barulho com a demissão eram pessoas que nem assistiam à Fox. Quando o *New York Times* atacou Carlson com sua série de três reportagens, aquilo não teve o menor impacto na audiência dele, que continuou assistindo ao seu programa talvez sem nem saber da crítica furiosa do jornal. Agora, os números da audiência mostravam que mais da metade dos espectadores de Carlson deixaram de assistir à Fox, parecendo não se interessar pelo que a emissora ofereceria no lugar.

Depois de uma semana de índices desastrosos no horário nobre das vinte horas, afetando inclusive os programas posteriores, Murdoch começou a entrar em pânico e a culpar Suzanne e o filho por não terem melhores sugestões de programação, trazendo novamente a sugestão de Piers Morgan para o horário. Murdoch também propôs colocar no lugar de Carlson uma mesa-redonda dos escritores do editorial do *Wall Street Journal*, "homens sábios", no conceito de programação de Murdoch. Um mês depois, a MSNBC, a histórica última colocada em índices de audiência, estava ficando na frente da Fox em horários importantes.

O caso que Irena Briganti estava construindo contra Carlson era realmente para encontrar uma "causa"; ou seja, a explicação do porquê a Fox cancelaria o contrato com Carlson sem ter que assumir suas obrigações. No entanto, contradizendo o caso público que estava construindo, a Fox não estava cancelando o contrato com Carlson, e muito menos o demitindo. Na verdade, a Fox estava se recusando terminantemente a encerrar o contrato formal. À medida que o advogado de Carlson começou a pressionar nas semanas subsequentes por uma resolução que permitisse a Carlson voltar ao mercado a tempo das eleições — até mesmo oferecendo abrir mão do pagamento dos dois anos que ainda tinha de contrato —, o próprio Murdoch, vendo os números do horário despencarem, passou a insistir em impedir que Carlson pudesse ir para uma das emissoras concorrentes.

"Talvez não recuperemos a audiência, mas ninguém mais vai", disse Murdoch, parecendo chegar a um tipo de satisfação e lançando 2 milhões de espectadores de direita em um vácuo político e midiático.

Ainda assim, durante o verão, à medida que Carlson pareceu disposto a fazer a Fox processá-lo ao começar a marcar lives regulares no Twitter, a Fox pareceu relutante em fazer alguma coisa além de enviar cartas de ameaça.

Será que a estratégia de Carlson de trabalhar com monólogos no Twitter vai funcionar? Essa provavelmente não é a pergunta certa. Na verdade, a pergunta seria: quantas novas estratégias contra a Fox eles terão de enfrentar? Quantas novas vozes Trump, o mestre dos mestres dos estratagemas, vai inspirar lucrativamente para a extrema direita, até mesmo além da Fox?

Quase dois meses depois do programa de Carlson ter saído do ar, a Fox finalmente conseguiu reajustar a grade, tirando Laura Ingraham das dezenove horas e substituindo-a por Hannity, deixando o horário nobre para Jesse Waters e Greg Gutfeld, ambos conservadores mais insultuosos do que ideológicos. ("Vocês os acham engraçados?", perguntava um Murdoch não muito convencido.)

Trump e Carlson começaram a conversar sobre como poderiam se unir em uma série de eventos para enfrentar de frente a Fox. Trump começou a discutir casualmente com Carlson a possibilidade de uma vice-presidência, uma manobra maldosa contra a Fox e Murdoch. As guerras políticas de Trump eram sempre contra os republicanos e os democratas também. Era bem natural agora declarar uma guerra contra a Fox.

Assim como todos os monopólios (e religiões e Estados de partido único), a Fox foi construída com uma grande mentalidade intransigente, teimosa, dicotômica, literal, simples e direta: nós contra eles. De modo muito apropriado, essa mentalidade é derrubada não apenas pela própria extrapolação e senso de impunidade, mas por algo como uma consciência conflituosa: os Murdoch se sentem mal em relação a Tucker Carlson, a Donald Trump e a eles mesmos.

Tarde demais, eles tentam rejeitar os monstros que criaram.

Mas os monstros, Trump e Carlson, a primeira e a segunda pessoas mais famosas e mais odiadas dos Estados Unidos, se tornaram, àquela altura, maiores do que a própria emissora que os criara. Nessa tensão midiática de longa data, a criatura se torna maior do que a plataforma que a construiu e sai pela porta da frente. O show acabou.

No departamento agridoce, acompanhado pelas gargalhadas histéricas dos inimigos, temos a figura solitária de Rupert Murdoch, com seus 92 anos de idade, agora assombrado de dúvidas, ambivalências e embaraço, além da voz estridente e dura dos próprios filhos. Não é o melhor estado mental para segurar um império.

Epílogo

Rupert

APRÈS MOI

Ele morre.

Suas ações com poder de voto no Fundo Fiduciário da Família Murdoch são distribuídas igualmente entre os quatro membros remanescentes: Prudence, Elisabeth, Lachlan e James Murdoch. Todas as decisões que impactam a gestão dos ativos, com a sua morte, serão tomadas de acordo com a vontade desses quatro votos. Sem nenhum mecanismo de desempate, é necessário um voto unânime ou uma maioria de três para que qualquer coisa entre em ação. As duas filhas mais novas, Grace e Chloe, têm participação financeira no fundo, mas não têm direito de voto; ou seja, não têm voz. Mas elas têm, assim como seus quatro irmãos mais velhos, um patrimônio de aproximadamente 2 bilhões de dólares, então, também têm advogados (provavelmente separados) e o direito de ter seus interesses financeiros geridos de forma justa.

É improvável que os membros com poder de voto se reúnam pessoal ou virtualmente. Lachlan e o irmão James não se falam há mais de cinco anos, a não ser por meio dos seus representantes legais; e o contato agora não seria muito produtivo, e talvez ficasse até feio. De qualquer forma, existem profissionais para lidar com isso, consultores jurídicos e financeiros, cada qual com a própria equipe e cobrando por hora. Com a morte do pai, existe uma urgência nova e óbvia, mas as conversas já vêm acontecendo há um tempo, antecipando tanto o "evento" como a incerteza, o conflito e a potencial explosão por vir. Os membros da família que mantêm relações entre si também trocaram ideias, junto com suas

277

respectivas equipes, e podem ou não ter chegado a posições mútuas. O estatuto do fundo conta com um mecanismo pelo qual uma reunião de votação pode ser convocada para acontecer o mais rápido possível — e James, por exemplo, tem insistido que não há tempo a perder. Ainda assim, pode haver muitos motivos no curto prazo para se adiar tal reunião, não apenas porque existem muitos consultores envolvidos para se reunir, mas porque é impossível prever como o impacto do "evento" em si, não importa por quanto tempo ele esteja sendo previsto, pode mudar de repente o campo de jogo. Qual é a reação da mídia? Como vão escrever o obituário? O que o mercado de ações vai dizer? Quando uma reunião formal acontecer, provavelmente será feita por representantes legais e procuradores, e talvez por nenhum dos principais atores.

O fundo detém o controle dos ativos da Fox Corporation e da News Corporation, aproximadamente 25 bilhões de dólares em valor de mercado — com um potencial ainda maior na venda de ativos individuais —, além de diversos interesses particulares, incluindo extensas propriedades. Sem uma resolução e uma expressão unificada da visão dos acionistas controladores, é difícil imaginar de que forma a gestão das duas empresas vai acontecer, a não ser em um estado de imobilidade, com a presente gestão agindo como gestores passivos tentando evitar processos futuros dos acionistas.

Atualmente, um dos quatro membros com poder de voto, Lachlan Murdoch, 51 anos, residente na Austrália, detém o controle executivo do dia a dia da Fox Corporation, sediada nos Estados Unidos e avaliada em 15 bilhões de dólares. Os outros três membros são Prudence, 65 anos, residente em Sydney; Elisabeth, 54 anos, residente em Londres; e James Murdoch, cinquenta anos, residente em Nova York. Nenhum dos três têm atualmente qualquer envolvimento ativo na tomada de decisões corporativas, mas dois deles, Elisabeth e James, se consideram negociadores e gestores de mídia sofisticados. Prudence não tem nenhum interesse profissional em mídia, nem nos negócios do pai. A News Corporation tem um CEO separado, sem ligações familiares, Robert Thomson. Rupert Murdoch ocupava a posição de presidente executivo da News Corporation, e Lachlan Murdoch tem a posição de copresidente da diretoria, e provavelmente tentaria fazer a diretoria da News Corporation apontá-lo imediatamente como presidente executivo — sem dúvida antagonizando com os outros membros da família e possivelmente provocando o que seria o primeiro de muitos processos.

Lachlan Murdoch já declarou sua intenção de permanecer no cargo de CEO da Fox Corporation. Com esse intento, vem levantando fundos para comprar a parte de um ou mais dos seus irmãos a fim de obter o controle de votos da empresa. Em 2022, ele tentou combinar as duas empresas de capital aberto controladas pelo fundo para ajudá-lo no seu intento, mas a tática não deu certo.

James Murdoch declarou sua intenção de tirar o controle do irmão com plano de ampliar a marca da Fox News além do mercado de TV a cabo dos Estados Unidos e afastá-la do noticiário político partidário.

Um aspecto curioso disso é que, embora o controle do fundo seja um pouco acima de 40% das ações com poder de voto da Fox, sua participação acionária, quando consideradas as ações sem direito a voto, é muito menor. Para cada um dos seis beneficiários, o valor monetário da Fox pode ser substancialmente menor que 1 bilhão de dólares. Para os dois irmãos gladiadores, o cálculo é que com certeza o controle de uma plataforma influente de mídia vem com um preço de desconto. Para cada irmão, a Fox, custando menos de 1 bilhão, é um negócio pelo qual vale a pena lutar.

As irmãs, que não se beneficiam diretamente desse poder, e, atualmente, percebendo o impacto negativo da Fox, talvez pensem diferente.

Elisabeth Murdoch mantém relações com os dois irmãos, apesar de morar em outro país, e já defendeu vender todas as partes da Fox Corporation, inclusive a Fox News. Prudence Murdoch já expressou um ceticismo sagaz em relação aos dois meios-irmãos, mas não parece ter nenhuma visão corporativa, embora talvez veja o valor lógico de vender tudo.

Além da equipe financeira e jurídica de cada membro do fundo com direito a voto, Lachlan Murdoch, como CEO da Fox Corporation, junto com seus conselheiros pessoais, estaria aparelhando a empresa para se defender contra o que poderia ser visto como um esforço do irmão para uma tomada hostil. De forma semelhante, a diretoria da Fox, responsável perante todos os acionistas da Fox e não apenas o fundo Murdoch, reterá seu próprio grupo de conselheiros jurídicos e financeiros para o caso de os interesses dos outros acionistas divergirem dos do CEO da empresa e dos acionistas controladores. A News Corporation também continuará com seus conselheiros antecipando as ações incertas dos principais acionistas. O fundo em si, por ter duas beneficiárias que têm apenas interesse financeiro, Grace e Chloe Murdoch, também pode precisar do próprio conselho para proteger suas posições.

Os planos de Lachlan para uma aquisição dependem, é claro, de conseguir levantar dinheiro com fontes externas, como seus contatos no Golfo Pérsico, por exemplo. O custo de uma aquisição é mais complexo, porque o fundo controla duas empresas, e os investidores podem se interessar por uma e não pela outra. (Combinar as duas empresas teria facilitado as coisas, mas aquele esforço não deu em nada.) Lachlan provavelmente teria de comprar as ações das duas irmãs para acabar com o empate. De fato, o fundo em si talvez possa ser dissolvido por três votos antes que uma aquisição individual ocorra. Considerando a vasta riqueza de cada um dos envolvidos, o incentivo econômico é limitado, mas, ao mesmo tempo, considerando a falta de incentivo econômico direto, não existe motivo para *não* tentar conseguir o máximo de retorno. Então, segundo a visão de Elisabeth, se Lachlan está fazendo uma oferta para efetivamente controlar a empresa, talvez haja espaço também para oferecer a outros compradores e buscar o valor total de cada peça individual das partes separadas das empresas. Afinal de contas, nunca se é rico demais.

Claro que as duas irmãs podem muito bem escolher não pressionar para uma venda nem apoiar o plano mais drástico de James para uma reformulação corporativa, e deixar Lachlan onde está, pelo menos no início. Talvez fosse necessário fazer concessões; por exemplo, Elisabeth entrar na diretoria, até mesmo como presidente. As irmãs, porém, com suas posições mais ou menos liberais e bem-sucedidas socialmente, provavelmente iam querer algumas mudanças na posição editorial da Fox. Mas, então, por que manter o status quo e deixar Lachlan no controle?

Dependendo da eficácia da tentativa do irmão James de impressioná-las nos últimos anos com suas visões e planos, elas poderiam muito bem apoiá-lo no seu plano de uma reformulação radical, como ele acredita que elas vão. Isso poderia ser visto como uma jogada de legado. Eles fazem uma declaração e demonstram toda coragem ao desmantelar a Fox, provavelmente sacrificando bilhões do dinheiro dos acionistas para isso.

Cada empresa é atualmente controlada por uma diretoria. Presumindo que Lachlan permaneça recalcitrante no controle da sua diretoria, para tirá-lo, os três votos precisariam primeiro exercer sua posição de controle no fundo e, como acionistas controladores na empresa, substituir os membros da equipe de Lachlan da diretoria, para, então, fazer a nova diretoria demiti-lo. Foi o tipo de procedimento que Shari, a filha de Sumner Redstone, usou para tirar os ex-aliados do pai.

Mas Lachlan tinha como enfrentar os irmãos. Viet Dinh poderia até estar instigando isso, tanto por se tratar de assuntos corporativos empolgantes, do tipo que faz os advogados se destacarem, quanto porque, no mínimo, a disputa aumentaria seu poder de negociação. Claro que Viet Dinh dificilmente teria uma vida na Fox se isso não acontecesse, pois com certeza seria demitido em uma gestão de James. Isso também deve se aplicar a Robert Thomson, na News Corporation, que poderia muito bem ser incentivado a entrar nessa batalha. Ambos talvez buscassem maximizar seus pacotes de saída em uma tentativa de acordo que poderia constituir uma luta corporativa prolongada e cara. Ainda assim, seria uma batalha por procuração difícil, e provavelmente impossível. O fundo controla mais de 40% das ações com direito de voto; um certo número de acionistas não vota, e um mínimo inabalável de 10% certamente votaria com o fundo familiar, formando facilmente uma maioria para o fundo.

Seria uma batalha longa e debilitante, que passaria por uma série de processos e contraprocessos, adiando facilmente uma resolução em um ano pelo menos, talvez dois, durante os quais os diversos planos futuros dos membros do fundo teriam de ficar em suspenso, os próprios negócios paralisados, conselheiros externos enriqueceriam em um ritmo irritante, e a cobertura da mídia seria incessante. Será que os irmãos teriam estômago para isso?

Então, existe uma forma mais racional e menos absoluta de dividir esses vastos bens e chegar a uma solução tolerável?

Nos dias seguintes à morte do pai, essa pergunta sensata e fundamentada provavelmente giraria em torno de Lachlan aceitar abrir mão do controle da Fox News. Se ele não puder comprar a parte dos irmãos, será que os irmãos conseguem comprar a parte dele? O que precisariam para ele ir embora? Bem...

É improvável que Lachlan apenas aceite a liderança da News Corporation e deixe a Fox Corporation nas mãos de James para transformar o canal de notícias na "força do bem". Mas e se James, e talvez suas irmãs, estivessem dispostos a trocar a parte deles na News Corporation pela parte de Lachlan na Fox, dando, dessa forma, para Lachlan o controle total de uma empresa com substanciais ativos na Austrália? Ele poderia ficar em Sydney e ser a pessoa mais poderosa por lá.

Isso provavelmente colocaria James e as irmãs cara a cara com uma dura realidade: eles realmente estariam dispostos a pagar o valor real da Fox sabendo que os planos de James talvez destruíssem uma parte substancial desse valor? Até mesmo os muito, muito ricos pensariam duas vezes sobre o custo de tornar o mundo seguro para a democracia (claro que a maior parte das perdas seria absorvida pelos acionistas da Fox).

Além das implacáveis rivalidades e do significado do legado histórico do pai, e com as apostas envolvendo a voz política mais poderosa dos Estados Unidos, eles ainda estavam falando de negócios. A atividade dominante dos negócios da família Murdoch na Austrália é a de jornal impresso, sendo que quase 70% do mercado de jornais australianos está perdendo dinheiro; o maior gerador de lucros da família é a sociedade na Foxtel, um serviço de TV por assinatura que também está em franco declínio. Lachlan ia realmente querer aquilo? O *Wall Street Journal* e a HarperCollins ainda eram lucrativos, mas eram um jornal e uma editora de livros, e ninguém na família demonstrava o menor interesse em mídia impressa. Além disso, o valor total seria concretizado em uma venda na qual egos e sinergias poderiam resultar em um preço ainda maior. Em relação ao negócio de TV a cabo, um único canal em uma indústria fortemente consolidada, o que se poderia dizer? Exceto que, com uma queda consistente na publicidade, a disseminação generalizada de pessoas desistindo da TV a cabo e a mudança para modelos de assinatura direta ao consumidor, o futuro previsível apenas reserva receitas e audiências decrescentes; em outras palavras, a morte da TV a cabo, lenta no início, mas depois abrupta.

No final, qual é o valor importante para os ricos?

Ressentimentos, sentimentalismo, ego e política liberal à parte, há uma grande vantagem pessoal em uma saída limpa, livre de controvérsias jurídicas em curso, cobertura midiática negativa e, sempre presente, a ansiedade incessante sobre o próximo problema a surgir. De fato, a resolução de questões pessoais e as demandas irregulares de membros da família em uma empresa de capital aberto com um controle familiar significativo, invariavelmente em um ambiente tenso, resultam em processos judiciais por parte dos outros acionistas, cujas questões permanecem totalmente econômicas. Não se está apenas lutando entre si; está-se lutando contra todos os outros.

Além disso, os membros do fundo com direito de voto têm uma obrigação fiduciária para com as beneficiárias sem direito de voto — Grace e Chloe —, que, contando com os próprios advogados para evitar que seus bens sejam desperdiçados, representam outra negociação extensa ou uma batalha potencial.

Tudo isso pode ser colocado de lado, como famílias com bens contenciosos costumam fazer. Uma saída limpa costuma ser a transformação dos bens em dinheiro, o qual é dividido igualmente. Isso com certeza aumentaria a fortuna que os filhos de Murdoch já possuem, se isso importa — e, curiosamente, esse sempre parece ser o caso.

Rupert Murdoch era um homem tímido e inexpressivo. Mas o poder, o dinheiro, o drama criado em volta dele e a identidade criada para ele o mantiveram, compulsivamente, no centro da ação. O dinheiro em si, por mais central que fosse para ele, não era o suficiente. Precisava de paixões revolvendo à sua volta. Mas, sem terem essa necessidade, seus filhos, que consistentemente fugiram do olho do furacão, criaram vidas diferentes para si.

Depois da tempestade, o que eles vão fazer? Com o céu claro novamente, começam a limpeza para poder apreciar o tempo bom.

Agradecimentos

Este é o quinto livro que publico com a Henry Holt desde 2017. Em cada um deles, a Holt entrou em ação colocando a mão na massa com entusiasmo e competência. Em vez do cronograma longo, de muitos meses, a publicação aconteceu em questão de semanas. Amy Einhorn, Sarah Crichton, Chris Sergio, Caitlin Mulrooney-Lyski, Caitlin O'Shaughnessy, Marian Brown, Anita Sheih, Janel Brown, Chris O'Connell, Meryl Levavi, Emily Walters, Peter Richardson, Carolyn Telesca, Natalia Ruiz e Conor Mintzer não ofereceram apenas entusiasmo, sabedoria e boas ideias, mas dedicaram noites e fins de semana de trabalho.

No Reino Unido, na Little, Brown — também meu quinto livro publicado lá —, tive a sorte de contar com o apoio de Charlie King, Sameer Rahim, Jane Phillips e Maddie Mogford.

A Wylie Agency foi uma parceira valiosa para este livro e muitos antes dele. Como sempre, dependi dos conselhos e do apoio de Andrew Wylie, Jeffrey Posternak e James Pullen.

Os erros que possam ter ocorrido aqui foram cometidos única e exclusivamente por mim. Mas existem muito menos erros por causa do trabalho de Amy Morris, que fez uma checagem dos fatos citados no livro com paciência e cuidado.

Uma vez mais agradeço imensamente a Eric Rayman pela revisão jurídica sábia, compreensiva e perspicaz. Este é o nosso sexto livro juntos.

Sou grato pelo tempo e pelos conselhos dos meus primeiros leitores: Edward Jay Epstein, Janice Min, Dylan Jones, James Toback, James Truman, Leela de Kretser, Chris de Kretser, Michael Jackson, Renata Adler, David Rhodes, Joanna Coles, Stevan Keane e David Margolick.

As muitas fontes que me ajudaram com ideias, contexto, lembranças pessoais e informações sobre todas as personalidades citadas nesta história vão preferir que eu não as cite nos agradecimentos. Mas vocês sabem quem são e sabem que tenho uma dívida com vocês.

A minha esposa Victoria e meus filhos, Elizabeth, Susanna, Steven, Louise e Jack, que estão a uma distância em que posso ouvi-los enquanto escrevo isto, ou estão nos meus pensamentos. Eles estão sempre comigo.

ESTA OBRA FOI COMPOSTA PELA ABREU'S SYSTEM EM INES LIGHT
E IMPRESSA EM OFSETE PELA LIS GRÁFICA SOBRE PAPEL PÓLEN NATURAL
DA SUZANO S.A. PARA A EDITORA SCHWARCZ EM JUNHO DE 2024

A marca FSC® é a garantia de que a madeira utilizada na fabricação do papel deste livro provém de florestas que foram gerenciadas de maneira ambientalmente correta, socialmente justa e economicamente viável, além de outras fontes de origem controlada.